LEGADO MORTAL

LYNN SHOLES e JOE MOORE

LEGADO MORTAL

ROMANCE DE MISTÉRIO

Tradução:
HENRIQUE AMAT RÊGO MONTEIRO

Editora
Pensamento
SÃO PAULO

Título original: *The 731 Legacy.*

Publicado por Midnight Ink, um selo da Llewellyn Publications, Woodbury, MN 55125 USA, www.midnightinkbooks.com.

Coordenação Editorial: Denise de C. Rocha Delela e Roseli de Sousa Ferraz

Preparação de originais: Denise de C. Rocha Delela

Revisão: Liliane S. Cajado

Dados Internacionais de Catalogação na Publicação (CIP)
(Câmara Brasileira do Livro, SP, Brasil)

Sholes, Lynn
Legado mortal : romance de mistério / Lynn Sholes e Joe Moore ; tradução Henrique Amat Rêgo Monteiro. -- São Paulo : Pensamento, 2010.

Título original: The 731 legacy : a Cotten Stone mystery.
ISBN 978-85-315-1694-8

1. Ficção norte-americana I. Título.

10-09869 CDD-813

Índices para catálogo sistemático:
1. Ficção : Literatura norte-americana 813

O primeiro número à esquerda indica a edição, ou reedição, desta obra. A primeira dezena à direita indica o ano em que esta edição, ou reedição, foi publicada.

Edição	Ano
1-2-3-4-5-6-7-8-9-10-11	10-11-12-13-14-15-16-17-18

Direitos de tradução para o Brasil
adquiridos com exclusividade pela
EDITORA PENSAMENTO-CULTRIX LTDA.
Rua Dr. Mário Vicente, 368 — 04270-000 — São Paulo, SP
Fone: 2066-9000 — Fax: 2066-9008
E-mail: pensamento@cultrix.com.br
http://www.pensamento-cultrix.com.br
que se reserva a propriedade literária desta tradução.
Foi feito depósito legal.

AGRADECIMENTOS

Os autores desejam agradecer às seguintes pessoas, por ajudarem a dar um sentido de realismo a esta obra de ficção:

Brian W. J. Mahy, M.A., Ph.D., Sc.D., D.Sc.
Conselheiro Científico Sênior
Centro de Coordenação de Doenças Infecciosas
Centros para Controle de Doenças (EUA)

CDR James P. Cody, Marinha Americana
Oficial Comandante
USS *Robert G. Bradley* (FFG 49)

Dr. Nelson Erlick, DPM
Autor de *The Xeno Solution* e de *GermLine*

Agradecemos especialmente a Nancy Barba, Leon Clinch, Nancy Cohen, Carol Moore, Denise Pack, Tommy Sholes e Mark Terry; à nossa agente, Susan Ann Protter; e ainda à editora, Barbara Moore.

NOTAS HISTÓRICAS

1. Em 1941, foi constituída uma divisão do Exército Imperial Japonês, chamada de Departamento de Prevenção Epidêmica e de Purificação da Água (DPEP). Sob esse título aparentemente inocente, ocultava-se o verdadeiro propósito do grupo: promover a crença na superioridade racial japonesa.

   O departamento conduziu experiências médicas hediondas, causando a morte de dezenas de milhares de civis e militares da China, Coreia, Mongólia e Rússia. Uma unidade ultrassecreta do departamento fez experiências de pesquisa com armas biológicas, resultando em um número de 200.000 mortes adicionais. Inúmeras outras atrocidades não computadas foram cometidas em nome da ciência por esse grupo, conhecido como Unidade 731.

2. Em 2006, pesquisadores da França recriaram um vírus de 5 milhões de idade, cujos remanescentes espalharam-se pelo genoma humano. Esse retrovírus ancestral inseriu cópias do seu material genético no nosso DNA. As sobras dessas cópias no nosso DNA — os retrovírus endógenos humanos, ou HERVs — constituem aproximadamente 8 por cento do nosso código genético. A maioria das cópias sofreu mutações ao longo dos milênios, até o ponto em que se tornaram obsoletas. Entretanto, cientistas descobriram uma cópia que ainda poderia ser alterada em novas partículas do vírus, capazes de causar infecção. Os cientistas do Instituto Gustave Roussy, em Villejuif, França, ressuscitaram com sucesso um dos retrovírus, batizando-o de Phoenix, em referência ao pássaro mítico que renasce das próprias cinzas. Esse grupo de cientistas também encontrou indicações de que alguns dos outros HERVs no nosso genoma ainda poderiam ser infecciosos.

"A mais grave tentação é a que incita
para o crime por amor à virtude."
— William Shakespeare
Medida por Medida, Segundo Ato, Cena II

LEGADO MORTAL

Metrô

Calderon sabia que estava morrendo quando introduziu o bilhete na fenda e passou pela catraca e desceu cambaleante os degraus de acesso à plataforma do metrô. O ruído estrondeante do trem, ainda que abafado pelo sangue que coagulara nos seus ouvidos, causou-lhe uma dor lancinante, deixando um rastro ardente ao passar da testa à nuca.

Calderon segurou a cabeça entre as mãos até o trem parar por completo, as portas abrindo-se automaticamente com um sopro resfolegante. Não sabia por quanto tempo ainda as pernas o sustentariam. A febre devastadora de mais de quarenta graus parecia derreter os seus ossos, a medula fundida escorrendo por dentro dela. Quase sufocando, tragou uma golfada de ar, que entrou silvando pelas vias aéreas como o vento atravessando uma chaminé.

Entre no trem. Depressa. Entre no trem.

Num esforço supremo, Calderon embrenhou-se em meio à torrente de passageiros, deixando que os corpos o empurrassem para dentro.

Não avistou um único assento disponível, até encontrar um espaço junto a uma haste para apoiar a mão. Ao fechar os dedos ao redor da haste fria, um acesso de tosse subiu-lhe do peito. Agoniado, ergueu a mão livre e cobriu os lábios com um lenço, e o gosto amargo do catarro misturado com sangue espalhou-se pelo interior da boca. As manchas do catarro sanguinolento vazaram por entre os fios do tecido branco, florescendo como minúsculos gerânios escarlates.

O trem deu uma guinada e Calderon balançou para os lados, chocando-se contra um rapaz que tinha um fone de ouvido preso à orelha e um iPod no cinto.

— Mas que... — Espantado ao ver as manchas no lenço, o rapaz soltou a haste e recuou um passo atrás. — O que há com você, cara?!

Com a uniformidade sucessiva de dominós caindo uns sobre os outros, os passageiros voltaram-se todos na direção de Calderon. Imediatamente, começaram a se afastar dele, aglomerando-se na extremidade oposta do vagão.

— Ai, meu Deus! — exclamou uma mulher, cobrindo a boca e o nariz com as mãos.

Calderon esfregou a face, despregando crostas de sangue seco e saliva dos cantos da boca. Não culpava os passageiros por se assustarem ou sentirem nojo e terror. Todos tinham uma boa razão para isso.

Os olhos queimavam e a pele doía ao toque. Os cinco comprimidos de analgésico antigripal que ingerira uma hora antes pareciam não ter surtido efeito contra a dor ou a febre. Provavelmente, até ajudaram a agravar a hemorragia. Sentiu um escorrimento morno, espesso, pelo nariz e as exclamações de horror recomeçaram. Limpou o sangue com o dorso da mão, espalhando-o pela bochecha.

O trem chegou à estação seguinte e todos os passageiros, exceto Calderon, precipitaram-se para as portas abertas.

O primeiro passageiro a chegar parou, imobilizado na entrada antes de recuar com os braços abertos.

— Parem! — gritou. — Ninguém entra no trem.

— O que está acontecendo? — indagou um homem, forçando a passagem. — Saia do meu caminho. — No entanto, assim que pousou os olhos no único ocupante do vagão, recuou imediatamente. — Minha nossa!

As portas se fecharam e Calderon observou os rostos encarando-o pelas janelas. Em um instante o trem ingressava na escuridão do túnel e ele cerrou os olhos. Com a respiração superficial e ofegante, novamente foi dominado por um acesso de tosse que quase o sufocou. Tentou controlar a ânsia. Durante as últimas 24 horas, tinha percebido que, toda vez que tossia, irritava as vias aéreas ainda mais, provocando uma convulsão espasmódica incontrolável. Manteve a boca fechada, tossindo como se estivesse no cinema e não quisesse incomodar. Sentiu o rosto arder com a força do ar expelido pelos pulmões, mas não conseguiu controlar mais e a tosse irrompeu. Um jato de sangue e muco escapou-lhe dos lábios, espirrando na haste, e uma nuvem de vapor rósea flutuou no ar. Depois de vários minutos os pulmões relaxaram. O tempo estava se esgotando.

A parada seguinte seria a última. Ele estava quase chegando. Dessa vez, quando as portas se abriram, Calderon praticamente se atirou sobre a plataforma. Percebeu as expressões das pessoas que o observavam com total repulsa. Abaixou a cabeça e manteve os olhos voltados para o concreto do piso. Depois de subir metade dos degraus, agarrou-se à grade de proteção, sem saber se conseguiria. Deteve-se e apoiou-se de lado contra a parede por um instante, antes de continuar em direção à calçada.

A febre lhe dava calafrios e tremores, e ele pensou no paradoxo de tudo aquilo. Seu corpo inteiro ardia, e o que sentia, com exceção dos olhos chamuscados, era um frio incomensurável.

Falta só meio quarteirão.

Aproximou-se da entrada principal do endereço de destino.

A multidão na calçada abria-se como o mar Vermelho quando Moisés o dividiu em nome de Deus para salvar os judeus dos egípcios. No entanto, ele sabia que aquilo ali não era uma obra divina, mas consequência do terror que dominava os pedestres ante a visão de um ser humano transfigurado — uma figura descarnada, cujas órbitas oculares cobriam-se de um preto fuliginoso, e de todos os orifícios do seu corpo brotavam sangue e fluidos corporais.

Calderon empurrou as portas rotatórias para dentro do saguão de entrada da Satellite News Network. Então, o que restava das suas forças se esvaiu e os seus joelhos cederam. Ele desmoronou de borco sobre o piso de mármore.

Um segurança da emissora aproximou-se imediatamente. Agachando-se, apertou o botão no microfone de ombro e informou:

— Código vermelho. Ligar para Emergência. — Em seguida, lentamente, virou Calderon de lado. Então recuou ao ver aquilo. — Jesus Cristo!

Calderon abriu um olho. Sentia os fios de muco colados aos lábios esticarem-se pegajosos quando falou.

— Cotten Stone... — arquejou. — Preciso... falar... com Cotten Stone.

Abrindo as Portas do Inferno

Pyongyang, Coreia do Norte

Sozinha na rua, embaixo do poste de iluminação pública, Chung Moon Jung tentava calcular quantas pessoas mataria. Quase todas as luzes da cidade estavam apagadas, fazendo os detalhes do seu contorno confundiremse na escuridão. Apenas alguns pontos luminosos esparsos refletiam-se no leito imóvel do rio Taedong. Na superfície das águas, os prédios do governo e os conjuntos de apartamentos compunham uma silhueta tosca.

Moon fixou o olhar nas formas sombrias de duas embarcações atracadas junto à margem do rio: o USS *Pueblo*, o navio de guerra espião tomado em 1968 das forças americanas de agressão imperialista, e o *Pitcairn*, um barco de pesquisas da Oceanautics, confiscado apenas um ano antes, ao ser encontrado à deriva em águas norte-coreanas. Esses eram dois bons exemplos da capacidade da Coreia do Norte de impor-se ao Ocidente. O *Pueblo* dera à nação comunista um instrumento de barganha no panorama mundial, ao passo que o *Pitcairn* proporcionara um meio de dominar o cenário.

Moon tirou uma fotografia do bolso interno do casaco. Sob a iluminação suave do poste, contemplou a imagem dos pais no retrato em branco e preto já amarelado. A dor que sentia sempre que recordava o destino que lhes coubera ainda a torturava por dentro, um sofrimento que não diminuía nunca.

Acariciando a fotografia, deteve o dedo por um instante sobre a face da mãe. Parecia ter passado uma eternidade. Tinha agora mais que o dobro da idade da própria mãe na fotografia. Assim mesmo, não se cansava de admirar a foto, como se não quisesse se esquecer jamais.

— Doutora Chung?

Seu motorista segurava um telefone celular quando ela parou junto à reluzente limusine preta estacionada a uns dez metros dali.

Discretamente, Moon repôs a fotografia no bolso. Dando as costas para o rio e para os dois navios, ela respondeu:

— Sim?

— Ele está pronto para recebê-la.

Moon observou enquanto o secretário-geral saboreava o último gole de chá verde antes de pousar a xícara sobre a mesa de cerejeira. Ele se recostou na cadeira; um sinal de que a refeição terminara. Imediatamente, um criado adiantou-se, pressuroso para retirar os pratos. Um segundo criado trouxe uma chaleira de porcelana com mais chá fresco e tornou a encher a xícara do secretário-geral. O criado ofereceu mais chá a Moon, mas ela ergueu a mão, recusando. Depois de arrumada a mesa e os dois se encontrarem a sós na pequena sala de jantar particular, o secretário-geral comentou:

— Sonhei com o seu pai ontem à noite.

— Estimado Líder — exclamou Moon com uma leve inclinação de cabeça. — Ele ficaria muito honrado em saber disso. Pois só os que lhe dedicam o mais elevado amor e devoção são merecedores de um lugar nos seus sonhos. Também sonho muito com o meu pai. Ele era um grande homem.

Ela levou a xícara aos lábios enquanto admirava os vasos de 2.000 anos de idade enfileirados numa estante ao longo de uma parede.

— Estes vasos são do reino de Baekje — informou o secretário-geral.

— Maravilhosos, Estimado Líder. O nosso legado é de um valor inestimável. É inadmissível que os selvagens tenham dividido a nossa terra querida com aquela fronteira arbitrária.

— Você está certa em referir-se a eles como selvagens.

— E eles logo sentirão o peso da nossa ira — prometeu Moon. — Os americanos e todos os seus aliados receberão o troco por todas as mortes e toda a destruição que espalharam pelo planeta.

— Você fez um progresso surpreendente neste último ano, doutora Chung, desde que o *Pitcairn*, o navio da morte, foi encontrado. Foi muita sorte para nós que ele caísse em nossas mãos antes que os Estados Unidos conseguissem recuperá-lo.

— Considerei isso como um presságio, Estimado Líder. Um sinal de que conseguiremos realizar a nossa vingança. Que o que estamos prestes a executar é guiado pela mão do destino.

— Os laboratórios médicos satélites estão todos a postos?

— E em pleno funcionamento. Tomamos emprestado uma palavra do setor de informática e estamos chamando cada teste de campo de um *ping*.

O secretário-geral deu de ombros.

— Não entendo esse termo.

— Quando um técnico quer saber se o seu computador é capaz de se comunicar com outro computador, ele produz um *ping* para confirmar.

— Ah! — exclamou o secretário-geral, surpreso. — Assim como a nossa frota de submarinos assinala a presença de outras embarcações com um *ping* no radar?

— Exatamente. A cada *ping*, podemos observar os resultados do vírus e como ele reage aos genes das diversas raças. Já atingimos alguns grupos. Até o momento, todos se revelaram recipientes perfeitos.

— E como esses *pings* estão sendo enviados?

— Por aerossol, *sprays* de garganta. Por qualquer um que seja adequado, e achamos que vai funcionar junto ao alvo.

— Ah! E enquanto põem as mãos em cima do que gostam de chamar de nosso programa de armas nucleares, os imperialistas não fazem a menor ideia de que realmente estamos planejando a sua extinção da maneira mais inesperada.

Moon sorriu com presunção enquanto afastava uma mecha de cabelo prateado da face.

— As dívidas devem ser pagas, doutora Chung. Fomos traídos muitas vezes no passado. Agora não haverá mais traições, porque não haverá mais negociações. Chega de acordos. Chega de conversações. Os dias dos imperialistas e dos comunistas corruptos estão contados. Ficaremos assistindo, quando todos os nossos inimigos começarem a morrer. Logo, seus cidadãos estarão paralisados pelo medo. Terão medo de sair de casa, de ir trabalhar ou de mandar as crianças à escola, até mesmo de ter contato uns com os outros. Não existirá nenhum lugar seguro. E à medida que cada país entrar no caos e na anarquia, o domínio sobre o mundo virá até nós como um pardal ao sabor da brisa. Venceremos pelo simples processo da eliminação. Você está prestes a abrir as portas do inferno, doutora Chung, e fazer os nossos inimigos sentirem a ira das Agulhas Negras.

Últimas Palavras

— Quanto tempo você pretende ficar em Nova York? — quis saber Cotten Stone antes de sorver um gole de café. Sentada em uma das suas confeitarias favoritas na Broadway, a alguns quarteirões ao sul da sede mundial e dos estúdios da Satellite News Network, ela olhava para John Tyler à sua frente, o seu amigo mais íntimo, confidente e o amor impossível da sua vida. Aos olhos do mundo, o cardeal John Tyler era o prelado da Comissão Pontifícia para a Arqueologia Sacra. Para um grupo seleto do mundo da espionagem e da segurança internacional, John era o diretor do Venatori, a agência de informações ultrassecreta do Vaticano. Para Cotten, ele era o homem que ela nunca poderia ter.

— Só alguns dias — ele respondeu. — Assim que acabarem as minhas reuniões aqui, devo fazer uma viagem rápida a Washington, para ver o presidente. Dali, devo voltar para Roma. Já lhe disse há quanto tempo o presidente e eu nos conhecemos? Muito antes de entrar para a política, Steve Brennan na verdade chegou a pensar em se tornar padre. Éramos muito bons amigos quando tínhamos 20 e poucos anos.

— Você mencionou que o conhecia, mas eu não imaginava que essa amizade lhe autorizasse a aparecer na Casa Branca sempre que quisesse.

— É muito mais fácil agora, como diretor do Venatori.

Cotten observou um grupo de turistas conversando em francês que acabava de entrar e procurava uma mesa.

— Então... enquanto você estiver por aqui, poderíamos achar um tempinho para nos encontrar e pôr as notícias em dia. Veja bem, não quero atrapalhar a sua programação ou seja lá o que for. Eu só pensei que...

— Você jamais estaria atrapalhando, Cotten. Eu mesmo não via a hora de fazer esta viagem justamente para que pudéssemos passar algum tempo juntos. Você me faz bem, Cotten Stone.

Ela fechou os olhos e abanou a cabeça.

— Como você sempre consegue isso... fazer eu me sentir como se fosse a coisa mais importante nos seus pensamentos?

Ela olhou para a xícara sobre a mesa.

— Espere, não responda. Não quero uma explicação. Poderia desfazer a magia do momento.

— Magia, hein? É disso que se trata?

— Pois é. Mas ninguém mais na minha vida inteira fez com que me sentisse tão especial quanto você.

— Bem, talvez eu a faça ser especial porque você *é mesmo* uma mulher especial.

— Droga! — murmurou ela para si mesma, envolvendo a xícara com as mãos.

— O que foi? — John não entendeu.

— Você sabe exatamente do que se trata. Essa coisa de padre.

Ele estendeu o braço sobre a mesa e cobriu-lhe as mãos com a sua.

— Mas aprendemos a lidar com isso.

Ele tinha razão. No entanto, ela não deixava de querê-lo por causa disso, pensou, inclinando a cabeça.

— Quer saber mais?

— Quero. O quê?

— Aquele hábito vermelho dos cardeais não lhe cai tão bem. Eu gosto muito mais de você assim, de camisa polo e calça jeans.

— Hoje é a sexta-feira informal no Vaticano — comentou John com uma risada. Depois voltou a ficar sério. — Eu ainda tenho uma reunião esta tarde, mas pensei que poderíamos jantar...

O celular de Cotten tocou. *Hora errada.*

— Só um minutinho, já vamos continuar esse assunto — disse ela, vasculhando a bolsa, de onde tirou o telefone e abriu-o para atender. — Sim? Cotten Stone.

Ela ouviu durante um instante, depois fechou de novo o celular. Então, correu os dedos pelo cabelo e comentou:

— Ai, ai... é sempre assim. Parece que nunca dá certo para nós, não é? Estão me chamando na SNN. Um sujeito acabou de entrar no saguão da emissora e desfalecer, dizendo que precisava falar comigo.

Ela pegou a bolsa e, enquanto se levantava para sair, desculpou-se:

— John, eu sinto muitíssimo. Pedi que só me ligassem em uma emergência. Disseram que era bom eu chegar lá imediatamente, o sujeito parece estar muito mal.

— Não tem problema. Eu acerto aqui e lhe telefono depois. Então, o jantar está de pé?

— Seria ótimo. — Cotten parou perto dele. — É tão bom estar com você, John Tyler. Mas este encontro não foi o bastante. Promete que me liga depois?

— Sem falta — respondeu ele.

— Agora vou descobrir por que um sujeito que está à beira da morte quer falar comigo.

Apressada, Cotten empurrou a porta giratória do saguão de entrada da Satellite News Network. Uma multidão de empregados da SNN aglomerava-se ao redor de um homem caído no chão.

O diretor de jornalismo, Ted Casselman — chefe, mentor e amigo de Cotten —, aproximou-se dela e conduziu-a ao centro do grupo.

— Quem é ele? — ela quis saber, lançando um olhar rápido ao homem.

— Não faço a menor ideia — Ted encolheu os ombros. — O segurança disse que ele não traz nenhuma identidade.

— Ele falou alguma coisa?

— Nem uma palavra desde que pediu para vê-la. A ambulância deve estar chegando.

Cotten fixou o olhar no homem estirado no chão.

— O que será que aconteceu com ele? Jesus, ele parece tão...

— Stone. — A voz roufenha mal se fez ouvir em meio à comoção no saguão de entrada.

Cotten inclinou-se para se ajoelhar, mas Ted a segurou pelo braço.

— Não se aproxime. Não sabemos o que ele tem.

Um operador de câmera da SNN apareceu de repente e se dirigiu a Ted.

— Tudo bem se eu filmar?

Ted consentiu com um aceno de cabeça.

— Vou gravar isto — o operador comentou com Cotten. Aproximando-se mais, ele acionou o refletor montado na câmera e focalizou a imagem.

O homem murmurou algumas palavras, seguidas por um fluxo de sangue espumoso que lhe brotou da boca.

— Não consigo entendê-lo — falou Cotten, ignorando Ted e ajoelhando-se.

O som das sirenas aproximando-se rapidamente anunciava a chegada do pessoal de Resgate e Salvamento de Nova York.

O homem tentou falar sem sucesso. Cotten amparou-lhe a cabeça. Ele tossiu e bolhas vermelhas formaram-se e estouraram nas suas narinas. Um filete de muco vermelho vivo escorreu-lhe dos lábios.

As sirenas aumentaram de intensidade num crescendo, até silenciarem de repente na rua em frente ao prédio.

— O que disse? — ela indagou ao homem.

— Afastem-se! Abram caminho! — gritavam os seguranças abrindo caminho desde as portas do saguão, seguidos pelos paramédicos que avançavam às pressas na direção dela.

Cotten inclinou-se mais para perto da face do homem. Os olhos vítreos finalmente encontraram o que procuravam e fixaram-se nos dela.

— Fale comigo! — pediu Cotten.

— Agulhas Negras — foi tudo o que o homem conseguiu murmurar antes de fechar os olhos.

Departamento de Estado

Passada a agitação no saguão da SNN, os funcionários que chegavam para o trabalho encaminharam-se para os elevadores, formando filas para deixar o saguão e retomar o expediente. Pelas portas de vidro, Cotten e Ted observaram enquanto os paramédicos introduziam o paciente pela parte traseira da ambulância.

— O que foi que ele lhe disse? — quis saber Ted.

Cotten correu os dedos pelo cabelo cor de chá, prendeu-os atrás da orelha e encolheu os ombros.

— Acho que estava delirando. Murmurou alguma coisa sobre agulhas contaminadas, acho. Provavelmente era um viciado.

— Precisamos reavaliar os procedimentos de segurança do nosso prédio — observou Ted, olhando por cima do ombro para o pessoal da manutenção que limpava o local onde o homem caíra.

Depois de atravessarem o piso de mármore em que se via a imagem gravada do logotipo da SNN, com uma antena de satélite dourada sobre o globo terrestre, Ted e Cotten entraram no elevador. Ted pressionou o botão do oitavo andar e voltou-se para ela.

— E aí, como vai John?

— Está ótimo. Veio à cidade para umas reuniões com um pessoal do FBI e do Departamento de Estado.

Enquanto falava, ela observava os botões sinalizadores dos andares acenderem-se e apagarem-se à medida que o elevador subia. O oitavo andar era onde ficava o departamento de jornalismo, com as suas salas de edição de vídeo e os arquivos da emissora.

Cotten desviou o olhar para o reflexo de Ted no revestimento de bronze impecável do elevador, pensando em quanto o apreciava e respeitava. O acinzentado do cabelo grisalho nas têmporas do diretor ganhara intensidade e ela sabia muito bem da sua parcela de culpa por isso. Ted era um negro bonito, com o rosto anguloso e olhos vivos e enérgicos, de onde brotavam faíscas que a inspiravam, assim como ao resto do pessoal. Ele era uma constante fonte de apoio inquestionável — nos melhores e piores momentos da sua carreira. E bem que tivera prova disso em todo tipo de encrenca. Mas quando precisava, Ted estava sempre ao seu lado, para lembrar-lhe de que era normal cometer erros; o importante era não repeti-los. O segundo ataque cardíaco recentemente o forçara a reduzir o ritmo e a carga de trabalho, e Cotten preocupava-se com ele, contra a vontade dele, é claro. Mesmo nos assuntos de saúde, ele mantinha o seu perfil imponente, dominante, de diretor de jornalismo.

— É difícil para você, não é? — Ted interrompeu-lhe o devaneio, dirigindo-se ao reflexo no bronze.

— O quê?

— John... entrando e saindo da sua vida.

Cotten desviou o olhar.

— Isso fica tão evidente assim?

— Quer o meu tradicional conselho paternal?

— E eu tenho escolha?

— Aproveite o tempo que têm juntos. Depois das últimas vezes em que a morte passou perto, aprendi a viver cada momento, sem pensar no futuro. O resto é perda de tempo.

O elevador parou e as portas se abriram.

Ted passou o braço ao redor dos ombros de Cotten e fez-lhe um afago reconfortante.

— Viva o momento — sentenciou, então deixou-a sair primeiro. — Bem, acho que tivemos bastante emoção para um dia, não, garota?

— Tem razão... Mas aquele sujeito estava bem doente. Espero que sobreviva.

Ela olhou para a sala da redação, onde repórteres e editores corriam de um lado para outro agitados, como abelhas em uma colmeia.

— Converso com você depois, Ted.

Ele inclinou a cabeça quando se separaram e Cotten encaminhou-se para a sua sala. No fundo, algo continuava incomodando, como uma comichão inacessível. Por que o sujeito no saguão chamara por ela?

No fim da tarde, uma jovem estagiária, recém-saída da faculdade de jornalismo, bateu à porta de Cotten.

— Aqui está o primeiro esboço da matéria sobre o Sudário de Turim, senhorita Stone.

— Obrigada. — Cotten fez um gesto para a jovem entrar. — Quero lhe pedir um favor.

— Claro. Com o maior prazer.

— Você ouviu falar do que aconteceu no saguão lá embaixo depois do almoço?

— Ouvi os comentários... pobre coitado.

— Então, veja se consegue descobrir para que hospital o levaram e qual o estado de saúde dele.

— Sabe o nome dele?

Cotten abanou a cabeça.

— Ele não tinha nenhum documento de identidade.

— Tudo bem, vou ver o que consigo descobrir.

A garota girou nos calcanhares e saiu apressada.

Cotten olhou para o telefone pela enésima vez, só para o caso de a luz de recados estar piscando, o que indicaria que John ligara enquanto estava na linha. Virando a cadeira, admirou pela janela o cenário da zona oeste do Central Park. De todo o ano, essa era a época predileta dela; gostava de apreciar a queda das folhas e respirar o ar fresco durante a caminhada para o trabalho todas as manhãs. Só depois, no fim da estação, quando a temperatura baixava muito, é que abria mão da caminhada e tomava um táxi.

Correu os olhos pelo roteiro da reportagem que a estagiária trouxera — uma discussão sobre um novo exame dos traços de pólen encontrados no Sudário de Turim. O pólen fora identificado como sendo de uma espécie de cardo chamada *Gundelia tournefortii*, que segundo se acreditava teria sido usada para compor a Coroa de Espinhos impingida a Jesus Cristo na Crucificação. A planta era encontrada principalmente em Israel, nas imediações de Jerusalém.

Depois de ler todo o roteiro, Cotten anotou, "possível segundo segmento" no alto da primeira página. No momento, ela apresentava um programa semanal direcionado à relação entre ciência e religião, intitulado *Relíquias*, em que discutia fatos e mitos envolvendo artefatos antigos. Esse roteiro poderia dar um bom recheio, ela pensou. A reportagem principal do programa seguinte desmascarava uma teoria segundo a qual uma ossada encontrada teria pertencido a Joana d'Arc.

Ela editou algumas falas da história sobre o Sudário, depois fez mais um pouco de pesquisa na Internet. No entanto, não importava o que tentasse fazer para se distrair, dois temas não saíram da sua cabeça pelo resto da tarde — John Tyler e o homem no saguão.

Quem sabe a reunião de John tivesse se prolongado além do tempo, concluiu, e estava prestes a se aprontar para ir embora quando ouviu baterem à porta. A nova estagiária esperava parada na porta.

— Pode entrar — convidou-a Cotten. — Venha cá. Sente-se.

A jovem adiantou-se com um sorriso largo. Cotten observou-a enquanto ela se aproximava.

— E então, o que há de novo?

A estagiária hesitou um pouco e então respondeu:

— Não quero que pareça adulação, senhorita Stone, mas preciso dizer que é uma honra para mim trabalhar com você.

— Bem... obrigada — Cotten inclinou a cabeça. — Você acabou de fazer o meu dia valer a pena. E por favor, me chame de Cotten.

A jovem sorriu novamente e sentou-se em uma das poltronas à frente da mesa de Cotten.

— Sabia que você foi um dos temas que estudamos no curso de televisão na faculdade? Havia até uma matéria facultativa sobre como os artefatos religiosos antigos influenciam a nossa vida. Tinha muito a ver com o impacto causado pelo seu trabalho jornalístico. Quando soube que tinha sido aprovada no programa de estágio da SNN, mal pude esperar para conhecê-la, que dirá trabalhar com você.

— Você está sendo muito gentil e agradeço pelas palavras amáveis. Aqui na SNN trabalhamos em equipe e só com todo o mundo dando o máximo de si é que conseguimos fazer coisas maravilhosas acontecerem.

— Bem, estou orgulhosa de tomar parte nisso.

— Então, o que descobriu sobre o nosso homem misterioso?

A estagiária olhou para a folha dobrada que tinha na mão.

— Eu segui toda a história desde o começo, mas no fim cheguei a um beco sem saída. Não posso acreditar que seja a primeira tarefa que me deu e eu não fui capaz... — Ela olhou para Cotten. — Espero que não fique desapontada comigo.

— Me passe o que conseguiu.

A garota desdobrou a folha de papel e entregou-a a Cotten.

— Ele morreu a caminho do hospital. O nome do médico do pronto-socorro com quem conversei está aí.

— Foi determinada a causa da morte?

— O médico disse que levaram o homem para o hospital, mas que houve uma confusão. Alguém liberou o corpo para uma casa funerária antes que o pessoal da perícia pudesse levá-lo para a autópsia.

Cotten rolou os olhos para o teto.

— Como acontece uma coisa dessas? É típico a mão direita não saber o que a esquerda faz e bla-bla-blá. Incompetência, no mínimo. Aposto que vão tentar tapar os buracos no fim. Então, para onde levaram o corpo? Você pode descobrir na casa funerária.

— Aí é que está o problema. Ninguém conseguiu encontrar um documento que identifique qual foi a casa funerária.

O "Ping" da Morte do Diabo

Através da janela da casa de fazenda, Luther Sutton observou ao longe os marcos sombrios no alto da montanha, no local onde gerações de Suttons repousavam. Aqueles cem hectares de terra encravados em West Virginia eram propriedade da família havia mais de um século. Aos 63 anos de idade, ele era o primogênito dentre os filhos de Big Thelma. E como tal, na manhã anterior, subira a montanha até o cemitério para verificar o lugar reservado para ela. Muito tempo antes, a mãe pedira para ser enterrada ao lado de Hubert, o marido com quem vivera por mais de quarenta anos.

— Todas as boas raízes foram ocupadas — Thelma comentou com o filho mais velho quando depositaram Hubert no solo. — Eles, os primeiros Suttons, foram enterrados debaixo das árvores quando as raízes eram pequenas. Agora não se pode mais cavar debaixo delas. Ah, sim, Hubert gostava de sol. Odiava o inverno, sim senhor. O suor não o incomodava tanto quanto a mim.

A ideia de deixar a mãe no seu lugar de descanso final sem o benefício de um sombra fez tremer o seu lábio inferior. *Devíamos ter plantado uma maldita árvore*, pensou. Não era certo ela sofrer pelo resto da eternidade só porque o pai tolerava o calor. No decorrer do inverno seria outra história. E eles tinham uma boa média de invernos em West Virginia.

Afastando-se da janela e da lembrança do pai falecido, Luther voltou-se para dentro da sala da frente, onde doze outros Suttons encontravam-se reunidos, atendendo ao seu chamado. O padrasto, Daniel, achava-se sentado a um canto, cavocando com uma faca um pedaço de madeira. Daniel era um homem bom, mas perdera o juízo nos últimos anos. Estava demente, diagnosticaram os médicos. Às vezes, Daniel reconhecia onde se encontrava e quem eram os outros familiares, mas na maioria das vezes não era diferente de um estranho.

Luther ocupou uma cadeira perto da janela e acariciou a barba grisalha antes de tirar o relógio do bolso da camisa de flanela. Deixou-o pender pela corrente antes de pousá-lo na palma da mão para verificar as horas.

— Acho que Mary não vem mesmo — murmurou, mencionando uma das irmãs. — Ela tem sentido muita dor nas costas ultimamente.

Recolocando o relógio no bolso, apoiou as mãos na extremidade da bengala posicionada no espaço entre as pernas. Fez uma nova avaliação visual de todos os presentes e então bateu forte com a bengala sobre o assoalho de madeira. O ruído teve o efeito do martelo do juiz na sala de um tribunal.

— Convoquei esta reunião por ser o filho mais velho de Big Thelma. A Mãe já está cansada e diz que quer voltar para junto do Criador. Sei que isso nos deixa a todos cheios de tristeza, mas ela é uma boa mulher e teve uma vida longa. Será recompensada no Céu. Ela está querendo se despedir de todos e...

— Luther, por que não a leva para o hospital e...

O primogênito bateu com a bengala no chão e fuzilou com o olhar aquele que ousara interrompê-lo.

— Silêncio, Everett Roy. Não terminei ainda. — Limpou a garganta. — A mãe disse que o vovô Calvin apareceu para ela ontem à noite em uma visão e disse que viria para levá-la consigo. Ela falou que está pronta para ir.

— Mas, Luther — insistiu a prima Belle. — Por que...

O olhar de Luther atingiu-a em cheio. Erguendo a bengala como uma extensão do braço, apontou para a prima.

— Eu disse que não terminei ainda. — A voz, severa e irada, encheu a sala de estar.

Todos baixaram os olhos, encarando as tábuas gastas do assoalho. Então Luther retomou a fala.

— A Mãe disse que não quer que a levemos de volta para aquele novo médico oriental com quem esteve na semana passada. E ela definitivamente não quer ir para hospital nenhum. Diz que foi por isso que não deixou ninguém saber que estava doente. Se eu não tivesse ido buscar o Daniel no domingo passado na casa da irmã e trazido aqui para casa, não teríamos descoberto que a Mãe estava ruim. Mas acho que um de nós teria desconfiado mais cedo ou mais tarde. Agora isso não importa, ela diz que a hora dela chegou e quer que a deixemos ir. E ela quer estar no conforto da sua própria casa, não ligada a alguma máquina, rodeada de gente que não conhece. Diz que assim é mais sossegado. Se quiserem dar uma última palavrinha com Big Thelma, agora terão a sua oportunidade, um de cada vez. Mas estou achando que hoje talvez seja o último dia em que ela vai falar com algum de nós. Ela está realmente fraca e a febre subiu muito.

Fez-se silêncio na sala por um momento. Então Harlan, sobrinho de Luther, deu uma olhada ao redor antes de se atrever a falar.

— Eu não acho certo você não levá-la ao hospital. Não se trata só de Big Thelma. E quanto ao resto de nós? Precisamos saber que tipo de doença ela contraiu. Talvez haja vacinas ou algo parecido que possam impedir o resto da família de ser contaminado com a mesma doença.

O rosto de Harlan ficou vermelho e no centro da testa uma veia saltou.

— Não sei se estou certo, Luther. Pelo que você nos contou, a Big Thelma está em péssimo estado. E não estou bem certo se algum de nós devia entrar lá. Poderíamos contrair a febre e levá-la para casa, para o resto da nossa família.

— Ninguém está dizendo que precisa entrar lá! — retrucou Luther. — A escolha é sua.

O filho mais novo de Thelma, Ellis, levantou-se.

— Eu vou lá me despedir. Não estou com medo de pegar nada.

Luther lançou um olhar fulminante para cada face.

— Enquanto vocês se decidem, vou entrar para falar à Mãe que ela tem visita.

Luther apoiou-se na bengala ao se levantar. Antes de dar as costas para a família Sutton, olhou para o padrasto sentado no canto, com um montículo de cavacos de madeira entre as botas enlameadas.

— Alguém precisa contar ao Daniel que a esposa dele vai ao encontro do Criador.

Então saiu mancando até o quarto de Big Thelma e escancarou a porta. O cheiro acre picou-lhe as narinas. Entrou e fechou a porta atrás de si, como se esperasse impedir que a doença saísse por ali.

Ao lado da cama, alcançou o pano molhado na bacia sobre a mesa de cabeceira, torceu-o e limpou o muco ensanguentado que tinha escorrido pelo canto da boca da mãe e se acumulado na fronha. Novamente enxaguou o pano e torceu, limpou a crosta do nariz e os coágulos cor de vinho das orelhas. Mal acabara e uma nova gota de sangue fresco apareceu.

Luther não culpava Harlan por estar com medo. Nunca vira uma doença como aquela. Mas imaginou que, se fosse contraí-la, isso já devia ter acontecido.

— Mãe — ele sussurrou. — Consegue me ouvir?

— Luther? — disse ela, parecendo mais lúcida do que estivera nos últimos dois dias. Os olhos encovados pareciam recobertos por uma névoa acinzentada, mas ela dava a impressão de enxergar um pouco. — Luther?

— Estou aqui, Mãe.

— Não deixe ninguém além da família me ver assim — pediu num sussurro. — Não demore para me enterrar. Esta é a morte do diabo.

Em Segurança

— Não é sempre que a SNN é o assunto do noticiário, mas hoje a notícia chegou aqui pela porta da frente — comentava a apresentadora do noticiário da televisão. *— Agora pedimos a sua ajuda para identificar este homem, que entrou no saguão da nossa sede em Manhattan. Antes, queremos avisar que a imagem a seguir pode ser chocante para pessoas mais sensíveis.*

A tela foi tomada pela imagem ampliada de um rosto. Embora o pessoal da SNN tivesse tentado escolher um enquadramento que não mostrasse muitos detalhes, ainda assim a imagem precisava ser boa o bastante para tornar a identificação possível. O sangue nos lábios, escorrendo pelo queixo, pescoço e cantos dos olhos, não pôde ser evitado.

— O homem não identificado pediu para falar com Cotten Stone, a nossa correspondente para reportagens especiais. Parecendo estar com uma doença grave, ele desmaiou e depois morreu a caminho do hospital. Mas não antes de transmitir uma mensagem de apenas duas palavras à senhorita Stone, que para as Notícias em Manchete ela contou que se tratava de "Agulhas Negras".

"Stone declarou que, embora o homem parecesse delirante e pouco consciente, as palavras foram ditas com clareza. Se alguém conhecer a identidade deste homem ou o significado da estranha mensagem, por favor entre em contato com a Satellite News Network pelo número de ligação gratuita em sua tela ou diretamente pela nossa página na Internet, em www-ponto-satellitenews-ponto-org."

Sentada no sofá da sala, Cotten apertou o botão de pausa no controle remoto e congelou a imagem do rosto do homem doente.

— Foi a coisa mais louca, John — disse ela ao telefone. — A princípio, eu pensei que se tratasse de um viciado em drogas que tinha entrado no prédio depois de uma overdose, mas isso não explica o sangue. Pensei que ele precisasse de ajuda e o meu nome fosse a primeira coisa que lhe veio à cabeça por ter visto os meus programas na televisão, e que fosse por isso que chamasse por mim. E simplesmente achei que estivesse falando sobre agulhas hipodérmicas.

— Pode repetir o que ele disse? — pediu John.

— Você pode ouvir claramente se voltar o vídeo. Foi Agulhas Negras.

O único som que se ouviu em seguida foi o ruído suave do gelo no copo enquanto ela bebericava a sua vodca.

— A minha primeira impressão foi a mesma da sua... um viciado na sua última "viagem". Mas como você disse, isso não explica o sangue. Ele podia ter outros problemas de saúde.

— Certo, mas então você precisa acrescentar a isso a questão de o corpo dele ter sido levado do hospital por um agente funerário não identificado antes que a perícia legal pudesse ser alertada e ordenasse a autópsia por um legista... bem, isso tudo me parece muito suspeito.

— E se tudo não passar do que sugeriu o médico de plantão no pronto-socorro? Uma confusão com a papelada?

— Pode ser. Mas, seja como for, a apresentadora do noticiário que acabou de ir ao ar pedia para o público ajudar a identificar o sujeito. — Ela esvaziou o copo. — Acabei de ver.

— Talvez dê resultado.

— Esse tipo de coisa sempre provoca muitos trotes. Ainda vamos ter de separar os absurdos dos indícios verdadeiros.

Houve uma pausa antes de John falar novamente.

— Sinto muito por esta noite. Não via a hora de jantarmos juntos, mas quando o embaixador dos Estados Unidos junto às Nações Unidas pediu para termos uma reunião a portas fechadas, não tive escolha.

Cotten suspirou.

— Teria sido muito bom. — Ela afastou com o dedo o cabelo da face. — Faz alguma ideia do que o Departamento de Estado quer?

— Estão fazendo algumas negociações nos bastidores com a República da Moldávia, na Europa Oriental. Está em discussão um conflito de fronteiras com uma estreita faixa de terra chamada Transnístria. A violência aumentou e as conversações formais foram interrompidas. Acho que estão querendo a intervenção de uma parte neutra. Talvez com a participação do ministro das Relações Exteriores do Vaticano. No momento, a minha bola de cristal não está revelando muita coisa.

— E você volta para Roma amanhã?

— Ei, pare de me expulsar do país assim! Esperava que pudéssemos ao menos tomar o café da manhã juntos. O que acha? Sete e meia? O meu voo é às dez.

— Parece a maneira ideal de começar o meu dia.

— Espere um segundo.

Ela o ouviu cobrir o fone e seguiram-se umas vozes abafadas.

— O Serviço Secreto está aqui — informou John. — Ligo para você depois.

— Divirta-se brincando de diplomata.

Durante o café na manhã seguinte, Cotten brincava com o seu ovo *pochê*. Seu apetite se esvanecera ao conversarem sobre a partida de John e quando ele poderia voltar aos Estados Unidos.

— O menu deste hotel é ótimo, mas ainda prefiro aquela sua rotisseria — comentou John.

— Sempre a considerei a melhor deste lado de Manhattan. Esse pessoal de hotel às vezes não sabe escolher os biscoitos, os pãezinhos não estão quentes...

— Deixa pra lá. A companhia não podia ser melhor — comentou John, piscando para ela.

— E quanto àquela agitação toda ontem à noite? — ela perguntou.

Ele a observou por trás da borda da xícara de café.

— Promete sigilo?

Cotten concordou com a cabeça.

Ele pousou a xícara sobre o pires com um suave tilintar.

— Estou levando uma carta para entregar nas mãos do Santo Padre. Embora não tenha lido, aposto que se trata de um pedido para que a Santa

Sé se envolva nas negociações para deter os conflitos na Moldávia antes que piorem. Oficialmente, tudo corre nos bastidores.

— Por que pediriam a ajuda ao Vaticano?

— Essa foi a minha primeira pergunta — observou John. — A verdade é que, assim que os russos finalmente retiraram o seu Quarto Exército, os transnistrianos mais do que nunca acharam que poderiam conseguir a independência da Moldávia. As hostilidades são alimentadas por um desejo intenso de estabelecer um estado independente. Isso não é nada novo para aquelas pessoas, vem acontecendo num certo nível desde que eram parte do Reino da Lituânia, no século XV. O problema é que os transnistrianos estão montados num verdadeiro arsenal militar deixado pelos russos e estão dispostos a lutar até o último homem para fundar a sua república independente. O nível de frustração na região é tão intenso que todos os partidos estão se apegando a qualquer coisa que possa trazer a paz, incluindo o fato obscuro de que a avó do papa era uma cristã da Igreja Ortodoxa do Oriente... assim como a maioria da população tanto da Transnístria quanto da Moldávia.

— E você vai para lá se o Vaticano se envolver?

— Vou.

— Qual será a história do seu disfarce desta vez?

— Um sítio arqueológico na Romênia, originalmente descoberto em 1971, acaba de revelar novos achados. Com destaque para dois mártires que morreram durante as repressões do imperador Décio. Assim, para todos os propósitos, vou cuidar das contingências diplomáticas antes de me encaminhar para o local das escavações. Isso deve afastar todas as suspeitas sobre o verdadeiro motivo da minha estada lá.

— Não será muito arriscado?

— Quer saber de uma coisa? — John sorriu, inclinando a cabeça. — Você vai acabar enchendo de rugas esta carinha bonita se não parar de se preocupar tanto. — Em seguida, deu-lhe um tapinha na mão.

— Então me prometa que vai ficar em segurança.

— Como foi o café da manhã com John? — quis saber Ted quando sentou-se à frente de Cotten na sala dela naquela tarde.

— Rápido demais — lamentou-se ela. — Ele precisava correr para o aeroporto e pegar o voo de volta para Roma.

— Ele lhe contou o motivo da grande reunião?

— Só por cima.

Ela olhou para a janela que dava para o Central Park.

— Pediu sigilo.

— Então precisamos respeitar isso — admitiu Ted. — É claro que espero que ele lhe dê uma entrevista exclusiva quando for o momento propício.

Cotten concordou relutante.

— Estou preocupada com ele, Ted. Preferia que ficasse apenas na atividade religiosa. Mas esse trabalho no Venatori o coloca em perigo. Existem muitas pessoas que gostariam de lhe fazer mal.

— Deixe estar, garota. Você não pode fazer nada.

— Eu sei, mas se acontecesse alguma coisa com ele, não sei se eu conseguiria suportar.

— Ele vai ficar bem. Você é que detesta vê-lo partir.

— Acho que sim. — Cotten recostou-se na cadeira. — Então, quais são as novidades?

— O nome do seu homem misterioso é Jeff Calderon — informou Ted. — Uma tia dele ligou para nós hoje cedo depois de ver o noticiário.

Cotten voltou-se para encarar o chefe.

— E como ele veio parar no nosso saguão?

— O senhor Calderon era um vendedor de produtos farmacêuticos há uns dez anos. Aparentemente, ele começou a usar mais as suas amostras do que os clientes. De acordo com a velha tia, ele tinha sido demitido há uns dois meses, e há umas seis semanas ela perdeu todo o contato com ele. Não ouviu mais falar dele desde então. Mas pelo menos ela nos deu o seu último endereço conhecido... um apartamento de aluguel barato em Bed Stuy.

— Pensei que essa parte do Brooklyn tivesse sido demolida.

— Restam ainda uns quarteirões — observou Ted. — Mas estão em muito melhores condições do que alguns anos atrás.

— Deixe-me ver o endereço.

Ted adiantou-lhe uma folha de papel.

— Não fica muito longe do Tompkins Park.

— Conhece a região?

— Só de passagem. Fui até lá num domingo no último verão para um jogo de beisebol em benefício de uma instituição de caridade sobre a qual estava fazendo uma reportagem.

— Deixe-me adivinhar — falou Ted. — Agora quer voltar lá para dar uma olhada no lugar onde Calderon morava?

Cotten deu de ombros.

— Assim vou ter alguma coisa para fazer no fim de semana. Preciso sair de casa mesmo.

— Vá caminhar no Central Park. Fazer compras. É mais seguro.

Ted levantou-se para sair.

Cotten sorriu enquanto reunia suas coisas para voltar para casa.

— Você se preocupa demais.

Estilhaços

As quatro faixas da avenida marginal que levava a Pyongyang estavam praticamente desertas enquanto Moon observava as colinas laterais passarem suavemente. A exemplo de todas as marginais que circundavam a capital norte-coreana, essa também era magnificamente bem cuidada pelos moradores da região. Nas manhãs quando passava a caminho do laboratório, ela os via varrendo o acostamento e podando os arbustos dos dois lados da pista. E se curvavam respeitosamente toda vez que a sua limusine preta passava por eles a caminho do complexo governamental de alta segurança no norte da cidade.

Nessa noite, ela se sentia exausta enquanto observava com ar ausente a paisagem campestre pela janela. Os longos dias passados no laboratório de genética esgotaram a sua frágil constituição de não mais de cinquenta quilos. Aos 64 anos de idade, o corpo começava a dar sinais de idade, com todo o tipo de mal-estar manifestando-se com uma intensidade cada vez maior. A artrite e a hipertensão eram os mais recentes. Mas era o tremor nas mãos que não a deixava esquecer de que o mal de Parkinson progredia continuamente. A *substantia nigra*, as células de dopamina no seu cérebro, estavam morrendo. Sem ela, as mensagens do cérebro para informar ao corpo como e quando se mover chegavam atrasadas. O mal de Parkinson não a mataria, mas a certa altura a deixaria debilitada. Moon sabia que o tempo corria contra ela. Os rigores do envelhecimento e da doença logo tornariam difícil demais manter as suas atividades, o seu ânimo, a sua disposição.

Mas ela estava muito próxima do clímax final de todo aquele drama que representava o trabalho da sua vida. Logo não precisaria mais acordar no meio da noite banhada em suor por causa do medo e da dúvida. Não ficaria mais imaginando se uma mulher frágil e delicada, em uma sociedade obscura e fechada, poderia ser capaz de eliminar um número tão grande de inimigos odiados.

Uma vez mais, ela tirou a fotografia do bolso do casaco. Enquanto olhava para a mãe e para o pai, tremia de excitação ao pensar no que estava prestes a fazer. E quando a sua tarefa estivesse concluída — quando tivesse cumprido a sua missão de punir aqueles que levaram a dor e o sofrimento aos seus pais, seus amigos, seu povo —, ela planejava se aposentar na sua terra de adoção, com todos os benefícios e privilégios de um funcionário norte-coreano nato do alto escalão governamental. Protegida das retaliações que certamente viriam, e segura da impiedade dos agressores imperialistas, passaria os anos finais da sua vida com todos os cuidados necessários.

Os pais de Moon estudavam medicina na Universidade Imperial de Kyoto durante a Guerra Sino-Japonesa quando foram recrutados pelo chefe do centro secreto de guerra biológica japonês, chamado pelo imperador Hiroíto de Unidade 731.

Os pais dela eram pessoas honradas e nobres que dedicavam a vida à defesa do Japão, mas depois da guerra sentiram-se ultrajadas ao ver como o seu país se entregava de maneira indecente aos americanos. Ao contrário do governo japonês, que parecia ignorar a destruição catastrófica de Hiroxima e Nagasáqui, e o sofrimento das gerações subsequentes, os pais dela não puderam perdoar os americanos e os seus aliados, nem desculpar os líderes japoneses por essa traição. Enquanto muitos dos seus colegas eram levados a julgamento por um tribunal aliado para crimes de guerra, a mãe e o pai de Moon fugiram para a Coreia, renunciando à cidadania japonesa e chegando até a abrir mão do seu sobrenome Nakamura, e assumindo o nome coreano de Chung. Estavam determinados a continuar o que a Unidade 731 havia começado. Pouco tempo depois da sua chegada a Pyongyang, Moon nascia.

Aos 6 anos de idade, durante os últimos dias da Guerra da Coreia, Moon assistiu ao sequestro e morte da sua mãe pelos agressores imperialistas. O tempo não apagara a força daquela lembrança, nem ela queria que isso acontecesse. Aquela recordação era o que a alimentava, o que a motivava, o que lhe dava um propósito. Moon contraiu os olhos para impedir que as lágrimas brotassem enquanto o ódio aos americanos lhe enrubescia a face. Ela focalizou a fotografia uma vez mais, desta vez analisando o rosto amado do pai — um homem notável, marido leal, pai amoroso. Mordeu o lábio com veemência para conter a dor no coração e refrear o ímpeto de soluçar. *Ele era tão jovem. E tão vibrante.* Essa era a fotografia que preferia levar consigo — quando os pais eram jovens, com olhos brilhantes e uma promessa nos lábios.

O pai de Moon fora um dos que a fizeram compreender a importância do trabalho que os seus pais desenvolviam e por que era mantido em segredo. O pai lhe dissera uma vez: "Afinal de contas, se a guerra biológica foi tão terrível para ser banida do Protocolo de Genebra, então devia ser uma boa arma. E na guerra, o que se quer é vencer". Não fora apenas a guerra biológica que os seus pais estudaram, mas também os melhores métodos para curar soldados e civis infectados.

Pequenos sacrifícios foram imperativos para a validação dos experimentos. A maioria das pessoas valorizava os resultados, mas preferia não saber como esses resultados eram obtidos. Assim, poucas pessoas entendiam quanto bem era produzido pelo seu trabalho, como a descoberta do melhor tratamento para as ulcerações produzidas pelo congelamento, o que salvara de amputações milhares de pessoas em todo o mundo.

Moon demorara muito tempo para se recuperar da morte do pai, onze anos antes. Deitado no leito de morte, o pai lhe pedira para olhá-lo nos olhos.

— Está vendo? O fogo não brilha mais dentro deles — disse-lhe o pai. — Você deve acendê-lo dentro de si, minha filha.

Foram essas as suas últimas palavras. Moon continuou segurando a mão dele até que ela ficou fria, e prometeu que vingaria os pais. Usaria os segredos que o pai lhe revelara para punir os agressores imperialistas e os seus asseclas, humilhando-os e vendo-os gritar na agonia de uma morte terrível.

Enquanto guardava a fotografia, Moon viu de relance o reflexo dos seus olhos cansados e as mechas prateadas do cabelo grisalho na janela da limusine. Ela sorriu ante a ironia de que aqueles que estava prestes a matar já carregavam o estilo da sua morte dentro de si mesmos.

— O que foi que acabaram de dizer? — Moon imobilizou-se no meio da cozinha do seu apartamento, no alto de um edifício em um setor residencial oficial do Partido Comunista em Pyongyang. Pronta para ir para a cama, acabara de esvaziar o resto de chá da xícara de porcelana chinesa na pia e estava prestes a lavá-la.

A empregada, uma mulher franzina na casa dos 70 anos, parara de secar o balcão para assistir ao televisor de tela plana de plasma embutido no armário. O aparelho era um dos poucos ligados às antenas de satélite sancionadas pelo governo e sintonizava um canal de notícias americano com legendas em coreano. Ela voltou-se para Moon.

— *Quem* disse o quê, doutora Chung?

Moon apontou para o televisor.

— Aquela pessoa. O que ela acabou de dizer?

— Ah! Ela comentava sobre um homem que morreu de repente depois de entrar no prédio da emissora americana em Nova York.

Moon fixou o olhar na imagem de uma mulher de cabelo castanho-claro e olhos escuros que enchia a tela. A mulher estava sendo entrevistada e na base da tela lia-se a legenda: "Cotten Stone, correspondente especial da SNN".

Enquanto ouvia, de punhos cerrados, Moon sentiu um calor subir pela nuca e chegar até as faces. Foi como se uma poderosa mão invisível lhe golpeasse o estômago e ela só percebeu que a xícara tinha lhe escapado das mãos quando ela se despedaçou no chão.

Não havia dúvida. Moon acabara de ouvir a mulher pronunciar duas palavras que cortaram o ar como uma rajada de vento gelado. Duas únicas palavras.

Agulhas Negras.

Fechaduras

Cotten subiu o terceiro lance de escadas do pequeno prédio de apartamentos de Bedford Stuyvesant, a última residência conhecida de Jeff Calderon. Os odores pungentes de cozido de carne condimentada com temperos jamaicanos misturavam-se com um latente cheiro de mofo e urina. As paredes exibiam o que restava de uma camada de tinta verde-escura, o que conferia ao ambiente uma atmosfera de anonimato — um lugar para resguardar segredos e identidades ocultas, concluiu Cotten. Manchas de um verde um pouco mais escuro revelavam os locais em que alguém recobrira uma pichação. A trilha sonora de um desenho animado daquela manhã de sábado parecia fora de lugar.

Seguindo pelo corredor, ela notou que o cheiro de comida vinha mais intensamente de uma porta. Assim como os sons do desenho animado. Cotten parou na frente da porta do apartamento e verificou o número escrito no papel que Ted lhe entregara. Bateu à porta, imaginando se Calderon morava sozinho.

— Ninguém vai atender se bater assim, dona.

Ela se virou e ficou de frente para um negro imenso que se aproximava — devia pesar no mínimo uns 150 quilos e ter mais de 1,90 metro de altura. Usava uma camiseta de manga comprida sob um colete de lã azul e um chapéu de aba estreita e trazia uma embalagem de refeição para viagem.

Enquanto passava por ela, ele acrescentou:

— Ele vive dopado o tempo todo. Não vai ouvir a menos que bata com muita força.

— Está se referindo ao senhor Calderon? — indagou Cotten, sentindo-se um tanto intimidada pelo homem corpulento.

Ele parou e a encarou.

— Eu conheço você?

— Trabalho para a SNN — informou ela. — Você deve ter-me visto no noticiário na televisão.

— Acho que sim.

Enquanto ele se virava para se afastar, Cotten disparou:

— Conhece o senhor Calderon?

— Não conheço ninguém, moça da tevê.

Ela ficou ouvindo os passos pesados na escada até ele desaparecer da vista e decidiu acatar o conselho do gigante, esmurrando a porta. Trinta segundos depois, estava a ponto de desistir quando ouviu um leve ruído dentro do apartamento.

— Ainda não tenho o dinheiro do aluguel, tá legal? — informou uma voz. — Só vou acabar de recolher as minhas coisas e dar o fora daqui.

— Não vim receber o aluguel. Sou Cotten Stone, da SNN. Posso conversar com você?

Nenhuma resposta, como se a pessoa atrás da porta estivesse considerando as suas opções. Então Cotten ouviu os cliques de diversas fechaduras. A porta se abriu alguns centímetros, presa por uma corrente grossa. Uma faixa de rosto assomou pela fresta da porta — um olho inquisidor e uma sobrancelha arqueada, o canto da boca torcido para baixo.

— Você é da polícia? — sussurrou o homem.

— Não, como eu disse, sou da SNN, o canal de notícias da tevê a cabo. — Ela esperou enquanto a porta era aberta um pouco mais, revelando o restante daquele rosto e uma silhueta descarnada. Os sulcos e marcas de um passado difícil, imaginou, vincavam a pele ressecada, o que tornava ainda mais difícil julgar a idade do homem. Ela calculou quase uns 50. A barba espetada devia ter uma semana.

— O que você quer? — Os olhos nervosos percorreram o espaço visível do corredor atrás dela.

— Conhece Jeff Calderon?

— Merda. Conhecia. Eu tive uma droga de contato com ele.

O homem ameaçou fechar a porta, mas Cotten impediu com a mão.

— Não tem problema nenhum, eu prometo. Só estou querendo algumas informações sobre o senhor Calderon.

— Eu disse a ele que a gente estava ferrado. Que viriam atrás de nós. — O homem empurrou a porta para fechá-la.

— Por favor, senhor, só quero conversar. Não precisa ter medo de mim, eu lhe garanto. Só quero lhe fazer algumas perguntas. Só isso. Depois vou embora.

A porta se fechou, mas em seguida ouviu-se ruído da corrente deslocada.

— É bom que não esteja mentindo — comentou ele, enquanto abria a porta.

Abrindo caminho com evidente relutância, permitiu que ela entrasse.

— Muito obrigada, senhor...

Cotten caminhou para dentro do apartamento e ouviu o clique da porta sendo fechada atrás de si. Um cheiro insuportável de lixo agrediu as suas narinas. O lixo cobria o chão, os poucos móveis e atravancava a cozinha. Embalagens sujas de comida, peças de roupa, uma montanha de pratos e copos de plástico, latas de conservas com restos do seu antigo conteúdo — camadas sobre camadas rançosas contribuíam para o mau cheiro que a obrigou a cobrir a boca e o nariz. Seus olhos se detiveram em um trapo sanguinolento que secara sobre o encosto do sofá esburacado.

— Franks — informou o homem.

— Como?

— Meu nome é Franks. Jimmy Franks.

— Prazer em conhecê-lo, senhor Franks. — Cotten não lhe estendeu a mão e Franks não ofereceu a dele.

Ele esfregou o cabelo ralo e desbotado e depois enfiou as mãos esquálidas nos bolsos. Ainda assim, não conseguia ocultar os tremores que lhe percorriam o corpo. Contrações no rosto e um piscar de olhos constante, seguidos de uma coriza que o obrigava a fungar o tempo todo, eram indícios de uma doença latente.

Cotten teve a impressão de que Jimmy Franks estava prestes a ter uma crise qualquer.

— Está se sentindo bem?

Ele deu um risinho nervoso.

— Que diabos você quer saber, afinal de contas?

Ele olhou pela sala com a mesma expressão ansiosa com que analisara o corredor havia poucos instantes.

Cotten concluiu que a conversa seria breve e limitada a respostas monossilábicas.

— O que aconteceu com Jeff Calderon?

— Eles lhe deram uma merda qualquer. Uma merda que o deixou doente. Deram a ele uma coisa que o ferrou legal.

— Quem, senhor Franks? Quem o deixou doente?

— A gente só queria ir lá e conseguir um barato. Só queria um barato legal e sair numa boa. Desgraçados. Ferraram com ele.

— Sabe quem são *eles?*

— Sei, um bando de malditos filhos da puta.

— Muito bem, e onde os encontraram? Onde isso tudo aconteceu?

Ele sacudiu a cabeça.

— Num armazém abandonado. Sei lá. Perto da marginal.

— A marginal do Queens?

— Pode ser. — Franks esfregou a cabeça. — Sei lá... estava doidão.

Ele cruzou os dedos em cima da cabeça e cobriu o rosto com os cotovelos.

— Minha nossa, acho que também vão me ferrar.

Franks apoiava-se ora num pé, ora noutro, baixando a cabeça para massagear a nuca.

— Depois da rua Furman ou da Doughty, acho. Perto da ponte. Um lugar chamado T-Kup.

— T-Kup?

— É isso aí. Acho. Deve ser. Merda, eu estava doidão.

— Você e o senhor Calderon foram lá para comprar drogas?

Franks riu, depois fungou e esfregou o nariz na manga da camisa.

— A gente foi parar lá... Jeff entrou, eu fiquei de fora. Ele não saía nunca. Desgraçados daqueles filhos da puta. Ele demorou a vida inteira. Eu acabei indo embora. Disse, que se dane. Ele acabou aparecendo uns cinco ou seis dias depois. Disse que saiu de lá e acabou dormindo embaixo de uma ponte durante uns dois dias. Mal chegou aqui e começou a ficar muito mal, cara. Todo aquele sangue saindo do nariz e orelhas, de todo lugar.

Franks virou a cabeça e fez uma careta.

— Nunca vi nada igual. Maldito seja. Tentei dizer para procurar um pronto-socorro, mas ele tinha medo que descobrissem o que fez e o mandassem para a cadeia. No começo ele pensou que ia melhorar, mas ele estava morrendo, cara. No fim, mal conseguia abrir os olhos. Só ficava deitado ali.

Franks apontou para o sofá e para o trapo ensanguentado.

— Às vezes ligava a TV. Assistia e apagava, como se estivesse muito doidão. Parecia desligado de tudo. Estava atordoado, entende, fora de si. Uma vez ele pensou que eu fosse a mãe dele, pelo amor de Deus! Isso me assustou. Então ele viu uma piranha na TV e disse que ia atrás dela. Contar o que aconteceu. Como se fosse capaz de se levantar, se vestir e ir até o centro da cidade. Eu disse que ele não ia a lugar nenhum, não do jeito que estava, mas ele jurou que ia tentar... tinha de contar para ela o que os desgraçados fizeram com ele.

Franks arregalou os olhos como se tivesse visto Cotten pela primeira vez. Examinou-a por um minuto.

— Puta merda — exclamou, correndo as mãos pelo rosto, obviamente fazendo uma ligação. — Era você. Isso vai sair no jornal da televisão? — Franks tentou ajeitar o cabelo. — Nada de TV, dona. Ai, meu Jesus, eles vão ver e vir atrás de mim.

— Não, senhor Franks. Nada de TV. Não precisa se preocupar com isso. — Cotten tentou acalmá-lo. — Só me diga o que aconteceu.

— Eu parei faz uns dois dias... não queria pegar o que deu no Jeff. Pus as minhas coisas num saco plástico e me livrei daquilo, cara. Fui dormir na rua... qualquer coisa é melhor do que aquilo que ferrou com ele. Então ouvi dizer que a cara do Jeff apareceu na televisão e disseram que ele estava morto. Então voltei pra cá hoje cedo para pegar as minhas coisas.

Franks começou a andar de um lado para o outro, dando as costas para Cotten, as mãos no alto da cabeça de novo. Ele parecia ter-se esquecido da sua presença.

— Maldição.

— Senhor Franks, o senhor Calderon contou o que aconteceu com ele?

De repente, Franks ficou ainda mais agitado.

— Jeff disse que não contou a eles que eu estava esperando do lado de fora, mas eu não sei. — Ele enxugou o suor das mãos na parte da frente da camisa. — Estou ferrado agora. Eles virão atrás de mim. Vão me ferrar igual. — Ele enxugava a transpiração da testa com a manga da camisa. — Merda, merda. Ferrou de vez. Agora chega. Fim de papo. Saia. — Ele partiu para a porta.

Seguindo atrás dele, Cotten perguntou:

— Ele disse mais alguma coisa? Qualquer coisa?

Franks a empurrou para o corredor e bateu a porta com força. Enquanto Cotten ouvia o ruído dos trincos das fechaduras sendo travados, Franks gritou:

— Disse que foi usado como um maldito rato de laboratório.

T-kup

Cotten olhava para o guia comercial da cidade de Nova York na tela do monitor do seu computador e analisava os resultados da busca de empresas chamadas T-Kup e quaisquer palavras derivadas. Encontrou uma loja de quinquilharias que vendia miniaturas de dragões e estatuetas de magos de fantasia, um salão de chá asiático especializado em chás e cafés exóticos importados, um comércio de tapetes persas, uma loja especializada em porcelana e cristais chineses, uma casa de animais de estimação que vendia cães de raça pequena e algumas outras empresas, nenhuma delas localizada na região mencionada por Jimmy Franks.

— Estaremos prontos para você em dez minutos — informou o diretor-assistente com a cabeça enfiada no vão da porta da sala.

— Obrigada — respondeu Cotten, olhando para ele.

A gravação semanal do seu programa *Relíquias* estava prestes a começar e ela precisava fazer a maquiagem. Quem sabe toda aquela coisa envolvendo o tal de Calderon não passasse mesmo de uma perda de tempo, pensou. O que tinha até o momento? Dois sujeitos consumidores de drogas, envolvidos com algum tipo de roubo de narcóticos. Um adoeceu e morreu — o outro estava tão paranoico que talvez nem tivesse mais cura. Sentia pena de ambos, mas achou que já investira tempo demais nisso.

Ainda assim, alguma coisa a incomodava no íntimo. Por que o sujeito a procurara? O argumento de que era um rosto popular na televisão fazia algum sentido. Mas ele poderia ter entregue a mensagem de duas palavras a qualquer um e pedido que transmitisse a ela. Ainda mais do que os esforços para encontrá-la, o que não saía do seu pensamento era a mensagem propriamente dita.

Agulhas Negras.

Ele não dissera agulhas contaminadas, como no caso de instrumentos malcuidados ou sujos. Ele não dissera que estava doente e que precisava de um médico. Com o seu último suspiro, ele dissera apenas "Agulhas Negras".

Depois vinha o tal do Jimmy Franks. Obviamente perturbado pelas drogas e completamente fora da realidade. Ele não parava de referir-se a *eles*. Quem eram *eles?* Por que *eles* contaminaram Calderon com aquela doença?

— Cotten?

Ela ergueu os olhos. O diretor-assistente de novo. Acenando para ele, disse:

— Desculpe... já estou indo.

Cotten pegou a sua cópia do roteiro de *Relíquias* e saiu em direção ao estúdio e da maquiagem.

Quatro minutos depois, e faltando apenas alguns segundos, ela sentou-se na poltrona verde de espaldar alto no cenário de gravação de *Relíquias*, alisou a saia e a blusa, produziu uns sons no microfone para que o técnico ajustasse o retorno e respirou fundo. Seu convidado, um cientista de investigações forenses da Universidade de Paris, encontrava-se sentado no sofá à direita dela. Atrás dela via-se um quadro com uma ampliação fotográfica mostrando um conjunto de aparência misteriosa com túneis e sepulturas parcialmente escavadas com a palavra *Relíquias* gravada no que parecia um antigo pergaminho. Enquanto o diretor de palco terminava a contagem regressiva, Cotten sorriu e olhou para a câmera, cujas lentes ocultas por trás do gerador de caracteres exibia as partes do roteiro que ela devia seguir. O texto corria de baixo para cima pelo gerador de caracteres enquanto ela lia:

— Boa noite e bem-vindos a *Relíquias*, o programa semanal da SNN sobre povos, mitos, folclore e lendas antigas. Parte do nosso passado que pode lançar alguns raios de luz sobre o nosso futuro.

Sobreposta eletronicamente sobre o ombro dela, projetou-se uma imagem de um osso pequeno.

— Será esta uma costela da Santa Joana d'Arc ou uma fraude, o que alguns pensam que na realidade se trata do osso de uma múmia egípcia? Esta noite, tentaremos responder a essa pergunta com uma viagem no tempo até uma cidadezinha de Rouen, na França. O ano é 1431 e uma jovem está prestes a ser queimada na fogueira.

"E também vamos discutir novos resultados dos testes sobre amostras de pólen que acabam de ser descobertas no famoso Sudário de Turim. Seriam as amostras de um arbusto raro que se acredita ter sido usado para compor a Coroa de Espinhos usada por Jesus Cristo na Crucificação? Tudo isso e muito mais em *Relíquias.*"

Cotten recostou-se na poltrona.

— Agradecemos ao patrocinador desta noite: os PCs Fulgor e a sua nova geração de notebooks sem fio. Os notebooks Fulgor têm mais velocidade graças aos seus novos processadores centrais octo-core exclusivos da...

O roteiro parou no gerador de caracteres, esperando que Cotten continuasse. Ela ficou olhando para as palavras. Recompondo-se, depois de uma fração de segundo, continuou:

— ...os seus novos processadores centrais octo-core exclusivos da T-Kup Tecnologias.

— A Fulgor não fabrica os processadores T-Kup — informou o gerente de vendas internacionais da SNN. — A empresa apenas usa a tecnologia. Você sabe, assim como acontece com as outras fabricantes de chips para computadores.

Cotten estava sentada no escritório do gerente de vendas.

— Onde fica a sede da Fulgor?

— Em Cingapura.

— E a da T-Kup?

— Em Seul, na Coreia do Norte. A mesma história de sempre: um grupo de engenheiros deixa uma grande empresa de eletroeletrônicos e decide montar a própria fábrica. No ramo há apenas uns dois anos, eles afirmam ter o processador mais rápido do mercado, de oito velocidades, como o nome diz.

— E você sabe se a T-Kup tem alguma fábrica na cidade de Nova York? — insistiu Cotten.

— Acho que o gerente de marketing da Fulgor mencionou que eles têm um centro de distribuição aqui e outro na Costa Oeste, em Los Angeles.

Não é uma fábrica, apenas distribuem peças e componentes para montagem ou substituição.

O gerente de vendas voltou-se para o teclado do computador e digitou. Um instante depois, saía uma folha de papel da impressora.

— Aqui está o que você procura. A distribuidora fica no Brooklyn.

— Obrigada, você foi de grande ajuda. — Ela se levantou e pegou a folha de papel.

— Ora, estamos aqui às ordens — respondeu ele. — Ei, por que o interesse?

Cotten sorriu.

— Estou pensando em comprar um novo laptop.

Gaiolas

Na placa acima da porta de entrada lia-se: T-Kup Tecnologias, Distribuição de Peças e Componentes. O prédio de três andares, de tijolos aparentes, entre uma série de três iguais ao longo da Doughty Street, não tinha janelas para a rua. Enquanto observava o táxi que a trouxera afastar-se da guia, Cotten começou a pensar que talvez não tivesse sido uma boa ideia vir sozinha. A nova estagiária oferecera-se para acompanhá-la, mas cancelara no último instante, dizendo que surgira um imprevisto. Então, com determinação e olhando para os dois lados, Cotten girou a maçaneta da porta da frente da T-Kup Tecnologias, mas descobriu que estava trancada. Apertou o botão da campainha de segurança na entrada. Nenhuma resposta. Pegou o telefone celular e digitou o número na folha que o gerente de vendas da SNN lhe dera. Uma gravação informou que o número estava fora de operação.

Em seguida, ela caminhou pela rua até uma viela na lateral do prédio. Virando-se, viu por cima do ombro o porto de atracação dos *ferry boats* de Nova York e centenas de turistas que tiravam fotografias do perfil da cidade do outro lado do East River. O barulho constante do trânsito de veículos da ponte do Brooklyn e da via expressa a distância não diminuía nunca.

Encaminhou-se para a viela. Depois de uns cem passos, passou por uma caçamba e chegou a um cais de carga. Ao lado de duas imensas portas de correr, avistou uma porta de entrada dos fundos. Subindo os degraus que levavam à porta, bateu várias vezes. Outra placa acima anunciava: "T-Kup — Entregas". Nenhuma resposta. Tentou a maçaneta. Travada. Mas ao empurrar a porta cedeu. Alguém usara fita adesiva para manter a fechadura aberta. Com um rangido seco, a porta se abriu.

Um imenso salão vazio, provavelmente do departamento de expedição de mercadorias, estendia-se à sua frente — piso de lajotas, paredes brancas manchadas, alguns restos de papelão. O lugar cheirava mal, não muito diferente do odor rançoso do interior do apartamento de Calderon.

Tirou a pequena lanterna e um punhado de lenços de papel da bolsa. Cobrindo o nariz com os lenços, Cotten direcionou a luz à medida que avançava na semiescuridão do armazém vazio. O lugar fora totalmente esvaziado. Ela dirigiu a luz em uma varredura em arco e de repente parou sobre os únicos objetos que se mostraram à vista. A história de Jimmy Franks começou a fazer sentido.

— Como assim, gaiolas? — surpreendeu-se Ted Casselman.

— Isso mesmo que você ouviu.

Cotten e o chefe estavam sentados em um banco do Central Park do outro lado da rua, em frente à sede da SNN.

— Você quer dizer gaiolas de segurança para peças e suprimentos?

— Foi o que pensei no início. Eram vinte no total... dez empilhadas em cima de outras dez.

— Certo, e daí?

— Quantas gaiolas de armazenamento você já viu com um colchão dentro de cada uma?

Ted observou o trânsito que contornava a praça de Columbus Circle.

— Bem, agora você me pegou.

— Elas eram grandes o bastante para que uma pessoa deitasse dentro. Não muito mais do que isso. Como gaiolas no laboratório de um consultório veterinário, para manter os animais, mas imagine que sejam grandes o bastante para caber uma pessoa dentro.

Cotten observou o ônibus turístico de dois andares contornar a praça. Era capaz até de ouvir o ruído das câmeras disparadas.

Segundo Calderon disse ao colega, o desconhecido que o contaminou usou-o como um rato de laboratório.

— Então você acha que ele foi mantido dentro de uma daquelas gaiolas?

Ela acenou com a cabeça, confirmando.

— E o que mais você descobriu sobre o prédio?

— É de propriedade de um consórcio de investidores asiáticos chamado Rising Moon. A sede é em Hong Kong. Empresa particular. O armazém no Brooklyn é a sua única propriedade em Nova York. Mas eles também têm outro prédio em Los Angeles. O seu único inquilino em cada um desses prédios é a T-Kup Tecnologias. Em seguida, pesquisei também em outros países. Espere só até ouvir esta lista. Eles estão espalhados por todo o planeta, com propriedades na Grã-Bretanha, Rússia, Polônia, França, Grécia, Bélgica, Canadá, Dinamarca, Japão e Austrália. E não para por aí. Ele têm propriedades também no Brasil, na China, na Nova Zelândia, na Noruega, na África do Sul e na Holanda.

Ted desviou o olhar do trânsito e dirigiu-lhe um sorriso irônico.

— Deixe-me adivinhar. Seu único inquilino em todos esses países é a T-Kup Tecnologias.

— Acertou. Toda essa coisa envolvendo o Calderon está cheirando mal. Literal e metaforicamente. Não sei lhe dizer do que se trata nem por que no fundo tem alguma coisa me dizendo que há algo de podre por trás dessa T-Kup.

— Será que não passa de apenas uma coincidência?

— Você acredita mesmo nisso?

Ele esfregou a testa.

— Leia de novo essa lista de países para mim.

Ela obedeceu.

Ele estalou os lábios e balançou a cabeça, concordando.

— Parece mais uma lista dos aliados americanos na Segunda Guerra Mundial. A não ser pelo Japão. Esse é o único país que não se encaixa.

— Interessante. Vou ver se não me esqueço disso. Pode significar alguma coisa interessante mais tarde.

— Quem sabe? Seja como for, no momento você não tem muito mais com o que contar. Não perca tempo demais com isso, mas pesquise um pouco mais. Cutuque o mato para ver se sai algum coelho. Talvez esteja na hora de investigarmos essa T-Kup Tecnologias com mais cuidado.

Enquanto atravessavam de volta à ala oeste do Central Park em direção à SNN, Ted indagou:

— Para onde mesmo disse que John ia?

— Para uma faixa de terra distante entre a Moldávia e a Ucrânia, chamada Transnístria.

— Nunca ouvi falar.

O Caminho

Moon caminhava ao lado do secretário-geral enquanto percorriam os jardins do palácio dele próximo a Wonsan, às margens do mar do Japão. Ela tinha viajado para a costa leste de trem naquela tarde a pedido dele — o assunto da reunião não fora revelado de antemão, apenas que se tratava de algo importante.

A brisa noturna que soprava do oceano fez com que a sua pele se arrepiasse. Mesmo usando um pesado *durumagi* sobre as roupas não se sentia totalmente protegida do vento gelado que soprava da baía. Oculta no sopé do monte Kumgang, a réplica do Chateau de Blois do vale do Loire era protegida por 5.000 hectares de florestas fortemente patrulhadas. Do caminho abaixo da mansão, ela podia ver as luzes da cidade de Wonsan a distância.

— Fechamos o laboratório satélite da cidade de Nova York, Estimado Líder — informou Moon. — Resolvemos transferi-lo para um novo local em um Estado vizinho. Ordenei que não deixassem nenhuma pista que pudesse levar as autoridades a deduzir que não se tratasse apenas de um armazém de distribuição de equipamentos eletrônicos.

— Vamos esperar que as suas ordens tenham sido obedecidas. — Ele não a encarava, e isso provocou uma fissura quase imperceptível na sua confiança normalmente férrea. Advertiram-lhe muitas vezes ao longo dos anos que, se ele evitasse olhar alguém nos olhos, era porque guardava algum ressentimento ou raiva. Ela esperava que não passasse simplesmente de alguma preocupação com outros assuntos de Estado.

Chegaram a uma curva no caminho. Um muro que chegava à altura da cintura os protegia de um precipício rochoso mergulhado em total escuridão.

— Nenhum plano está imune ao fracasso, doutora Chung — disse ele, olhando por sobre o muro na direção da cidade distante. — Até mesmo um cuidadosamente planejado e minuciosamente executado como o seu.

— Estimado Líder, entendo perfeitamente que...

Ele ergueu a mão.

— Sei que entende, doutora Chung. — A voz soava quase como um sussurro. — Simpatizamos com a sua tarefa imensa e nos admiramos diariamente com o modo como a executa. É um trabalho enorme para uma pessoa... mesmo alguém com os seus talentos e conhecimentos inquestionáveis.

Moon suspirou em silêncio, agradecendo por ele não estar irritado.

— Graças ao senhor, Estimado...

— Mas de tempos em tempos, todos chegamos à conclusão de que precisamos de um pouco de ajuda.

— Não estou entendendo. A minha equipe põe o trabalho em primeiro lugar para atingir os nossos objetivos. Não consigo imaginar quem poderia nos ajudar a aumentar as nossas possibilidades de sucesso mais do que consegui estabelecer ao longo do último ano.

Uma gota de suor correu ao longo da sua espinha ante a ameaça de perder o controle sobre o projeto. Ela continuou:

— Os meus cientistas trazem consigo anos de conhecimentos inquestionáveis no campo da genética e pesquisa viral, sem mencionar os milhares de guerreiros que reunimos e que assumiram o compromisso de se equipar com a nossa arma mortífera, infiltrar-se entre os inimigos e executá-los. Embora sejam pequenos, não existe um outro exército melhor e mais dedicado sobre a face da Terra. O que nos aconteceu com essa pequena falha em Nova York foi um revés momentâneo.

As palmas das mãos estavam pegajosas de suor e as mãos tremiam mais de nervosismo do que por causa do mal de Parkinson.

— Aquela jornalista... essa tal de Stone... não representa nenhuma ameaça para nós. Em pouco tempo ela vai perceber que não há nada com que se preocupar, nada para transformar em uma reportagem, nada...

O secretário-geral voltou o rosto para Moon.

— Doutora Chung, tenho certeza de que está absolutamente certa. Nem por um segundo duvidei da senhora nem da sua equipe de cientistas e dos seus soldados. A senhora fez um trabalho admirável ao criar e desenvolver um plano que vai além mesmo dos limites extremos da minha própria imaginação. E isso em si é uma grande conquista. Por isso, a senhora merece a minha admiração e os meus cumprimentos. Mas a exemplo de todo investidor sensato, são os meus recursos que sustentam os seus feitos, e devo proteger os meus interesses. E é por isso que pedi a um conhecido meu para nos dar uma mão nisso.

Moon sentiu como se tivessem lhe dado um golpe no peito. Por um momento, ela pareceu hesitar, e imaginou se conseguiria manter o equilíbrio. Respirava com dificuldade. As palavras do secretário-geral caíram sobre ela como um banho de água gelada, enterrando uma lâmina afiada de gelo no meio do seu coração. Era o trabalho de uma vida inteira que estava sendo ameaçado. Ninguém poderia tirar isso dela. Não permitiria.

Atrás de si, Moon ouviu passos no caminho de cascalho. Voltou-se para ver um homem que se aproximava, mas na escuridão poucos detalhes eram visíveis. Na verdade, ele parecia fazer parte da própria escuridão — as suas feições eram tão difusas quanto as sombras da floresta que os envolvia.

Quando ele se encontrava a apenas alguns passos de distância, Moon reparou que parecia estar na casa dos 60 anos, próximo aos 70, com o cabelo da cor de cinzas e a pele com uma textura de couro curtido. A camisa, as calças e o sobretudo, todos negros como carvão, pareciam ser uma extensão da sua pele. Ele parecia mesmo trazer as trevas consigo, a não ser pelos olhos, que reluziam sob a luz das estrelas como brasas incandescentes.

— Boa noite, meu caro amigo — cumprimentou o secretário-geral voltando-se para o Velho que se aproximava. — Sou muito grato por ter vindo.

— Como poderia deixar de aceitar um convite tão irresistível?

Moon percebeu que era a primeira vez que ouvia alguém se dirigir ao secretário-geral sem tratá-lo por Estimado Líder. Aquele estranho exibia um sentido de autoridade que escapava à sua compreensão, um poder que se impunha de modo tão absoluto quanto a força da gravidade sobre qualquer objeto em queda livre. A presença dele se abatia sobre ela como o aumento de peso repentino que se sente ao sair da água. Um estremecimento sacudiu-lhe o corpo, ao mesmo tempo que um gosto amargo espalhou-se por sua garganta.

O secretário-geral fez um gesto em direção a Moon.

— Tenho o prazer de lhe apresentar a doutora Chung Moon Jung.

Moon inclinou rapidamente a cabeça em sinal de respeito. Esperou que o secretário-geral, por seu turno, apresentasse o visitante, mas ele não o fez.

— Meus cumprimentos, doutora Chung — disse o Velho. — A sua capacidade em produzir uma obra tão genial excedeu até mesmo as minhas expectativas.

Quem era aquele homem que conhecia o seu trabalho e alimentara expectativas em relação a ela? Como ousava ser tão presunçoso!

— Estava querendo saber o meu nome? — ele indagou sem lhe dar tempo para se manifestar. Então voltou-se para o secretário-geral. — Uma pergunta lógica, não acha? — Antes que o líder comunista respondesse, o Velho estendeu a mão e tocou Moon no ombro. — Por ora, considere-me um conselheiro especial. E não se preocupe, doutora Chung. Não tenho a intenção de interferir no seu trabalho nem na sua autoridade. Estou aqui a pedido do meu amigo para lhe prestar assistência e garantir o sucesso do seu projeto.

— Garantir? — repetiu Moon. — Como é possível? — Ela olhou de relance para o secretário-geral. — Não estou entendendo.

O Velho recolheu a mão.

— Temos os mesmos objetivos, você e eu, doutora Chung. A senhora quer vingança. Por uma série de razões diferentes, eu também quero. Assim como o seu Estimado Líder e tantos outros que foram vítimas das atrocidades cometidas pelos seus inimigos e os aliados deles. Vocês só precisam entender que estou disposto a ajudá-los. Para mim, isso é apenas um ponto de parada no caminho para a minha meta suprema. No fim de tudo isso, devo levar de volta para casa um parente querido. Você e o seu projeto são um degrau da escada que me levará ao sucesso. Portanto, decidi ajudá-la nos seus empreendimentos. Posso criar uma distração que afastará a atenção indesejada que você atraiu e permitir que prossiga com o seu projeto sem interferências.

— Uma distração? — estranhou Moon. — Do quê?

— Não do que, mas de quem.

Castelo do Lobo

A limusine ZIL do período soviético levando seis passageiros deslizava ao longo da estrada de duas pistas, 90 quilômetros a leste de Chisinau, na Moldávia. John observava as fazendas e áreas florestais por que passavam — bosques compostos de carpinos, carvalhos, tílias, bordos e faias. A maioria já se achava despida das suas últimas folhagens de outono, enquanto sua seiva se recolhia na proteção da terra antes da entrada do inverno. Por alguns instantes, a limusine fez uma breve parada ao passar por um posto de fiscalização e cruzou uma ponte sobre o rio Dniester, já dentro da Transnístria.

Pouco depois, saindo da estrada principal, a limusine seguiu por uma estrada vicinal de pedra. O terreno tornou-se acidentado e finalmente se transformou em uma serra de montanhas baixas mas encrespadas.

— Este lugar me lembra as montanhas Great Smokey — comentou John com o arcebispo Luigi Roberti, o ministro das Relações Exteriores do Vaticano, que ia sentado ao seu lado. — A minha família tinha um chalé de verão na Carolina do Norte. Passei uma boa parte da minha infância lá.

— Tempos mais simples, hein? — respondeu Roberti.

— Muito mais.

John fora criado em um subúrbio de Boston, mas passava muitas férias e verões no chalé da família. A sua vida fora uma jornada de fé — fé no chamado para servir a Deus e na sua paixão por descobrir os segredos que o homem deixou enterrados na antiguidade. Depois que ele e Cotten descobriram uma conspiração diabólica para clonar o Cristo a partir de um resíduo de sangue encontrado no Santo Graal, ele foi chamado a Roma para assumir o cargo de prelado da Comissão Pontifícia para a Arqueologia Sacra. A sua promoção imediata ao posto de bispo, e depois de arcebispo, juntamente com o recrutamento secreto para o Venatori o colocou na ascensão rápida à liderança da organização secreta. Em cinco anos, ele passou ao cargo de diretor do Venatori, um cargo que vinha acompanhado da posição hierárquica de cardeal. Agora, como conselheiro-chefe do papa sobre questões de informações e segurança, John era considerado por um seleto grupo dentro das comunidades de informações do mundo ocidental como o segundo homem mais poderoso do Vaticano.

Depois de chegar à Moldávia procedente de Roma no dia anterior, ele e a pequena delegação do Vaticano tinham passado a noite no Hotel Leo-Grand, na capital de Chisinau, antes de partir na manhã seguinte para um local remoto próximo à fronteira com a Transnístria — uma mudança de última hora, como lhes informaram. John sabia que não era incomum, quando se tratava de frágeis questões diplomáticas, a programação sofrer alterações de última hora. A agenda previa reuniões com representantes do Departamento de Estado da Moldávia e dos seus correspondentes da Transnístria e da Ucrânia.

O general de divisão Nikolai Borodin, da República da Transnístria, sentava-se no banco à frente de John na limusine. O oficial parecia estar cochilando. John observou-o, pensando em como era curioso que fosse o próprio em pessoa a escoltá-lo em vez de algum adido militar. Mas então imaginou que os recursos deles deviam ser limitados. Um dos últimos bastiões comunistas, o Parlamento da Transnístria não era reconhecido por nenhum governo do mundo. O uniforme do general parecia um tanto desgastado e o homem que o envergava tinha uma aparência que o deixava próximo de ser considerado desleixado, o que John considerou uma indicação segura da economia desastrada.

Ele também observou que a aparência do motorista era igualmente descuidada. Mesmo a limusine era velha e gasta — partes do para-choque estavam amassadas e a pintura descascava em alguns pontos.

A limusine fez outra curva para uma outra estrada vicinal estreita que levava para a parte sombreada das montanhas. Eles se aproximaram de uma cerca de segurança e atravessaram um portão guardado por meia dúzia de soldados fortemente armados. John viu uma placa escrita em russo e em inglês onde se lia: "Veículos e pessoas não autorizados não devem ultrapassar este ponto".

Um sacolejo provocado pelo piso de rolamento acordou o general e ele olhou pela janela.

— Estamos chegando, senhores — avisou, com o mínimo possível de sotaque. — Imagino que ficaram impressionados com o nosso destino. Ele é chamado de o Castelo do Lobo e foi construído em meados dos anos 1400 por Vlad Tepes III, conhecido como o Empalador, príncipe de Valáquia. Era o filho de Vlad Drucul e acabou conhecido como Drácula. Portanto, vocês passarão o seu primeiro dia no castelo de Drácula. Dracul, a propósito, é a palavra romena que significa diabo.

John sorriu enquanto escutava a explicação. *De uma maneira ou de outra, estou sempre lutando contra o mesmo inimigo.*

Borodin continuou:

— Muitos anos atrás, o camarada Brejnev passava uns dias aqui, durante os meses do verão, para se afastar do calor político do Kremlin. Ele costumava chamar o local de o seu Camp David russo, como o retiro dos presidentes americanos em Maryland.

A limusine abria caminho pela estrada cada vez mais elevada à medida que serpenteava pela encosta da montanha íngreme. A floresta rala cedeu lugar a um terreno pedregoso e finalmente para encostas rochosas. Subindo sempre, a limusine fez uma curva fechada e John avistou uma construção medieval assomar no topo da montanha como se tivesse brotado do próprio granito. Ouviu o ruído cavernoso enquanto a pesada limusine cruzava uma ponte levadiça de madeira bruta e ingressava no pátio.

— Chegamos — informou Borodin, enquanto esperava que o motorista saísse e abrisse a porta lateral. Saltando primeiro da limusine, o general esperou pelos outros.

John e o arcebispo Roberti saíram em seguida, seguidos pelo padre Michael Burns, um jovem sacerdote que viajava com o grupo como o novo assistente de Roberti. Os últimos a sair da limusine foram dois integrantes à paisana da Guarda Suíça designados como uma unidade de segurança diplomática.

— Bem-vindos ao Castelo do Lobo — anunciou Borodin, acenando enquanto o grupo passava em direção aos degraus que levavam à entrada da frente do prédio central.

John ergueu os olhos para as grandes muralhas que se erguiam como uma advertência a quaisquer tentativas de invasão medieval. Os seus postos de batalha colossais eram imponentes, e diversos tetos cônicos assemelhavam-se a mísseis gigantescos prontos para o lançamento.

Um repentino espocar surdo e repetido fez com que se detivesse e girasse o corpo ao redor de si.

Os dois guardas suíços jaziam prostrados no chão, vertendo sangue da cabeça destroçada. O general Borodin estava parado à frente deles, com uma pistola automática fumegante na mão.

Fortaleza do Castelo

— Meu Deus do Céu, o que é que você fez!

John olhava para os dois corpos no chão. Então deu um passo na direção deles.

— Não faça nenhuma besteira — advertiu Borodin, apontando-lhe a pistola.

— Você ficou louco? — A voz do arcebispo Roberti soou trêmula, todo o seu corpo tremia.

Borodin acenou com a arma.

— Calem a boca!

Falou com o motorista em romeno, em seguida ordenou que os padres entregassem os telefones celulares. Depois que o motorista recolheu os aparelhos, Borodin ordenou que entrassem.

John deu as costas para a cena sangrenta, horrorizado com o que acabara de testemunhar. Obviamente, tinham caído em uma armadilha. A mudança de última hora quanto ao horário e ao local da reunião, a aparência desleixada dos militares e do carro... fora uma armação e custara a vida de dois bons homens.

Com o motorista na dianteira, eles passaram por uma pesada porta de madeira maciça e entraram nos prédios maiores dentro das muralhas da fortaleza. Chegando ao que John supôs tratar-se do que fora um grande salão cerimonial, os seus passos no antigo piso de pedras do rio ecoavam nas paredes colossais. A não ser por algumas bancadas de madeira e cadeiras de metal dobráveis, o aposento estava vazio. Das paredes, pendiam expositores com galhadas de veado e um par de tapeçarias desgastadas. Acima de tudo, a fortaleza parecia abandonada e precisando de manutenção e reparos.

Os padres foram encaminhados para uma ala do castelo que continha alguns cômodos pequenos. Pelo caminho, passaram por uma guarnição de soldados bem armados.

— Se precisarem ir ao banheiro, batam na porta para chamar o guarda — instruiu Borodin. — A não ser por isso, devem permanecer no quarto. Se saírem do quarto sem a escolta de um dos meus homens, serão alvejados. Lembram-se dos seus amigos mortos lá fora? É o que acontecerá com vocês se desobedecerem.

Um dos soldados empurrou John para dentro de um dos quartos. A porta foi fechada por fora. Ele esperou um instante para confirmar que estava trancada.

O quarto tinha pouca mobília, uma cadeira de espaldar reto e uma cama de dossel de madeira maciça com demônios alados esculpidos na cabeceira. O colchão era fino e sem lençois, e o ar rescendia a bolor e a pedra molhada.

John sentou-se na cama e fez uma oração pelos dois homens assassinados no pátio de entrada. Eles eram seus amigos, tendo prestado serviço com lealdade durante anos. Ele conhecia a família deles. Que desperdício de vidas, que tragédia. Alcançando a pequena cruz que pendia de uma corrente no pescoço, murmurou uma prece pedindo inspiração sobre como proceder.

Quando a noite chegou, os padres foram tirados dos quartos e levados para uma câmara próxima à cozinha do castelo. Serviram-lhes pão duro e o que John presumiu se tratar do equivalente a bife defumado de carne bovina. Mas estava certo de que não era carne bovina. Eles engoliram o alimento com água servida em taças de metal. Um soldado armado permanecia de guarda na porta da cozinha.

— Eles deviam ter mais juízo — falou Roberti, sentado ao lado do padre Burns e em frente de John, na longa mesa de madeira tosca. O seu nariz romano apontava como a extremidade de uma espada e o seu cabelo grosso e escuro estava tão desalinhado quanto os seus nervos cada vez mais abalados. — Assassinar dois homens inocentes é demais para acreditar. — Ele falava com a respiração ofegante. — Viemos aqui a pedido do país deles.

John abanou a cabeça.

— Luigi, eles são impostores.

— Então quem são eles? — indagou Roberti.

— Terroristas — falou o padre Burns. Ele tinha o rosto redondo com cabelo louro cortado curto e olhos castanho-escuros.

— Essa seria a minha avaliação também — observou John. — Eles nos sequestraram. Provavelmente por acaso.

— *Liniste!* — gritou o guarda em posição junto à porta.

— Acho que ele quer que fiquemos em silêncio — comentou John.

Eles continuaram sentados em silêncio por alguns momentos. Roberti, que estava de costas para o guarda, sussurrou:

— Será que eles esperam realmente que o Vaticano negocie com terroristas?

— Talvez estejam contando com a riqueza aparente da Igreja, Luigi — falou John, cobrindo a boca com a taça de metal, fingindo beber.

O padre Burns sussurrou:

— E eles provavelmente estão contando com o fato de que, ao contrário da maioria dos países, não temos um exército de fato para vir nos resgatar. Eles têm pouco a temer em represália.

— A Igreja não vai negociar — afirmou John, mordendo uma lasca do pão. — Pensem no que isso significaria. Cada padre, cada funcionário da igreja, de repente se tornaria um alvo.

— Eles não vão chegar a um acordo — falou Burns. — Não podem. E quando se recusarem a negociar, como estou certo de que farão, só restará uma saída.

— Você está dizendo que acha que vão atirar em nós também? — indagou Roberti.

John dirigiu um olhar de reprovação a Burns. O arcebispo estava à beira de um ataque de nervos. Não havia motivo para piorar o seu estado.

— Sem nós — falou John, olhando para Roberti — não existe nenhuma possibilidade de que as exigências deles sejam atendidas. Além do mais, é muito cedo para fazer previsões. Por mais irracionais que sejam esses homens, eles sabem que devemos ser mantidos vivos para terem com que negociar.

— Mas a Santa Sé jamais pagará um resgate — afirmou Burns.

Roberti olhou desesperado para Burns, depois para John.

— Jamais sairemos daqui vivos!

Desaparecido

Cotten estava em pé no meio da sala às escuras, o brilho dos monitores de vídeo banhando o seu rosto com suaves tons pastel.

— Adiante três quadros do vídeo de base depois encaixe o tema musical na área de memória intermediária.

— Você não perdeu o jeito — comentou o editor enquanto programava a mudança no computador. — Veja como ficou. — Um instante depois, a nova edição surgiu no monitor do programa.

— Perfeito — elogiou Cotten.

Era raro ela aparecer durante a edição do seu programa semanal *Relíquias*. Depois de ter feito tantos programas, o editor normalmente montava o programa inteiro sozinho, então enviava um DVD para Cotten revisar no fim de semana. O programa ia ao ar na segunda-feira à noite. Mas como ela ainda estava no escritório fazendo a pesquisa sobre a T-Kup, decidiu visitar a sessão de edição da sexta-feira à noite.

— E aí, você não me disse o que a trouxe à edição numa sexta à noite — comentou o editor enquanto instruía o computador para continuar montando o programa a partir da lista de definições de cenas preestabelecida.

— Resolvi dar um pulo aqui para impedir que você fizesse alguma bobagem.

— Ah, sei. — Ele deu um clique no mouse e olhou para o monitor do programa. — Muito bem, aí vamos nós de novo, depois da mudança feita.

Cotten observou como tinha ficado a mudança que pedira.

— Gostei. — Ela ouviu a porta se abrir atrás de si. Virando-se, avistou Ted entrando na sala.

— Como vai indo? — ele quis saber.

— Outra gravação pronta — respondeu o editor, cruzando os braços e recostando-se na cadeira enquanto assistia ao computador continuar a montar o programa a partir da lista de cenas gravada no disco rígido.

— Você tem um minuto? — indagou Ted, pondo a mão nas costas de Cotten.

Ela se voltou para encará-lo.

— Claro.

Ele acenou para a porta.

— Vamos deixar o Michelangelo com a sua obra-prima enquanto conversamos lá fora.

— Finalmente, alguém reconhece o meu gênio artístico — brincou o editor.

— Está na hora de pedir um aumento — falou Cotten dando-lhe um tapinha na cabeça e acompanhando Ted para fora da sala de edição.

Do outro lado do corredor havia uma saleta com máquinas de produtos para lanche.

— Vamos lá — convidou Ted.

Cotten sentiu um calafrio incomum correr pelo corpo. *Aconteceu alguma coisa. Ted está agindo de modo estranho.*

Quando ficaram a sós na saleta, Ted enfiou as mãos no bolso do casaco e encarou Cotten.

— Quer se sentar? — indagou, inclinando a cabeça para o sofá ao lado.

Ao longo dos anos, ela aprendera a interpretar muito bem o jeito de Ted, e os modos dele e o seu tom de voz eram reveladores.

— Não vai ser uma notícia boa, não é?

Ted abanou a cabeça.

— John está desaparecido.

Por um momento, Cotten não conseguiu articular nenhuma palavra por causa do tumulto de pensamentos e emoções que explodiram na sua mente. Finalmente conseguiu balbuciar:

— Explique melhor o que quer dizer com "desaparecido".

— Ele e o ministro das Relações Exteriores do Vaticano, juntamente com dois guardas de segurança e um padre, tomaram um voo de Roma para a Moldávia para se reunir com delegações dos países fronteiriços. Passaram a noite na capital. Quando os seus anfitriões locais chegaram para pegá-los na manhã seguinte, o hotel informou que o grupo do Vaticano já tinha partido.

— Quando foi isso? — indagou ela.

— Acabamos de receber a notícia. O Vaticano imaginava que as reuniões seriam mantidas em local secreto por razões de segurança. Há uma série de conflitos na região. Agora a Santa Sé confirmou que perdeu contato com John, com o ministro e com os outros da comitiva.

— E o que pretendem fazer a respeito?

— Não sabemos.

Cotten andava de um lado para o outro na frente da máquina de bebidas.

— Eles precisam fazer alguma coisa. Não podem simplesmente ignorar os fatos. — Um pensamento tresloucado cruzou a sua mente e brotou nos lábios. — Não me diga que vão fazer como sempre e deixar tudo nas mãos de Deus. — Cotten cruzou as mãos sobre o rosto. — Droga — murmurou, então olhou para Ted. — Não foi bem o que eu quis dizer.

— Não precisa explicar. Conheço bem os seus sentimentos de amor e ódio com relação à Igreja Católica.

Cotten afastou o cabelo do rosto com violência.

— Não podemos pelo menos mandar alguém para cobrir o assunto e chamar a atenção para o que está acontecendo? — Ela fixou o olhar no rosto do chefe. — Precisamos fazer alguma coisa.

Ted pousou uma das mãos sobre o ombro dela.

— Já tomei providências antes de você, garota. A nossa sucursal de Moscou já enviou um furgão com uma equipe de três homens a caminho da Moldávia. Devem chegar lá pela manhã.

— Então eu vou junto.

— Não há motivo para você ter todo esse trabalho no momento. Temos um repórter a caminho agora mesmo. Até onde sabemos, as informações ainda não são confiáveis. Entendo que isso seja mais do que uma mera reportagem para você. Mas vamos esperar para ver o que descobrimos primeiro.

— Tentou fazer contato com John ou com o ministro?

— É claro.

— E então?

— Nenhuma resposta.

— Isso não lhe parece estranho?

— Assim como o fluxo das informações, a tecnologia dos celulares em algumas regiões da ex-União Soviética não funciona muito bem.

— Isso está me cheirando mal, Ted.

— Ou poderia não ser mais do que um simples mal-entendido.

— Você acredita mesmo nisso?

Ted desviou o olhar.

Cotten cruzou os braços.

— Estou indo.

— Então vai pegar um avião para a Moldávia. E depois? Vai sair rodando pelo país perguntando se alguém viu um grupo de padres? Você nem mesmo fala a língua deles! Seria um total desperdício de tempo.

Ela olhou para o teto, tentando ordenar mentalmente a sua limitada lista de escolhas. Ted estava certo. Mas ela não poderia ficar ali esperando à toa.

— Você tem razão, Ted — admitiu. — Ir para a Moldávia seria um desperdício.

— Finalmente você criou juízo.

— Vou para Roma.

O "Ping" de Isle Royale

Amarug agachou-se embaixo de um vidoeiro-branco no Parque Nacional de Isle Royale, uma ilha separada do resto do mundo por mais de 20 quilômetros de água gelada do lago Superior. Ergueu o binóculo à altura dos olhos para observar de perto o número 17, o macho alfa da matilha de lobos. Os cruzamentos consanguíneos tinham produzido o enfraquecimento genético e colocara em risco a sobrevivência dos lobos. Isso, juntamente com o declínio da população de alces, vinha produzindo graves consequências. O número de lobos declinara de 25 no ano anterior para apenas dezenove no momento.

Amarug integrava um grupo de estudos composto por bolsistas de várias instituições que pesquisava os lobos de Isle Royale. Quando os outros pesquisadores partiram em outubro, com o fechamento do parque durante a estação do inverno, Amarug oferecera-se para permanecer ali e colher mais informações até que o restante do grupo retornasse em janeiro. O inverno era um dos mais rigorosos dos últimos tempos, mas por ser uma indígena dos inuítes e ter se criado em meio ao ambiente frio e inóspito, ela não se sentia intimidada. E se o clima piorasse muito, sempre teria como pedir ajuda pelo rádio.

Ouvindo o ruído característico da aproximação do hidroavião, ela baixou os binóculos e ficou de pé. O avião trazia suprimentos todos os meses, mas por que será que estava uma semana adiantado? Teria permanecido próximo à base do acampamento à espera da chegada se soubesse que viria naquele dia. Não era o momento pior da estação ainda, afinal de contas, mas os dias poderiam ficar mais difíceis, e ela gostaria de verificar a lista de suprimentos antes que o hidroavião decolasse de volta.

Correndo através da floresta, Amarug foi desviando dos pinheiros e abetos até finalmente sair próximo à margem do lago. O hidroavião pousara a uns 100 metros dali.

— Eric — ela gritou e acenou, vendo-o carregar as caixas do avião para a sua tenda, uma construção redonda e com um único cômodo que lhe servia de lar. Ele pareceu não ouvi-la. Ela aumentou a velocidade, correndo mais rápido pela faixa estreita de praia, e afinal chegou à tenda esbaforida e sem ar. Ele se inclinava sobre uma pilha de caixas sobre o cais à frente.

— Eric — chamou de novo com a voz engasgada, as mãos nos joelhos para recuperar o fôlego. — O que você está fazendo aqui hoje?

Quando ele se voltou para encará-la, Amarug percebeu que não se tratava do piloto de costume que sempre transportava as provisões. Aquele homem era mais jovem do que Eric, com pouco mais de 20 anos, tinha o cabelo preto e exibia traços característicos de sua origem asiática.

— O que houve com o Eric? — quis saber ela, ainda ofegante.

O homem inclinou a cabeça para o continente.

— Está de folga... por duas semanas. — Ele sorriu. — Era agora ou nunca.

— Cara de sorte — comentou ela. — Ah, me desculpe. Sou Sialuk, mas todo mundo me chama de Amarug... que significa lobo.

Ela estendeu a mão e ele a apertou.

— Mas você não veio cedo demais? — indagou ela, abrindo a porta da tenda para ele.

— Pois é, quando estão com falta de pessoal a programação aperta. Acharam melhor eu vir antes do que me atrasar.

Ele ergueu uma das caixas, carregou-a para dentro da área da cozinha e deixou-a sobre o balcão.

— Mas eu poderia ter-me desencontrado de você — disse ela, afastando as coisas para lhe dar passagem, e pensou que alguém deveria ter feito contato para avisar sobre a mudança de planos. — Bem, não importa, eu acho.

Ela enxugou as gotas de suor da testa com o antebraço. Depois que ele deixou a caixa, Amarug abriu a tampa e olhou para dentro. Enquanto inspecionava o conteúdo, ele trouxe mais duas caixas para dentro.

— Posso ver a lista de suprimentos?

Ele tirou um papel dobrado do bolso e estendeu-lhe depois de destacar os cupons na base das folhas.

Amarug tirou a caneta esferográfica do bolso e conferiu a lista, verificando item por item.

— Será que posso usar o seu rádio? — pediu ele. — Preciso avisar que cheguei. O rádio do avião está falhando.

— É bem ali. — Ela apontou para o equipamento na área do escritório e continuou a conferir a lista.

— Tem tudo de que precisava? — indagou ele, ao voltar à cozinha instantes depois.

— O que é isto? — Ela levantou um frasco de aerossol antisséptico para a garganta.

— Não tinha da marca que você pediu. Talvez este seja melhor.

Ela olhou o rótulo.

— Vou experimentar. Essa dor de garganta é crônica e está me matando nesta época do ano.

— Tudo bem, então. Foi um prazer conhecê-la. Vou dizer ao Eric que você mandou um alô.

Ela o acompanhou até a porta.

— Ainda não sei seu nome.

— Hiu — informou ele por cima do ombro enquanto voltava para o hidroavião.

A neve que caíra cobria as pegadas dos lobos em retirada, perto da tenda. A escassa população de alces alterara o comportamento dos predadores — a luta pela sobrevivência fazia isso com os animais. Da última vez que tinha caçado um alce, a matilha devorara toda a carcaça, incluindo dentes e crânio, algo que os lobos com alimentação normal jamais faziam.

A última morte causada pela matilha acontecera semanas antes.

Naquela noite, os lobos farejaram sangue e morte — talvez fosse alguma presa morta por outra matilha. O odor provinha de dentro da tenda. Eles circularam a construção, caminharam pelo atracadouro, arranharam a porta e as janelas, tentando encontrar um meio de conter a fome que lhes roía o estômago. Então por puro acaso, quando os animais uivavam e arranhavam freneticamente a porta, um conseguiu escalar sobre o outro tentando desesperadamente alcançar a presa. A fúria em pele e osso abateu-se sobre a fechadura o bastante para destrancar o ferrolho e a porta se abrir.

O ronco do motor vinha do leste à medida que o hidroavião se aproximava para pousar e manobrar sobre a superfície da enseada mansa. Instantes depois, a base dos flutuadores arranhou a areia da praia próxima. Hiu desligou o motor, abriu a porta e pulou sobre um dos flutuadores. Ele sabia que o avião de suprimentos estava programado para a entrega no dia seguinte, portanto tinha apenas o resto do dia para eliminar todas as pistas.

— Maldito frio!

Ele apertou a gola do casaco ao redor do pescoço, ainda sem entender quem podia ser idiota o bastante para ficar ali com aquele tempo só para observar lobos se acasalando e comendo alces. Os pesquisadores não faziam nada para salvar os animais, afinal de contas. Apenas deixavam a natureza seguir o seu curso. Um desperdício de tempo.

Quando se aproximou da tenda, Hiu notou a porta aberta. O seu primeiro pensamento foi que talvez o *ping* tivesse falhado, que a genética da sua inuíte tivesse interferido no comportamento do vírus e que Amarug tivesse saído para rastrear alguma matilha. Nesse caso, ele teria de explicar uma porção de coisas, a começar sobre o motivo de estar ali sem nenhuma razão aparente.

Não havia nada de surpreendente no fato de a porta estar aberta. A última vez que estivera ali, ela não estava trancada. Ela apenas batia a porta sem trancá-la. Ele supôs que não havia razão para se preocuparem com a segurança durante os meses de inverno. Não chegavam visitantes à ilha, praticamente abandonada a não ser pela mulher-lobo inuíte.

E se ela tivesse descoberto que ele quebrara o rádio e conseguira consertá-lo? Mas não tinha chegado nenhuma mensagem de socorro. Esse era um bom sinal.

Ao passar pela porta e entrar na tenda, ele foi quase derrubado pelo mau cheiro.

— Merda! — praguejou. — Ela está morta, sem dúvida nenhuma.

Quando os seus olhos se acostumaram com a obscuridade dentro da tenda e ele estava prestes a entrar, notou a mesa derrubada, o tapete manchado de sangue e os lençóis despedaçados pendendo da cama de solteiro. Imediatamente Hiu entendeu o que estava testemunhando, e os pelos da sua nuca se eriçaram — como um gato quando apavorado, ou como a franja de pelos do pescoço de um lobo. Algumas pontas brancas de ossos semelhantes a uma dentadura sobressaíam-se da fronha do travesseiro.

— Jesus — ele sussurrou e observou o tufo de cabelo escuro desgrenhado... a única coisa que restara de Amarug, a mulher-lobo.

Pedido de Resgate

Cotten parou na frente do escritório de John a caminho do andar superior do Palácio do Governo, onde se localizava o departamento do Secretariado de Estado do Vaticano. Ela se voltou para o agente do Venatori que a acompanhava.

— Você se importaria se eu desse só uma olhadinha aí dentro?

O homem hesitou.

— Normalmente não seria permitido, mas sabendo o que você vai enfrentar daqui a pouco, não vejo problema. Mas só por um instante.

— Obrigada. — Ela lhe dirigiu um sorriso de agradecimento antes de pressionar a palma da mão contra a madeira escura da porta, como se quisesse sentir um sinal da presença de John.

Cotten abriu a porta, entrou e sorveu uma grande golfada de ar do lugar. Ouviu a porta se fechar suavemente atrás de si. O acompanhante lhe concedera um momento de privacidade. A garganta de Cotten se apertava ao pensamento de que algo terrível pudesse ter acontecido a John. Ela reagiu, pensando em todas as possibilidades. Correu a ponta dos dedos pelas lombadas dos livros na estante, depois pelo tampo lustroso da escrivaninha. Queria tocar todas as coisas que ele tocara, absorver todas as possíveis impressões da presença dele. Segurando o encosto da poltrona de espaldar alto, ela fechou os olhos e pousou o queixo sobre o revestimento de couro, envolvendo o encosto com os braços. Imaginou o rosto dele, os seus olhos — aqueles olhos — tão azuis quanto o oceano mais profundo.

— Volte para mim — pediu num sussurro.

John era a única pessoa da sua vida que nunca lhe pedira nada, a não ser que acreditasse em si mesma. Nunca houvera um homem com quem ela se preocupasse tanto quanto se preocupava com ele — um homem que jamais poderia ser seu. E talvez houvesse uma segurança nisso. *Afinal de contas, não posso perder o que não tenho.*

A porta se abriu.

— Sinto muito, senhorita Stone, mas realmente precisamos ir.

— Eu sei — replicou ela, recompondo-se e alisando o cabelo. Um pouco antes de sair ela olhou por sobre o ombro uma última vez.

Cotten esperava sentada no saguão de recepção do escritório do Secretariado de Estado do Vaticano e observava o movimento constante de entrada e saída do gabinete diplomático. Eram na grande maioria padres, alguns poucos homens de terno e gravata. Nenhum parecia feliz.

Ela tinha chegado num voo de Nova York naquela manhã e fora direto para a Cidade do Vaticano. Diversos telefonemas de Ted para o Vaticano haviam conseguido algumas promessas vagas de um encontro com o diplomata-chefe da Santa Sé. Embora a Igreja escondesse da mídia o desaparecimento dos padres, era óbvio para Cotten que, dentro dos muros do Palácio do Governo, todo mundo parecia levar a situação a sério.

Depois de meia hora de espera, ela estava prestes a pegar o celular na bolsa para ligar para Ted e ver se havia algum recado quando a porta do corredor principal de entrada se abriu e um religioso entrou. Ele usava um terno preto com um colarinho romano, e carregava uma maleta de executivo. Quando passou, ele olhou na direção dela e eles se reconheceram.

— Cotten! — exclamou ele, no mesmo instante em que ela se levantava e se adiantava na direção dele. — Mas que surpresa maravilhosa.

— Sua excelência. Que bom vê-lo novamente.

Eles apertaram as mãos. Um sentimento de alívio apoderou-se dela, ao ver o rosto familiar e amigável do arcebispo Felipe Montiagro, o Núncio Apostólico do Vaticano nos Estados Unidos. Montiagro era o equivalente da Santa Sé a um embaixador e eles haviam se conhecido anos antes, durante o que a imprensa apelidou de a conspiração do Graal e de quando ela encontrou o Santo Graal.

— Eu ia perguntar o que a traz aqui — falou ele —, mas posso imaginar que seja a questão do desaparecimento de John.

— Devo supor que é pelo mesmo motivo que está aqui também?

Ele apontou para um par de poltronas.

— Espere um instante. Deixe-me informar a minha chegada na recepção.

Depois que ele se inscreveu na lista de visitantes, veio sentar-se na poltrona ao lado de Cotten.

— Novamente, deixe-me dizer como é bom ver você, mas lamento que seja nestas circunstâncias. Infelizmente, fui um dos principais responsáveis pelo envolvimento de John e do arcebispo Roberti nas negociações entre as três partes em litígio. Portanto, você pode imaginar como isso me preocupa.

— Chegou alguma notícia? Por favor, diga que ele está em segurança.

— No momento não temos muitas informações, mas não sabemos de nada que diga o contrário.

— Graças a Deus.

— Sim. Graças a Deus. Como pode imaginar, esse não é o tipo de assunto com que a Santa Sé se depara todos os dias. Estamos procedendo com cautela.

— Então o que *pode* me dizer?

— No momento, não há previsão de divulgação de informações oficiais para a imprensa. Não posso comentar nenhum detalhe. Mas acredite em mim, entendo completamente o relacionamento pessoal que você tem com John e sou solidário. Entendo que está aqui tanto por causa desse relacionamento quanto pela sua função como correspondente de imprensa. Isso deve ser muito doloroso para você, não saber de nada mais do que as pontas soltas de informações que já circulam pela imprensa. Para ser honesto, eu mesmo não sei muito mais do que isso.

— Mas acredita que John esteja bem?

— Temos fé que sim — afirmou Montiagro.

— Entendo que não pode me informar oficialmente. Mas, excelência, estou aqui para ajudar como for possível. Talvez haja algo que eu possa fazer para ajudar. Estou disposta a fazer qualquer coisa.

O arcebispo pareceu considerar a oferta. Então disse:

— Existem poucas organizações no mundo mais zelosas do seu sigilo e mais totalmente paranoicas do que a Santa Sé. As razões remontam aos séculos. Mas basta dizer que incluir alguém de fora como você nesta situação seria algo sem precedentes. — Ele sorriu. — Mas não impossível. Afinal de contas, você tem uma reputação aqui por realizar muitas coisas.

— Arcebispo — a recepcionista chamou depois de desligar o telefone. — O cardeal vai recebê-lo agora.

Montiagro levantou-se e fez um gesto à mulher de que entendera a mensagem. Enquanto pegava a maleta, disse a Cotten:

— Me dê alguns minutos. Deixe-me dizer respeitosamente à Sua Eminência que está fazendo você esperar demais.

Ao ser introduzida no escritório, Cotten foi cumprimentada por um homem que lhe pareceu estar na metade da casa dos 70 anos — alto, com um rosto estreito e comprido, o cabelo grisalho cortado curto. Tinha as pálpebras cansadas e olheiras salientes e escuras. Ao contrário de Montiagro, cujo traje, a não ser pelo colarinho romano, era um terno preto convencional, o prelado usava a indumentária tradicional do seu posto — uma *simar*, espécie de dalmática lembrando a túnica convencional preta, com uma ombreira curta que a Cotten fez pensar em Sherlock Holmes. Também usava uma faixa larga, chamada *fascia*, atada à altura do osso esterno, e um solideu no alto da cabeça chamado *zucchetto*. A faixa e o solideu eram de uma textura que produzia um efeito de três dimensões. John certa vez explicara a Cotten tudo sobre as vestimentas clericais tradicionais e lhe dissera que o material incomum era chamado de seda achamalotada. Uma cruz peitoral simples pendia de uma corrente de ouro ao redor do pescoço do homem. Os botões e os vivos da túnica juntamente com a faixa e o solideu eram de cor escarlate, designativa do posto de cardeal.

— Sua Eminência, permita que lhe apresente Cotten Stone — informou o arcebispo Montiagro enquanto cruzavam o amplo tapete oriental e se detinham em frente da escrivaninha imponente, adornada com gravações esculpidas.

O cardeal deu a volta na escrivaninha com a mão estendida.

Montiagro continuou, olhando para Cotten.

— Permita que lhe apresente o cardeal Giovanni Fazio, o secretário de Estado de Sua Santidade.

— É uma honra — disse Cotten, apertando-lhe a mão.

— Minha cara senhorita Stone — falou Fazio. — Tive o privilégio de estar presente no Grande Salão de Constantino naquele dia glorioso em que apresentou o Cálice de Cristo à Igreja Universal. Sei o que precisou fazer para resgatar a nossa relíquia mais preciosa do poder das trevas. Nos meus 73 anos de serviço a Deus, nunca me vi face a face com o diabo como foi o seu caso. Sinto-me sinceramente abençoado por estar na sua presença.

Por um momento, Cotten ficou sem fala. Era incrível que alguém, que diria um homem daquela estatura na Igreja, se sentisse *abençoado* por estar na presença dela.

— Obrigada — conseguiu falar por fim.

— Por favor — pediu o cardeal Fazio, acenando para um conjunto de poltronas ao lado da sua escrivaninha. Ele pediu que Montiagro a acompanhasse. Depois de estarem todos sentados, o cardeal soltou um longo suspiro e cruzou os dedos, descansando-os no colo.

— O momento é incerto, meus caros amigos. Nosso Senhor está nos testando a cada momento, mas nos últimos dias, Ele se superou.

— Poderia me contar as últimas notícias? — pediu Cotten.

— Não é preciso dizer, senhorita Stone — disse o cardeal —, que o que for conversado aqui deve permanecer nesta sala. As minhas palavras são ditas com total anonimato.

— Compreendo. No momento, estou aqui como amiga de John Tyler, não como repórter.

— O cardeal Tyler, o arcebispo Roberti e o padre Michael Burns, assistente de Roberti, estão sendo mantidos presos em troca de um resgate de cem milhões de dólares.

— Então a Igreja o pagará, e vamos tê-los de volta em segurança — falou Cotten. — Estou certa?

Fazio desviou o olhar por um momento como se enfrentasse um turbilhão interior. Depois ele disse:

— Senhorita Stone, o Vaticano não negocia com sequestradores e terroristas. Receio que não haverá nenhum pagamento.

Visitante Noturno

Havia uma pequena lareira no quarto de John que lhe proporcionava um mínimo de calor, mas a noite estava gelada apesar do fogo. Embora as paredes fossem extremamente espessas, o vento parecia entrar pelas frestas.

O colchão descoberto era desconfortável, mas pelo menos tinham lhe arranjado um cobertor de lã, apesar de cheirar a mofo. Com o abajur de cabeceira desligado, ele permanecia deitado observando as sombras projetadas no teto pelo fogo.

Enquanto ouvia os rangidos e gemidos da velha fortaleza, ficou imaginando como devia ter sido quando o conde Drácula caminhava pelos corredores do castelo. Bram Stokler e Hollywood tinham feito um ótimo trabalho na glorificação daquele personagem lendário.

John revisou todos os acontecimentos daquele dia em pensamento, mas nada parecia fazer sentido. Aqueles homens haviam tido a ousadia de cometer um ato temerário sequestrando diplomatas. Era como se não se preocupassem com as implicações políticas. No mínimo, isso causaria a reprovação da maioria das outras nações. Uma das mais antigas e respeitadas práticas entre os países, mesmo os que se encontravam em guerra, era o intercâmbio de diplomatas e as garantias de sua segurança. A isenção dos diplomatas era observada havia séculos, remontando aos padrões estabelecidos por Gêngis Khan, que insistia nos direitos dos diplomatas e reservava uma vingança terrível contra qualquer Estado que violasse os códigos de honra. A imunidade diplomática era compreendida e aceita por praticamente todas as nações da Terra — aprovada por consenso e ratificada de acordo com a Convenção de Relações Diplomáticas de Viena. O que estava acontecendo ali ia contra todos os códigos da diplomacia.

Os desenhos em movimento refletidos no teto tornaram-se hipnóticos. Até mesmo quando John fechava os olhos, ainda os via. O uivo do vento misturado com os rangidos e estalos da lareira produziam um sentimento sombrio e desagradável, enquanto John se esforçava para conseguir dormir.

Em pouco tempo, o fogo apagou e o quarto mergulhou na escuridão — só o brilho suave das brasas lançava uma luminosidade fraca. Finalmente, ele relaxou e adormeceu.

Mal caíra no sono quando um barulho — um barulho de passos sobre o piso de madeira — o despertou. Confuso sobre onde estava a princípio, John tentou se orientar. Quando captou a luz fraca das brasas adormecidas, ele se lembrou do quarto no castelo. Foi quando viu uma sombra mover-se na frente do brilho da lareira. Silenciosamente, ela vagou pelo quarto, encaminhando-se na direção dele.

John sentou-se.

— Quem está aí? Quem é?

Ainda atordoado pelo sono, ele sentiu dedos gelados sobre a pele, como se a mão do inverno levasse o vento para dentro do quarto e o enrodilhasse ao redor do seu pescoço.

A Fotografia

— O que quer dizer com não aceitam as exigências e não pagam o resgate? — indagou Cotten. — Estarão arriscando a vida deles se não fizerem isso.

O cardeal Fazio inclinou-se para a frente.

— Em primeiro lugar, a Igreja não tem esse tipo de...

Cotten levantou-se e começou a caminhar de um lado para o outro.

— Me poupe...

Ela deu uma volta em torno de si e acenou com a mão para a grandiosidade do aposento.

— Nem mesmo tente me dizer que *não têm o dinheiro*. Faça-me o favor.

— Senhorita Stone, eu entendo a sua frustração — atalhou o cardeal Fazio. — Os maiores bens da Igreja estão em tesouros artísticos, antiguidades e propriedades imobiliárias. Os bens líquidos... dinheiro vivo... isso é outra história. Por favor, acalme-se e seja racional. Se negociarmos com esses homens, estabeleceremos um precedente para uma série infinita do mesmo gênero. Sabe por que os aviões da empresa aérea israelense El Al nunca são sequestrados e por que não há milhares de israelenses sendo sequestrados todos os anos? Porque Israel se recusa a negociar com terroristas em quaisquer circunstâncias. O Vaticano deve adotar a mesma postura.

Cotten sentiu a respiração difícil e acelerada. Entendia o princípio, mas tratava-se de John. *Como é diferente quando algo parecido acontece com a gente... quando alguém que se ama corre perigo*. Intelectualmente, ela entendia o argumento do cardeal, mas no seu coração...

— Estou tentando ser racional — respondeu ela. — Realmente, estou. Mas trata-se de padres, faça-me o favor. São homens bons. Eles dedicaram a vida a Deus. Será que Deus não pode dar um desconto?

Ela se deixou cair na poltrona.

— Droga.

— Faremos o que pudermos, mas negociações estão fora de questão — afirmou Fazio.

Montiagro estendeu a mão e tocou o ombro de Cotten.

— Sei que entende a nossa posição, mas isso não ameniza a situação.

— Não, de maneira alguma. — Cotten enxugou as lágrimas que lhe brotavam dos olhos. — Mas não havia homens da segurança com eles? Membros da Guarda Suíça? Por que eles não foram capazes de impedir que isso acontecesse?

Fazio baixou os olhos para as mãos.

— Havia dois guarda-costas com eles, isso é certo, mas...

— Mas o quê? — Cotten afastou o cabelo do rosto.

— Eles foram executados — afirmou Montiagro.

— Executados? Como sabem disso? O que estão escondendo de mim? Por favor, me contem tudo.

Fazio levantou-se e caminhou até a escrivaninha. Abriu uma gaveta, de onde pegou um envelope pardo e tirou o seu conteúdo.

— Recebemos estas imagens digitais. Não é nada que queira ver. Apenas considere a minha palavra sobre o assunto.

— Confie em mim, como jornalista internacional, já vi praticamente tudo. Mostre-me o que tem aí. — Ela estendeu a mão.

— Preste atenção, isso é uma imagem — avisou o cardeal. — Na verdade, bem bárbara. Tem certeza?

Cotten sentiu a garganta fechada e, assim, em vez de falar apenas concordou com a cabeça.

O cardeal estendeu-lhe a primeira foto.

A imagem quase arrancou a respiração dela. A cabeça dos dois homens que ela presumia tratar-se dos guardas haviam sido empaladas em estacas de metal espetadas no chão, tendo uma floresta seca de inverno ao fundo.

Cotten analisou a fotografia.

— E tem certeza de que esses eram os homens que acompanhavam John e os outros?

— Sim — confirmou Fazio.

Ela afundou na poltrona.

— Mas não tem fotografias como esta de John?

Ela não queria fazer a pergunta, porque não estava certa de que gostaria de ouvir a resposta. Cotten prendeu a respiração esperando pela explicação.

— Não, não como esta — declarou Fazio.

Cotten não escondeu a hesitação.

— Mas então tem uma fotografia de John?

— Sim — retrucou Fazio.

Ela encarou os olhos castanhos dele, a mão estendida.

O cardeal estendeu-lhe a outra fotografia.

Ela deixou escapar um profundo suspiro involuntário quando olhou para a fotografia.

— John está vivo — murmurou, as lágrimas correndo. Examinou a foto colorida impressa a laser de John ao lado dos outros dois padres.

— Ele estava vivo quando a foto foi tirada. Isso é tudo o que sabemos — informou Fazio.

A fotografia era de John e dos outros dois padres em pé, diante de uma parede de pedra. O chão estava coberto de neve. Além da parede e da neve, não se viam detalhes que ajudassem a identificar o local.

— O que pensaram da parede? — indagou ela.

Fazio deu de ombros.

— Poderia ser de qualquer lugar.

— Mas há neve — retrucou ela. — Onde está nevando neste momento?

O cardeal abanou a cabeça.

— A maioria das montanhas da Europa Oriental está sob uma tempestade de neve prematura neste inverno. A região abrange uma imensa extensão de terra.

— Então sabemos que eles estão nas montanhas?

— Talvez.

— A parede parece antiga — deduziu ela. — Quem sabe seria de uma fortaleza ou de um castelo.

Fazio abriu as mãos para os lados.

— Toda a Europa é antiga.

Montiagro interveio.

— A questão, Cotten, é que realmente não temos nenhuma pista para seguir. É óbvio que os sequestradores escolheram um lugar para a fotografia que não oferece informações concretas. A mesma coisa acontece com os vídeos de terroristas, como aqueles do Bin Laden. São todos muito genéricos.

— E quanto à outra foto? Aquela com a cabeça dos guardas? — insistiu ela. — Notaram algum indício?

— Ela dá ainda menos informações — admitiu Fazio. — Você a viu. Só uma floresta invernal ao fundo... um pouco de neve no chão.

Cotten analisou detidamente a fotografia dos três padres outra vez. O mais baixo do trio estava em pé com as mãos enfiadas nos bolsos do casaco, o olhar para longe da câmera. No meio, o outro padre parecia muito pouco à vontade com os braços cruzados sobre o peito enquanto olhava para o chão. Ao lado dele, John olhava para a câmera. Uma das mãos estava no bolso do casaco, a outra descansando ao lado do pescoço. Ele parecia um tanto estranho. Alguma coisa ali a incomodava. Finalmente, desviou o olhar da fotografia.

— Poderiam me fazer uma cópia? Gostaria de analisá-la com mais calma. Tem alguma coisa... Na verdade — atalhou, — gostaria de uma cópia das duas.

— Dos guardas suíços? — estranhou Montiagro.

— Pode haver alguma pista... algo que não percebemos ainda.

Montiagro olhou para Fazio. O cardeal finalmente deu a sua permissão entregando as fotografias ao arcebispo.

— Felipe, por favor, vá ao escritório do meu secretário e faça cópias coloridas para a senhorita Stone. Assegure-se de que ninguém mais as veja.

Montiagro pegou as fotografias e saiu da sala.

— Obrigada — agradeceu Cotten.

— Mas elas são apenas para a sua apreciação — advertiu Fazio. — Estamos de acordo? Se aparecerem de repente no noticiário ou em algum jornal isso pode ser um grande prejuízo para o cardeal Tyler e os outros.

— Só eu vou vê-las — assegurou ela.

Enquanto o eco dos passos do arcebispo diminuía, Cotten indagou:

— Então, o que pretende fazer, Eminência? E mais importante ainda: como *eu* posso ajudar?

— Estamos tratando com os governos da Moldávia e da Ucrânia para tentar localizar os três homens. Mas esses países vivem problemas cada vez mais graves no conflito com a Transnístria e têm pouco tempo ou recursos para nos ajudar. Para ser franco, senhorita Stone, não estou certo de que ao menos se preocupam. Querem a nossa ajuda quando precisam, mas relutam quando se trata de retribuir o favor.

— E quanto ao governo da Transnístria? Não conseguiriam que fizesse alguma coisa?

Montiagro voltou, estendendo um envelope para Cotten.

— As suas cópias — informou.

— Obrigada.

— A Transnístria mal tem um governo — respondeu o cardeal Fazio. — Tecnicamente, a Transnístria é um território separado dentro das fronteiras estabelecidas da Moldávia. No entanto, não é reconhecido oficialmente por nenhum Estado ou organização internacional. Temos tido pouca sorte ao tentar nos comunicar com eles ou obter a sua cooperação.

Cotten sentiu o rosto afogueado e fez um esforço consciente para impedir que a voz tremesse.

— Então, basicamente, vocês estão simplesmente desistindo? É isso o que estou ouvindo? Não vão negociar. Não fazem ideia de onde eles se encontram e não estão fazendo nada a respeito porque temem mais sequestros, mais pedidos de resgate. E quanto ao valor de uma única vida concedida por Deus? Por que isso não está à frente de todos os seus interesses? Não posso acreditar que fiquem aí sentados enquanto a vida deles corre perigo. E vocês chamam a si mesmos de homens de Deus?

O cardeal Fazio recostou-se no assento e Montiagro pegou o antebraço de Cotten como se quisesse contê-la. Foi inútil.

— Vocês não vão fazer nada... nada? Pode ser que consigam continuar vivendo se John morrer, mas eu não. Não posso justificar no meu coração ou na minha mente o sacrifício nem de uma vida sequer, mesmo que seja para salvar milhares. Não acho que se trate de números. E para dizer a verdade, não acho que Deus também pense em termos numéricos. Deus é um pai, o Pai, não consigo imaginar que Ele abandone qualquer um dos seus filhos. A Graça não brilha sobre a Igreja neste momento. Portanto, se não vão fazer nada para salvar John, então só me deixam uma escolha. Eu preciso fazer.

Calor Desértico e Tempestades de Areia

Cotten podia sentir a raiva queimando-a por dentro quando deixou o escritório do cardeal Fazio.

Felipe Montiagro a seguiu.

— Cotten, espere.

Ela não olhou para trás, mas ouvia os passos dele enquanto corria pelo saguão até chegar ao seu lado.

— Sinto muito por não ter escutado o que queria ouvir. Mas é a única posição que a Santa Sé pode adotar. Você entende isso. Sei que deve entender.

Cotten se deteve.

— Não. Essa é a posição que os políticos e os governos adotam. E quanto ao Venatori? Por que a Igreja não envia um grupo?

Ela agitou no ar o envelope contendo as fotografias.

Se essa agência de espionagem supersecreta é tão incrivelmente poderosa, por que não pode salvar um deles?

— O Venatori é uma organização de coleta de informações, não um grupo de combate ou de forças armadas especiais. Ele é composto quase totalmente de padres, não de soldados.

Cotten retomou o curso pelo saguão, com o arcebispo ao seu lado.

— Bem, pode ser que eles possam pensar em alguma coisa. Que valor tem um serviço de informações se não se tem um meio de...

— Você está desperdiçando as suas energias. As coisas são o que são e aqui estamos. Não se pode mudar isso.

Ela parou de novo e olhou-o direto nos olhos.

— Então exatamente onde sugere que eu concentre as minhas energias? Numa prece? Esse é o seu trabalho. O seu e o do cardeal. Não sou tão boa assim nisso.

Cotten empinou o nariz.

— Escute, agradeço pela sua amizade e por tentar fazer com que me sinta melhor, mas não vou descansar enquanto John não estiver seguro em casa outra vez.

Ela fez uma pausa por um instante, então concluiu:

— Preciso fazer isso. — Deu as costas e afastou-se de Montiagro.

— Não faça nenhuma tolice — advertiu ele de longe. — John não gostaria.

Moon inclinou-se sobre o microscópio do laboratório e observou ainda uma última vez através dele antes de desligar os sistemas de diagnóstico e preparar-se para fechar. Os últimos dias tinham sido difíceis fisicamente, os tremores sempre interferindo no seu trabalho. Seu médico a aconselhara a descansar, mas ela não tinha essa opção. Não naquele momento. Estava tão perto de concluir seu trabalho, um trabalho que poria de joelhos os americanos e os seus aliados, tão irremediavelmente desamparados quanto um peixe se debatendo no fundo de um barco. A princípio, eles não entenderiam, assim como não tinham entendido os *pings*. Mas quando chegasse o dia, eles entenderiam...

Era tarde e o vento do lado de fora fazia o prédio gemer. Os ruídos noturnos, compostos de rangidos e tremores, eram diferentes dos que ouvia durante o dia. À luz do sol ela nunca notava os ruídos. Mas à noite o uivo do vento a deixava nervosa.

Enquanto desligava o último dos computadores, ouviu a porta do laboratório escancarar-se com o vento. Moon girou sobre os calcanhares, abraçando o peito quando viu a figura parada à porta.

— Boa-noite — cumprimentou o Velho. — Está trabalhando até tarde, doutora Chung.

Moon soltou um longo suspiro.

— Me desculpe. Você me assustou.

— Então sou eu quem deve se desculpar.

Ele caminhou para dentro do laboratório.

— Como vão os progressos no trabalho?

— Bons — garantiu ela, imaginando a razão da visita tarde da noite. — Está tudo seguindo como planejado.

— De quanto tempo ainda precisa?

Moon apoiou o peso do corpo no outro pé. Não sabia muito bem quantos dias ainda seriam necessários para confirmar que o vírus funcionaria como planejara. Até o momento, todos os testes eram positivos. Nenhum dos diferentes grupos étnicos testados parecia guardar genes ou mutações que pudessem interferir. Todos os *pings* haviam sido bem-sucedidos. Ainda restava um a ser concluído, o que testaria um grupo de pessoas com a mesma constituição genética do homem primitivo de 8.000 anos atrás — e isso significaria que quaisquer genes que eles tivessem existiriam provavelmente desde o alvorecer da humanidade e eram compartilhados em algum nível por bilhões de pessoas. Se esse teste desse positivo, então nada ficaria no seu caminho.

Ainda assim, havia o trabalho final a ser feito nos laboratórios médicos, preparando a nova geração de zelotes que dariam a vida pela causa. E esse seria testado. Eles provavelmente perderiam alguns. Mas ela não queria revelar detalhes demais para o Velho. Não agora. Em breve apresentaria o seu relatório final ao Estimado Líder, e com a permissão dele, seriam lançadas três ondas de ataques. Por hora, tudo o que o Velho precisava saber era que estavam progredindo como o esperado, talvez um pouco à frente da programação estabelecida.

— Um dia? — indagou ele. — Uma semana, um mês?

— Duas semanas no máximo. Existe uma forte probabilidade de que estejamos prontos antes disso.

— Bom — concordou ele com um sorriso aberto. — É isso o que gosto de ouvir. A distração que criei está funcionando. Ninguém estará no rastro de Calderon ou da T-Kup por enquanto.

— Nem mesmo aquela jornalista? — indagou Moon.

— Não.

— Ela foi eliminada?

O Velho deu uma risada.

— Temo que não. Esse seria um trabalho complicado. Mas providenciei para distrair a atenção dela.

— Como pode ter tanta certeza? Se fizerem uma investigação sobre a T-Kup, ela levará diretamente a nós.

— Não se preocupe, doutora Chung. Prometi-lhe um tempo a mais e você terá. Conheço bem essa Stone e a maneira como ela pensa. Ela tem muita força de vontade. E será exatamente isso que a manterá longe de investigar a T-Kup e o caso de Calderon... pelo menos por enquanto. Mandei-a para longe da pista. Mas isso não significa que você tenha mais tempo para desperdiçar.

Ela observou enquanto os olhos dele tornavam-se ainda mais escuros, como um abismo profundo espiralando em um mundo de calor desértico e tempestades de areia.

Naquele instante, Moon teve certeza de com quem estava lidando. Mas não ousou pronunciar-lhe o nome.

Amanhecer Cinzento

John abriu os olhos. Uma claridade acinzentada antecedendo o amanhecer filtrava-se pela pequena janela no alto da parede acima da cama.

De uma só vez, ele se lembrou do visitante noturno, ou pelo menos o que pensou que fosse. Fora uma forma escura contra o negrume do quarto. Não disse nenhuma palavra, não produziu nenhum som... fora apenas uma presença. E depois sentira o repentino aperto gelado no pescoço, o choque que deve tê-lo feito apagar.

Teria sido real? Ou apenas uma reação à tensão e à fadiga da situação de refém? Talvez fosse a densidade da poeira, do bolor e do mofo da cama que lhe dificultara a respiração.

Sentou-se na borda da cama tentando recordar exatamente o que acontecera. Sentia uma ligeira sensibilidade no pescoço. Isso não fora causado pela imaginação nem resultado da tensão. E não era uma consequência de um pesadelo que perdurava.

Não fazia a menor ideia de quem ou do que viera parar ao lado da sua cama naquela noite. E se ele entrara em choque, por que não terminaram o serviço? Por que fazê-lo apenas perder os sentidos? Ou será que o intruso pensava que estava morto? Esse foi um pensamento assustador. A última coisa de que John se lembrava antes de perder a consciência foi um estranho som proveniente da sua garganta quando a pressão do aperto se intensificou, fechando a sua faringe e a carótida. E no que parecia ser quase o momento seguinte, ele acordara, olhando para o brilho fraco do amanhecer que se aproximava. A noite terminara. A essa altura, não fosse pela sensibilidade em volta do pescoço, não podia ter certeza de que alguma coisa tivesse acontecido.

Um guarda acompanhou John para a pequena sala de refeições ao lado da cozinha do castelo. O arcebispo Roberti e o padre Burns já se encontravam sentados à mesa, comendo o que pareciam biscoitos secos empilhados em um prato. Uma jarra de água encontrava-se no meio da mesa.

— John — falou Roberti olhando para cima. Ele estava afundado na cadeira, um cobertor de lã enrolado nos ombros.

— Luigi — respondeu John. — Michael. Vocês conseguiram dormir?

— Está brincando? — respondeu Roberti. — Não consegui dormir com o ruído dos meus dentes batendo. Podíamos muito bem estar dormindo lá fora na neve. Seria apenas um pouco mais frio.

— Eu dormi bem, Eminência — disse o padre Burns. — Precisei levantar e acender o fogo algumas vezes.

John tirou um biscoito do prato e o examinou antes de devolvê-lo à pilha.

— Discos de hóquei.

Ele serviu-se de um pouco de água e bebeu. Em um suspiro, acrescentou:

— Algum de vocês ouviu alguma coisa estranha durante a noite?

Roberti relanceou-lhe o olhar.

— Como o quê?

— Não tenho certeza — respondeu John. — Mas acho que alguém pode ter ido ao meu quarto pouco depois da meia-noite.

John não queria dizer que alguém o sufocou e o deixou pensando que estivesse morto. Não fazia sentido acrescentar mais tensão à situação. Estava vivo. Assim decidiu deixar para lá.

O padre Burns disse:

— Quer dizer... algum dos guardas ou o general Borodin?

John deu de ombros.

— Sei lá.

— Este *é* o castelo do Drácula — observou Roberti com um estremecimento. — Verifiquem o pescoço em busca de marcas de mordidas.

John levou Roberti na brincadeira e correu os dedos para cima e para baixo ao lado do pescoço. Não tinha olhado ao espelho para ver se tinha hematomas. Na verdade, ocorreu a John que não havia espelhos no seu quarto. Aquilo se encaixava na lenda do Drácula.

— Nenhuma mordida...

Quando sua mão passou pela última vez pelo pescoço, ele fez uma pausa de repente, depois espalhou a palma por toda a parte côncava da garganta. Foi quando fez a descoberta.

O Empalador

Cotten bateu a porta com um movimento do quadril e chutou um sapato para dentro do quarto do Hotel Residenza Del Roselli. Não tinha se acalmado ainda desde a reunião com o cardeal Fazio e o arcebispo Montiagro. E estava lutando fervorosamente contra o pensamento de que tinha chegado até ali a troco de nada. Pelo menos Ted lhe dera uma licença do trabalho, mesmo que as despesas não corressem por conta da SNN.

Ela ficou ali desalinhada, um pé descalço sobre o chão e o outro equilibrado no salto alto. O maldito quarto estava lhe custando mais de duzentos dólares por noite e era apenas um hotel três estrelas. E para quê? Para descobrir que a Igreja não levantaria uma palha para trazer John de volta. Além disso, para deprimi-la ainda mais, Cotten sabia que fizera papel de boba, dizendo que sairia à procura de John por conta própria. O cardeal deve ter dado umas boas risadas depois da sua saída, ou ainda pior, sentido pena dela, e o seu amigo Montiagro tinha ficado em situação embaraçosa por sua causa. Mas estava disposta a fazer isso mesmo, sair e encontrar John a qualquer preço. Se ninguém ajudasse, ela iria sozinha. Ainda não sabia como, mas encontraria um jeito.

Cotten deixou-se cair sentada na cama, depois deitou-se de costas, as pernas ainda pendentes sobre a borda. *Sim, entendo por que vocês não podem negociar com terroristas, mas ainda assim... Padres, homens de Deus, deveriam pensar de maneira diferente. Para eles, cada vida deveria ser importante.*

Cotten ainda segurava o envelope contendo as duas fotografias. Ergueu-o acima da cabeça e olhou para ele. Devia haver alguma pista que pudesse seguir. *Vamos, Cotten, você é repórter. Você é boa em seguir pistas, boa em resolver mistérios. O que você ainda não percebeu aqui?*

Acendeu o abajur da cabeceira, abriu o envelope e tirou as fotografias. Primeiro examinou a imagem dos dois guardas suíços. *Quanto sangue derramado! Cabeças empaladas em estacas de metal. Aquilo fazia o seu estômago revirar. Quem tinha feito aquilo só podia ser um grupo de bárbaros. Animais.*

As decapitações não pareciam ter sido perfeitas e rápidas. Ela rezou para que os dois homens já estivessem mortos antes que tivessem a cabeça arrancada. As fotografias eram nítidas o bastante para ver que a pele na separação fora rasgada com o tecido fibroso e os filamentos de músculos pendurados.

Cotten examinou o cenário ao fundo. Árvores sem folhas. Uma floresta. Algumas coníferas, que não perdiam a folhagem no inverno. Neve no chão. Nada que se destacasse ou fosse digno de nota.

Ela passou a fotografia para trás da outra em que se viam John, Roberti e Burns. Tocou de leve o rosto de John com o dedo. Seu coração como que parou de bater.

Por que ele posara de maneira tão estranha? *O que está tentando me dizer, John?* Havia alguma coisa que a incomodava naquela imagem. Era John e a sua linguagem corporal. Especialmente o lugar em que ele colocara a mão. Não a que deixara fora de vista, no bolso do casaco, mas a que colocara de propósito no pescoço. Na realidade, eram os dedos dele que mais a incomodavam. A mão direita estava no pescoço com os dedos indicador e médio formando o sinal da vitória. Mas ele não estava fazendo o tradicional "V" da vitória. Em vez disso, os dedos formavam uma curva em forquilha, como uma garra ou presa de ave de rapina. As pontas dos dedos em forma de garra tocavam o lado do pescoço como se estivessem encobrindo dois pontos. Ou ele estaria indicando dois pontos?

Aquilo devia significar alguma coisa. Ele só faria aquilo se tivesse um motivo. Será que estava tentando identificar os sequestradores? Seria aquilo uma letra ou frase em linguagem de sinais? Talvez fosse isso: linguagem de sinais. Ou talvez tivesse alguma coisa a ver com o lugar onde estava o cativeiro. Um nome que tivesse a palavra "curvo", talvez? Mas seria "curvo" em uma língua diferente, que ele sabia que ela não entenderia ou falaria. Não, era uma pista simples a partir de um gesto simples. Estava certa disso. Mas o quê?

Atirou as fotografias sobre a cama ao seu lado, balançando a cabeça. A droga dos dedos dele pareciam mais com as presas de uma serpente do que com qualquer outra coisa. *Muito bem, pense, Cotten.* John devia estar à distância de uma viagem de carro de Chisinau, na Moldávia. O cardeal dissera que tinham recebido o pedido de resgate no mesmo dia do sequestro. Ela ligaria para o atendimento do hotel para perguntar se tinham mapas da Europa Oriental. Especificamente da Moldávia ou da Transnístria. Talvez houvesse um lugar com a palavra *curvo* no nome, ou algum lugar com um nome relativo à cobra.

— Transnístria — repetiu em voz alta. *Quase se parece com Transilvânia.* A Transilvânia não ficava na mesma região? Não, era uma região da Romênia ocidental. Ela se recordava bem das aulas de história europeia. O famoso lar dos vampiros e do Drácula.

Cotten empertigou-se e sentou-se na borda da cama. Poderia ser assim tão fácil? John tivera uma fração de segundo para pensar em uma maneira de enviar uma mensagem, para dar uma pista. Ele sabia que o Vaticano veria a foto. Será que pensou que ela também veria?

Cotten manteve a fotografia sob a luz mais uma vez. *Talvez ele pusesse os dedos como presas, mas não presas de serpente. Como presas de vampiro. Como a mordida do Drácula.*

Não. Isso era loucura. Ninguém acreditaria na ideia. Mas o que mais poderia significar? Uma pista simples, uma resposta simples. Para onde quer que indicassem, tinham algo a ver com vampiros ou Drácula.

Ela consultou o relógio: 15h15. Isso significava que eram 9h15 em Nova York. Ted já deveria estar na sala dele.

Ele fez a ligação.

— Cotten, você está bem? — falou Ted assim que atendeu.

— Estou bem — respondeu ela.

— Alguma novidade? Estamos todos aqui com os dedos cruzados. Não aparece absolutamente nada sobre a situação. O nosso pessoal está acabando de chegar à Moldávia, mas está enrolado com uma tonelada de burocracia e impedimentos do governo. Conseguiu alguma coisa?

— Me encontrei com o cardeal Fazio. O arcebispo Felipe Montiagro também estava lá. Ele foi chamado ao Vaticano por causa do que aconteceu com John e com o ministro das Relações Exteriores.

Ela passou o fone para a outra orelha e engoliu seco, sabendo que prometera ao cardeal não divulgar nada sobre a reunião. Mas como eles não pareciam dispostos a fazer nada para salvar John, ela tinha pouca escolha.

— Ted, tudo o que vou lhe contar precisa ser mantido entre nós por enquanto. A situação é delicada e não quero fazer nada que possa pôr em risco a segurança de John. Estamos de acordo?

— O que você quiser, garota.

— O cardeal confirmou que John e o seu grupo foram sequestrados e estão sendo mantidos presos em algum lugar próximo a Chisinau, na Moldávia, ou talvez além da fronteira da Transnístria. Os sequestradores estão exigindo cem milhões de dólares pelo resgate. Até o momento, ninguém sabe com certeza exatamente quem são os sequestradores. Há muitas facções lá.

— Eles vão receber o que estão pedindo?

— Não. O Vaticano recusa-se enfaticamente a negociar. E eu tenho sentimentos conflitantes a esse respeito.

— Posso imaginar.

— O negócio é o seguinte, Ted, John está correndo perigo de verdade. Havia dois guardas suíços que acompanhavam o grupo. Os sequestradores assassinaram os dois. Decapitados. A cabeça deles foi empalada em estacas. Assim eles quiseram mandar uma mensagem ao Vaticano para que pagassem ou o pior acontecerá. Aqueles homens são duros e não têm um pingo de consciência. Eles enviaram fotografias das cabeças decapitadas para o Vaticano. — A voz de Cotten falhou. — Estou realmente temendo por John. Os poderosos do Vaticano estão de mãos atadas, Ted. Preciso fazer alguma coisa.

— Você é uma só. Esse é um incidente internacional. Acho que deve deixar o caso para especialistas. Os negociadores. Se meter o nariz onde não deve acabará sendo sequestrada também. Quer que a sua cabeça seja a próxima a ser empalada? Entendo como está se sentindo, mas...

— Pare. Não preciso de um sermão. Preciso da sua ajuda. Pode ser que eu tenha alguma coisa. Mas é uma longa história. Só me dê uma oportunidade, certo? Seja meu amigo.

Ela ouviu um longo gemido de frustração de Ted.

— Estou sendo seu amigo. Não quero que nada aconteça a você. — Ele fez uma pausa, depois acrescentou: — Eu já devia saber que não posso comentar nada com você sem que queira meter aí essa cabeça dura. Muito bem, o que você conseguiu?

— Antes de lhe contar, preciso que me prometa que não vai pensar que perdi o juízo. O que estou para lhe dizer é extremamente sério, não importa o quanto pareça absurdo. Certo?

— Estou ouvindo.

— Além da foto das duas cabeças empaladas, os sequestradores mandaram uma foto de John e dos dois outros padres.

— Então eles estão vivos.

— Sim. Bem, pelo menos quando a foto foi batida. Não se pode concluir nada sobre a localização deles a não ser que parece um lugar muito antigo. Há uma parede de pedra atrás deles que acho que é de um prédio. Me lembra um forte ou um castelo ou coisa parecida. De qualquer maneira, Roberti e Burns parecem normais, mas acho que John está posando deliberadamente. Acho que está tentando enviar uma mensagem, uma pista sobre a sua localização. O que ele está fazendo é muito estranho, esquisito demais para ser natural. Ele tem uma das mãos no pescoço, e os seus dedos estão curvos, em forma de presas. A minha primeira ideia foi de que parecia que estava querendo imitar as presas de uma serpente. Mas então... — Ela sabia que aquilo pareceria ridículo, mas precisava prosseguir. — Acho que ele estava tentando indicar marcas de mordida no pescoço.

— Marcas de mordida. Não entendi. Você quer dizer como picadas de insetos?

— Não... mais como mordidas de vampiro.

— Mordidas de vampiro?

Ela o ouviu sufocar uma risada.

— Ted, você prometeu me levar a sério. Acho que John está enviando uma pista de que está sendo mantido preso em algum lugar que tenha a ver com vampiros. Talvez com o Drácula.

— Sabe o que eu acho? Você está sob tanta tensão que está vendo coisas onde não existem. Cotten, isso não passa de loucura. Não existe essa coisa de vampiros. E se John só estivesse coçando o pescoço?

— Ou tentando nos enviar uma mensagem. Ted, pode por favor acompanhar meu raciocínio por um segundo?

— Tenho uma reunião com todo o pessoal em cinco minutos. O que for que ainda tenha a dizer, que seja rápido. Não quero diminuir a importância disso, mas se estivesse no meu lugar, seria cética também.

— Isso só vai levar mais um minuto, eu prometo. Acho que John possivelmente está preso no castelo do Drácula. Mas não tenho acesso à Internet aqui e não posso pesquisar para encontrar onde pode ficar esse castelo. Você está no computador?

— Estou.

— Procure o castelo do Drácula para mim aí. Não me diga que é uma ideia absurda, simplesmente faça isso, então vou deixá-lo em paz e você pode ir para a sua reunião.

— Certo, espere na linha. Eu vou lhe dar uma colher de chá só porque é minha amiga, mas acho que está querendo se iludir.

Depois de uma breve pausa, Ted voltou à linha.

— Estou com você no viva-voz, mas não há ninguém na minha sala, e a porta está fechada. Deus sabe que, se alguém escutar essa conversa, isso vai comprometer a nós dois.

Ela ouviu enquanto ele digitava no teclado.

— O que você descobriu?

— O Castelo de Bran, nos Cárpatos, é o famoso castelo de Drácula. É uma importante atração turística. Não acho que seria prático para os propósitos de sequestradores. Não seria melhor que manter reféns no meio da Acrópole, em Atenas. E seria uma longa viagem desde a Moldávia.

O desânimo tomou conta dela. Talvez Ted estivesse certo sobre se iludir.

— Tudo bem. Você venceu. Desculpe por ter incomodado, estava tão esperançosa...

— Cotten, eu entendo. Estou do seu lado. Também quero trazer John de volta em segurança. Você está fazendo o melhor que pode.

— Você pode me dar só mais uma colher de chá, como disse? Apenas investigue um pouco mais a fundo. Talvez exista mais de um castelo ou o Castelo de Bran tenha masmorras secretas ou coisa parecida.

— Bem, ora, espere um minuto. Eis outro aqui. Fica na Romênia. O Castelo de Poienari, nas montanhas Fagaras. Mas está todo em ruínas e é praticamente inacessível.

— Mais alguma coisa? Qualquer coisa?

A linha ficou em silêncio por alguns instantes. Finalmente, Ted disse:

— Cotten, ainda está aí?

— Estou.

— Segure-se, garota. Pode ser que você tenha descoberto alguma coisa com essa sua cabecinha linda. Escute isto. Existe um terceiro castelo. É chamado de o Castelo do Lobo, localizado nas montanhas da Transnístria, logo depois da fronteira com a Moldávia. Foi construído por Vlad Tepes III, também chamado Drácula. Parece que Vlad torturava os seus inimigos, cortava a sua cabeça e depois ele...

— Depois o quê? — indagou ela.

— Ele tirou o sobrenome dele, *Tepes*, do seu método favorito de matar. *Tepes* significa *O Empalador.*

A Cruz

John percebeu a falta do crucifixo e da corrente quando esfregou o pescoço — o mesmo crucifixo que o seu avô lhe dera no dia da sua ordenação. Ele nunca tirava o crucifixo.

— Encontrou alguma marca de mordida? — indagou o padre Burns em voz baixa, olhando para John do outro lado da mesa.

— Aparentemente, não — respondeu John. — Mas parece que perdi uma coisa. — Ele se levantou e chamou o guarda para levá-lo de volta ao quarto.

No quarto, com as mãos e os joelhos no chão, John procurou a corrente e a cruz sob a cama. Já arrancara o cobertor e o colchão.

— Perdeu alguma coisa?

John levantou os olhos e encontrou o general Borodin parado na porta. Estava tão preocupado em procurar a cruz que não ouvira o homem entrar.

— Perdi, sim — respondeu John enquanto se levantava e esfregava as mãos. — Não sei onde foram parar o meu crucifixo e a corrente. Imagino que tenham se soltado durante a noite e caído no chão.

O general correu o olhar pelo quarto.

— Dizem que acontecem coisas estranhas quando a escuridão se abate sobre este lugar.

Ele caminhou pelo quarto como se fosse um gerente de hotel verificando se o pessoal da limpeza fizera um bom trabalho. Tocou a cadeira e correu a mão pelas gravações de demônios alados na cabeceira da cama.

— Como é que consegue dormir embaixo de imagens tão grotescas?

John recolocou o colchão sobre o estrado da cama e decidiu tirar vantagem da visita de Borodin.

— Não acredito que tenha plena consciência da posição em que se encontra depois do nosso sequestro. Somos diplomatas, protegidos pelo protocolo internacional. Deter-nos contra a nossa vontade é uma violação da...

— Estou bem consciente da situação. — Borodin cruzou os braços. — A condenação internacional das nossas ações não tem importância nenhuma para mim. Somos oportunistas, estamos aqui para conseguir uma polpuda soma de dinheiro em troca da sua liberdade. Se o seu papa decidir não pagar, vocês serão executados como os seus amigos.

— Matar aqueles homens não adiantou nada.

— Enviei uma mensagem bem clara de que, se as nossas exigências não forem atendidas, acontecerá a mesma coisa com você e os outros. O Vaticano recebeu uma fotografia dos dois homens mortos. Uma imagem vale mais do que mil palavras, não é o que se diz? Todo mundo precisa de motivação, cardeal Tyler. Sem o incentivo adequado, há hesitação, dúvida e cálculos malfeitos. Queremos resolver essa troca o mais rápido possível. Dar-lhes uma boa razão para atender às nossas exigências diminui as chances de qualquer tipo de interferência ou alguma tola missão de resgate... embora eu ache difícil acreditar que aconteça uma tentativa dessas.

— Eles já responderam às suas exigências?

— É só uma questão de tempo.

Ele se encaminhou para a porta, deteve-se e voltou-se para John.

— Diz a lenda que o conde Drácula não gostava da cruz cristã. Talvez o fantasma dele tenha tirado o seu crucifixo.

Encontro no Saguão

— Como vai, senhorita Stone?

Cotten levantou os olhos para o homem alto trajando um terno impecável que se aproximava da sua mesa. Ela estava sentada em um sofá em forma de "L" no saguão do Hotel LeoGrand, próximo ao centro comercial de Chisinau, depois de chegar de Roma num avião da companhia aérea da Moldávia naquela manhã. Aquele era o mesmo hotel onde John, Roberti e os outros haviam passado a noite antes de desaparecer.

— Embaixador Russell? — Cotten levantou-se e estendeu a mão.

— Desculpe-me pelo atraso.

O embaixador americano na Moldávia tinha mais de 1,80 metro de altura, um rosto magro e compleição delicada, cabelo cor de terra, extremamente bem-aparado, e óculos de armação de chifre. Cotten calculou que ele devia estar perto dos 50 anos.

— Por favor, sente-se aqui — convidou ela, sentando-se muito aprumada e apontando para uma poltrona em frente ao sofá. — Agradeço imensamente por vir se encontrar comigo.

— É o mínimo que posso fazer por uma representante tão importante da imprensa internacional — declarou Russell. — E uma mulher tão bonita, diga-se de passagem.

— Obrigada. — Ela se recostou no sofá. — Gostaria de beber alguma coisa?

— Acabei de almoçar — informou ele, sentando-se. — O que a traz à Moldávia?

— Tenho a esperança de que possa me ajudar a esclarecer melhor o desaparecimento da delegação do Vaticano. Qualquer informação seria de grande utilidade. O que sabe até agora?

— Não muita coisa, lamento. A pedido da Santa Sé, fiz algumas investigações junto ao governo local, mas eles parecem relutantes em se envolver. O chefe da segurança nacional me disse que a delegação veio por sua própria conta e risco e pode ter caído em mãos de um grupo de extremistas separatistas que estão alimentando as hostilidades nas disputas na fronteira. Para ser sincero, está ficando cada vez mais perigoso viajar para as regiões mais distantes da capital.

— Tive a impressão de que foi o nosso Departamento de Estado que ajudou a providenciar a interferência do Vaticano e que fez isso a pedido do governo da Moldávia.

— Bem, há um pouco de verdade nisso. — Russell coçou a cabeça e consertou o penteado. — Mas esta região do mundo é uma loucura, senhorita Stone. Para começar, a autodeclarada república da Transnístria é um enigma para todo mundo. Por causa do aumento das instabilidades políticas e econômicas, passar pela fronteira pode ser muito perigoso. As poucas vezes que me aventurei, senti como se estivesse sendo observado a todo instante.

— Sim, mas o senhor é um diplomata americano de alto nível. Não era de esperar isso?

Ele deu de ombros.

— Ouvi relatos de pessoas que foram detidas só por falar inglês em público ou por tirar uma fotografia de um prédio do governo. É como se a velha mentalidade soviética de medo e paranoia perdurasse nos seus estertores. O ministro da Segurança Estatal, que nada mais é do que uma versão moderna da KGB, tem poderes amplos e irrestritos. A maioria dos cidadãos vive com medo. A corrupção é generalizada em todos os níveis do governo. E não há uma classe média. Ou você é um pobre miserável ou rico além dos maiores padrões mundiais.

— Até aí, tudo bem, embaixador, mas isso ainda não explica o que aconteceu ao cardeal Tyler, ao arcebispo Roberti e ao padre Burns.

Cotten relanceou o olhar pelo saguão do hotel. Viam-se poucos hóspedes no momento. O mais próximo era um velho sentado em uma poltrona vizinha lendo um jornal. Ela baixou o tom de voz.

— Está ciente de que dois guardas de segurança do Vaticano foram assassinados?... Executados?

— Estou, li a respeito no meu resumo informativo esta manhã. É muito trágico. — Russell balançou a cabeça. — Fiquei chocado, mas não totalmente surpreso.

— O que aconteceu com os representantes legítimos dos três países que tomariam parte das reuniões e das conversações?

— Assim que se teve notícia do desaparecimento da delegação do Vaticano, talvez sequestrada, a agenda das reuniões evaporou-se por completo. Até que haja notícias definitivas sobre o que realmente aconteceu, fui informado de que não haverá mais negociações.

Cotten percebeu que não chegaria a lugar nenhum com Russell. Ele ignorara completamente a sua pergunta. Mas precisava investir nos seus interesses antes de decidir sobre o que fazer em seguida.

— O que está fazendo para localizar os homens desaparecidos?

— Neste momento, não há realmente nada que eu possa fazer. — Ele ajeitou o cabelo novamente. — Não tenho autoridade aqui. Tudo o que posso tentar fazer é estimular o governo local a tomar providências para tentar encontrar os homens. Mas até agora, eles estão mais preocupados em se contrapor aos seus rivais do outro lado das fronteiras. Receio estar de mãos atadas.

Cotten inclinou-se para Russell, decidida a chegar ao âmago da questão.

— Tem algum conhecimento sobre uma construção medieval chamada Castelo do Lobo?

Ele pareceu refletir sobre a pergunta primeiro.

— Trata-se um velho castelo nas montanhas a nordeste daqui, logo depois da fronteira com a Transnístria. Acho que não está aberto ao público. Está pensando em fazer alguma visita turística, senhorita Stone?

— Poderia conseguir um transporte para me levar até lá?

— Isso está fora de questão. Em primeiro lugar, nunca a deixariam cruzar a fronteira sem um convite do governo da Transnístria. E em segundo, o lugar sempre foi fortemente vigiado por destacamentos militares e deve continuar assim. Não sei, não. Antigamente ali era um retiro secreto de autoridades do governo soviético e de dignitários comunistas estrangeiros.

Russell consultou o relógio.

— Odeio ter de encurtar o nosso encontro, senhorita Stone, mas tenho uma entrevista com a imprensa e realmente preciso me apressar. — Ele se levantou. — Há mais alguma coisa em que possa ajudá-la durante a sua permanência na Moldávia?

Cotten apertou-lhe a mão.

— Gostaria que houvesse, senhor embaixador. Mas obrigada de qualquer modo.

— Não hesite em me telefonar se pensar em alguma coisa. — Antes que ela pudesse responder, ele girou nos calcanhares e encaminhou-se para a saída.

Deixando-se cair de volta no sofá, Cotten sentiu um calor subir-lhe ao rosto. A raiva a fez ranger os dentes. Que desperdício. Russell não fora de nenhuma ajuda. Ou escondia alguma coisa ou simplesmente não dava a mínima. Fosse como fosse, ela não poderia contar com ele para nenhuma ajuda. Teria de fazer tudo por conta própria.

— Com licença, por favor.

Cotten ergueu o olhar para o homem em pé à sua frente. Ele parecia estar na casa dos 60 anos, era baixo, tinha olhos escuros e um grande nariz bulboso, que se projetava do espesso bigode. A pele era de um branco leitoso e os dentes escuros, provavelmente resultado de anos fumando os fortes cigarros populares russos. Trazia nas mãos um jornal dobrado. Ela viu que se tratava do homem que estava sentado ali perto.

— Pois não? — respondeu ela, esperando que não fosse um daqueles batedores de carteira que visavam turistas e estrangeiros.

— Pode me dar um minuto?

Cotten indicou a poltrona ocupada pelo embaixador.

— Sinta-se à vontade.

Ele se sentou e pareceu demorar um instante para se acomodar. Sorria de modo amistoso e olhava com interesse para ela.

— Posso ajudá-lo em alguma coisa, senhor...?

— Por favor, perdoe-me, mas não pude deixar de ouvir que está interessada em visitar o Castelo do Lobo.

— É verdade — admitiu Cotten.

— Talvez eu possa ajudá-la.

Ping Ianomami

As sombras escuras da floresta tropical da Amazônia espalhavam-se irregularmente pelo solo, deslocando-se com os raios do luar que atravessavam a espessa cobertura de árvores. Era a época da *ayahuasca*, a bebida ritual que levava as pessoas a um estado alterado de consciência — uma outra dimensão —, um lugar onde a pessoa descobre quem é e entra em contato com todos os elementos da Terra e do universo.

Pierre Charles engoliu a beberagem amarga preparada a partir de um fermentado de *Banisteriopsis cappi*, consciente de que o efeito purgante em breve iria se manifestar com toda a sua violência. A vasilha para o seu vômito descansava entre os joelhos e em instantes foi posta em uso. Mas a cura, a transformação da sua alma, fazia valer a pena os 25 minutos de sofrimento.

Em seguida, a reação do seu corpo ao preparado foi se acalmando e os vômitos cessaram. Pierre reclinou-se sobre a esteira dentro da tenda. O pajé da aldeia continuava as suas batidas com o feixe de folhas, um barulho repetitivo que despertava outros sons, um ruído claro e um ritmo monótono, uma vibração que ajudava a liberar a mente de Pierre.

Em breve o lampejo psicodélico e os padrões geométricos sobrepostos a serpentes tomaram conta dos seus pensamentos e ele mergulhou completamente nas visões.

Quando o sol finalmente desfez a névoa matinal, Pierre refletiu sobre a sua jornada visionária da noite anterior. Estava convencido de que realmente existiam outras dimensões e universos em planos vibracionais alternativos.

Nessa manhã, como sempre depois de tal experiência, ele se sentia revigorado e confiante. Inicialmente, não tinha ido até ali para descobrir ou experimentar drogas e alucinógenos nativos; ao contrário, viera por causa do seu doutorado, para estudar a terrível prática do infanticídio entre os ianomamis e outras tribos primitivas da Amazônia. Mas a sua curiosidade e o seu desejo de encontrar um significado para a vida o levaram à *ayahuasca*. E ele só tinha a agradecer por isso.

Depois de passar mais de dois anos com aquela gente, não tinha a menor vontade de regressar à Universidade da Flórida para apresentar a sua dissertação. Ali na selva, encontrara a paz. Esperava que ninguém jamais tentasse interferir com aquele povo, com aquela cultura espetacular, ou sujeitá-lo à modernização. Ao contrário, deviam ser feitos todos os esforços possíveis para proteger o direito deles de manter a sua cultura.

Apenas uma semana antes, um antropólogo asiático em viagem pelo rio Amazonas passara um dia com a tribo. Alguma coisa naquele sujeito incomodara Pierre. Talvez uma intuição, um sentimento instintivo de que era preciso afastar aquele homem. Ele desconfiava de que o asiático considerava aquelas pessoas como criaturas subumanas e não tinha interesse nenhum na sobrevivência da sua cultura, mas poderia encontrar um meio de explorá-los. Para o seu alívio, o homem partiu logo.

Pierre espreguiçou-se e decidiu dar um mergulho relaxante num riacho que vertia do rio. A água fria seria revigorante.

Havia muito deixara de usar roupas convencionais, conservando o hábito de usar um simples calção. Ao lado do riacho, despiu o calção e deixou-o junto à margem; então entrou na água clara. Não era azul como a do mar, mas de uma transparência cristalina que lhe dava a impressão de estar nadando em vidro líquido.

Pierre mergulhou fundo na água, sentindo o frescor ao redor do corpo. Nadou abaixo da superfície, em braçadas lentas através daquela transparência, quando teve a impressão de ouvir alguém chamar. Vindo à tona, tirou a água do rosto.

— Vem! Vem!

Aprendera um pouco do linguajar básico, o suficiente para se virar, mas entendia mais do que conseguia falar. Sabia, no entanto, um pouco de português, a língua em que se comunicavam vários integrantes da tribo.

Pierre saiu da água e vestiu o calção.

— O que aconteceu? — indagou em português para um dos homens da tribo em pé junto à margem. — Alguma coisa errada?

O homem respondeu:

— Precisa vir rápido. Depressa.

Pierre correu entre os arbustos. Quando chegou à tenda comunal arredondada com os aposentos individuais, encontrou o pajé tratando de uma mulher encolhida em uma rede. Pierre sabia que a mulher adoecera havia vários dias, e ao longo da doença ele observara como o índio preparava os medicamentos, soprava fumaça sobre ela e tentava sugar o demônio da sua boca.

O pajé gesticulou para que Pierre se aproximasse.

Ao chegar perto da mulher na rede, Pierre pôde observá-la de perto. O medo ressoou pelo seu corpo como se os nervos retesados vibrassem como as cordas de um violão.

Dos olhos dela brotava sangue, assim como escorria do nariz, pingava das orelhas e de todos os orifícios.

— Meu Deus! — exclamou Pierre. Parecia uma febre hemorrágica provocada pelos vírus Ebola ou de Marburg. Vira fotos detalhadas de um surto em Angola em 2005. Lentamente, ele foi recuando.

O pajé observou-o, a face contraída de raiva. Os tendões do pescoço se retesaram quando abriu a boca em uma careta.

— Esta doença vem do seu mundo!

KGB

Pela porta giratória de vidro e cromo da entrada do Hotel LeoGrand, Cotten saiu para a rua Varlaam, dobrou à esquerda e encaminhou-se para o parque central, a um quarteirão dali. Atravessando a movimentada rua Puskin, entrou no imenso parque situado no centro da cidade. Algumas folhas amareladas agitavam-se ainda nas árvores, enquanto a maioria delas formava um espesso tapete castanho, antecipando-se ao inverno rigoroso que se anunciava em poucas semanas. O vento fez Cotten se arrepiar e apertar a gola do casaco ao redor do pescoço.

Uma majestosa fonte arredondada dominava o centro do parque. Os fortes jatos de água estavam desligados e o lago fora drenado à espera do inverno. Em vez de moedas, uma coleção de gravetos e detritos cobria o fundo.

Cotten encaminhou-se para um banco, embaixo da estátua de Estêvão, o Grande, o governante da Moldávia no século XV. Era um dia de trabalho normal e o tempo ruim deixava o parque praticamente deserto — algumas pessoas passavam anonimamente a caminho de outros lugares. Sentada no banco, ela ficou aguardando.

Dez minutos se passaram antes que ela ouvisse passos se aproximando. Caminhando na direção dela, o mesmo homem com que conversara no saguão do hotel. Fora ele que a instruíra a esperá-lo no parque. Parou diante do banco e esperou que Cotten fizesse um sinal para que se sentasse.

Ele se acomodou em silêncio, correndo o olhar atento pelo parque. Foi como se fizesse um inventário de cada planta e objeto à vista.

Finalmente, ele se voltou para Cotten.

— Sou o coronel Vladimir Ivanov, ex-agente da KGB, atualmente reformado.

— Cotten Stone, da Satellite News Network.

— Sei — admitiu ele, apertando a mão dela. — Eu a reconheci no saguão do hotel. Vi você inúmeras vezes na televisão americana.

— Fala bem o inglês, coronel.

— Muitos dos meus camaradas aprenderam a sua língua. Fazia parte do trabalho. Ainda pratico o idioma como guia turístico em meio expediente no Museu de História na Cidade Velha.

— Diga-me o que sabe sobre o Castelo do Lobo.

Ele sorriu.

— O castelo do Drácula é um lugar assustador.

— Por causa da lenda do vampiro?

Ivanov riu.

— Não, senhorita Stone, os vampiros existem só no cinema.

— O quanto sabe sobre o Castelo do Lobo?

— O lugar foi usado durante muitos anos para deter e interrogar os suspeitos de ameaçar a antiga União Soviética. Eu mesmo conduzi interrogatórios ali que foram... bem produtivos. E quando pessoas especiais como os camaradas Andropov ou Chernenko vinham em visita, eu era o responsável pela segurança durante a permanência deles no castelo.

— Está sabendo do recente sequestro da delegação do Vaticano?

— Estou. Embora esteja aposentado, não perdi o contato com o pessoal.

— Então acredita que pode ser ali que os sequestradores os prenderam?

— As chances são boas. É o lugar perfeito.

— O que mais ouviu dizer?

— Dois homens foram baleados.

— E quanto aos outros.

— Estavam vivos esta manhã.

Cotten inclinou-se para trás no banco.

— Graças a Deus. — Ela sentiu uma onda de alívio correr por todo o corpo. — Tem certeza disso?

Ele encolheu os ombros.

— Nada é totalmente certo nesta vida. Mas eu seria capaz de jurar que ainda estão vivos. Os homens que os levaram querem dinheiro. Sem uma prova de vida, não ganham nada.

— O pessoal do hotel me contou que os padres foram levados por militares da Moldávia. Um era um general do exército. Sabe se isso é verdade?

Ivanov riu de novo.

— Eles são gângsteres do outro lado da fronteira. Qualquer um de lá ou é gângster ou vítima.

— Por que o governo da Moldávia não está fazendo nada para ajudar a resgatar a delegação?

— O Castelo do Lobo fica na Transnístria. A guerra na fronteira está prestes a explodir de novo. Isso seria o estopim para a explosão. As autoridades da Moldávia desconversam. Dizem que não é problema delas. Os padres vieram por sua própria conta e risco. Isso é muito trágico. Muito ruim. Mas fazer o quê?

— E as autoridades da Transnístria não ajudariam também?

Ele sorriu para ela.

— Você não ouviu o que Vladimir disse. Não se faz acordos com gângsteres.

Ela olhou para a fonte por alguns instantes.

— Você conseguiria me levar até o Castelo do Lobo?

— Você não vai querer ir até lá...

— Preciso ajudar o meu amigo e os seus colegas. Se o governo não vai fazer nada, eu faço.

— Você é uma alma valente. Admiro a sua fibra e a sua estupidez.

— O quê? Como assim?

— Não quis insultar, senhorita Stone. Mas não há nada que possa fazer contra gângsteres armados. Você se tornaria rapidamente mais uma refém e a sua empresa de TV americana receberia um pedido de resgate.

— Então, por que estamos tendo esta conversa, coronel? Se não pretende me ajudar, então estamos desperdiçando o nosso tempo.

— Não disse que não iria ajudá-la. — Ele estendeu o braço e deu um tapinha na perna dela. — Só que seria estupidez ir lá sozinha.

— Que outra escolha eu tenho?

— Talvez alguns dos meus velhos camaradas e eu possamos ajudar a trazer os seus amigos de volta.

— O que quer dizer com isso? Quem são os seus camaradas? E por que iriam querer se envolver?

— São muitas perguntas.

Ele fez uma pausa enquanto passava uma mulher empurrando um carrinho de bebê. Depois que se certificou de que ela estava fora do alcance da conversa, continuou:

— Meus camaradas e eu temos muitas razões para atrapalhar os criminosos que pegaram os seus amigos. Apesar de este não ser mais um país soviético, ainda precisamos sobreviver. Vivemos bons momentos antes da queda de Moscou. Depois disso, a vida ficou uma porcaria. Mas agora as coisas estão melhores. Temos uma vida boa. Bastante comida e trabalho, e raramente precisamos atirar em alguém. — Ele deu um sorriso largo. — Brincadeira.

— Ainda não estou entendendo.

— A nova Moldávia é parceira do Ocidente. Eles não querem ter problemas com a OTAN. Querem entrar para a União Europeia. Ser importantes. Essa coisa com os padres do Vaticano seria melhor ser deixada para os outros. Fora das mãos deles. Mas os gângsteres fazem o meu país de bobo. Os bons tempos podem acabar. Precisaremos atirar nas pessoas outra vez. — Outro sorriso largo. — Devemos manter o senso de humor, senhorita Stone.

Por mais estranho que ele fosse, Cotten começou a vê-lo como a sua única esperança de conseguir alguma coisa. E bem no fundo, sabia que ele provavelmente não estava brincando quanto a atirar em pessoas.

— O que tem em mente, coronel?

— Os meus camaradas vão ao castelo e resgatam os seus amigos. Um plano simples.

— Pensei que o castelo estivesse fortemente guardado. Como vai conseguir entrar?

— Há muitas maneiras de entrar e sair do Castelo do Lobo. Algumas que só Vladimir conhece.

— O que vai querer em troca?

— Quero ser um grande herói no noticiário da televisão americana.

Então concorrer a um cargo aqui e me tornar o prefeito da grande cidade ex-soviética de Chisinau.

— Só isso?

Ele deu de ombros.

— É melhor do que ser guia de museu em meio expediente.

— Vai ter que me levar junto.

— Impossível — afirmou ele.

— Não, coronel, este é o trato. Leve-me ou esqueça quanto a se tornar o novo prefeito.

Ele olhou longamente para ela. Então com um grande sorriso, concluiu:

— Você tem um colete à prova de balas?

O Rio

O micro-ônibus Volkswagen do final dos anos 60 sacolejava ao longo da estrada de pavimento ruim através de intermináveis pastagens. Cotten ia sentada no chão da parte traseira, sentindo cada buraco e cada saliência do caminho. O coronel Ivanov conseguira-lhe uma velha almofada de barco, mas ela era praticamente inútil. Ela sentia a espinha vibrar a cada imperfeição da estrada.

Ivanov e três dos seus amigos da ex-KGB pegaram-na a alguns quarteirões do hotel pouco antes do anoitecer. No início da tarde, ela havia tomado um táxi para uma loja de equipamento de caça e vestimentas militares da época soviética. Ali ela comprara uma calça rústica de caça, uma blusa grossa de lã, máscara de esquiar e um grosso casaco de inverno com gola de lã de carneiro. O vendedor não conseguira encontrar botas pequenas o bastante que lhe servissem, então ela comprara mais um par de meias para preencher o espaço. Algumas horas depois, vestida com a roupa grossa e com as mãos enluvadas enfiadas no bolso do casaco, ela tentava se aquecer no fundo do micro-ônibus.

Sentado à frente dela ia Krystof, um homenzinho franzino com olhos tristes e uma barbicha de uma semana. Ele caíra no sono logo depois de saírem da cidade e não parecia se incomodar com a viagem sacolejante.

À esquerda dela estava Victor, um grandalhão grisalho com aparência de avô, que usava óculos de lentes grossas e tinha os dentes tortos. Ela descobrira que tanto ele quanto Krystof tinham sido oficiais da Marinha russa antes de serem recrutados pela KGB muitos anos antes. Ele tinha as sobrancelhas mais grossas que Cotten já vira e passava o tempo ouvindo, com um único fone de ouvido, um radinho de pilha que levava no bolso do casaco.

No banco do passageiro da frente ia Alexei. Ele tinha uma barba espessa e olhos pequenos e pretos. Cotten calculava que devia pesar mais de 120 quilos, e, apesar do tempo frio, tinha a testa sempre coberta por uma camada de suor. Ele murmurava o tempo todo uma canção indistinguível.

O coronel Ivanov dirigia o micro-ônibus.

Todos os homens portavam armas no coldre de peito sob os casacões compridos e Cotten presumiu que provavelmente levavam outras armas escondidas em outras partes do corpo. Quando perguntara a Ivanov se precisava levar uma arma, ele dera uma boa risada. Então dera-lhe tapinhas no braço.

— Você poderia acertar alguém por acidente. — E então com um sorriso largo, apontara para os outros três. — Talvez um de nós.

Enquanto o micro-ônibus seguia pela sombria região rural do leste da Moldávia, Cotten imaginou se aquele era realmente o caminho que precisava percorrer para conseguir trazer John de volta. Em vez disso, será que não deveria ter acampado em frente ao prédio do Parlamento da Moldávia, exigindo que o governo providenciasse uma missão de busca e salvamento?

Deixara o repórter e a equipe da SNN de Moscou tentando fazer exatamente isso. Até então, eles tinham demonstrado pouco sucesso. Mas à medida que outros órgãos de imprensa internacional começassem a ouvir as notícias e convergissem para a capital, talvez o mundo prestasse atenção e reagisse com revolta aos relatos sobre o desaparecimento da missão diplomática do Vaticano. Será que o lugar em que deveria estar seria mesmo Chisinau e não algum ponto no interior do país acompanhando um bando de velhos e ultrapassados ex-agentes da KGB de um país que não existia mais? A cada quilômetro percorrido, ela se convencia mais de que não estava fazendo a coisa certa.

O coronel Ivanov conduziu o micro-ônibus para fora da estrada pavimentada e entrou em uma estradinha vicinal de terra. Como não havia janelas nas laterais do veículo, vez por outra Cotten se erguia um pouco para ter uma visão do terreno iluminado pelos faróis. Os pastos tinham dado lugar a uma floresta e a estrada serpenteava por um terreno coberto por árvores cada vez mais encorpadas. Em pouco tempo, a floresta tornou-se tão densa que os galhos raspavam nas laterais do micro-ônibus.

Finalmente, eles desceram por uma encosta suave e o veículo fez uma parada. Ivanov desligou o motor e as luzes. Um silêncio pesado envolveu o micro-ônibus. Krystof acordou. Cotten notou que ele olhava para ela. Com um sorriso cheio de dentes, ele sussurrou.

— Rio.

Passados bem uns cinco minutos, o coronel, vagarosa e silenciosamente, abriu a porta do seu lado. Alexei fez o mesmo com o lado do passageiro. Cotten começou a se levantar, mas Krystof gesticulou para que permanecesse sentada. Ela podia ouvir a conversa em voz baixa dos dois homens do lado de fora. Então seguiu-se outra longa espera.

Ela imaginou se Krystof cochilara de novo. Então Ivanov deslizou silenciosamente a porta lateral até abri-la por completo.

— Saiam todos — sussurrou ele.

— Onde estamos? — quis saber Cotten enquanto saltava para o chão de pedregulhos.

— No rio Dniester — informou Ivanov. — Vamos dar um passeio de barco.

Krystof estendeu o braço para dentro do micro-ônibus e afastou um encerado de lona, revelando um sortimento de armas.

— Kalashnikov — disse para Cotten, enquanto tirava uma AK-47 da pilha. — As melhores do mundo.

Ivanov escolheu um fuzil igual da pilha. Alexei pegou um esguio fuzil Dragunov com mira telescópica, juntamente com uma sacola do tamanho de uma mochila. Victor acabou escolhendo uma pistola-metralhadora com um carregador extralongo. Depois de todos estarem satisfeitos com as suas escolhas, Ivanov empurrou cuidadosamente a porta e trancou-a. Ele liderou o grupo por uma trilha na encosta, que passava por uma velha cabana e chegava a um píer de madeira que avançava por uns seis metros rio adentro.

Cotten observou a luz das estrelas refletida na água que corria vagarosamente. Era difícil calcular, com tão pouca luz, mas ela estimou que o rio tivesse uns seiscentos metros de largura.

Amarrado na extremidade do atracadouro encontrava-se um bote a remos de uns quatro metros de comprimento. Na proa descansava o que parecia ser uma rede de pesca. Dois grandes remos estavam atravessados sobre um par de bancos de madeira. Ivanov pôs o dedo indicador sobre os lábios e depois gesticulou para que todos entrassem no barco. Cotten sentou-se na popa ao lado de Victor. Ivanov recolheu os cabos que prendiam o barco ao atracadouro e atirou-os para dentro do barco antes de se posicionar na proa, junto à rede. Como se estivessem em câmera lenta, Alexei e Krystof pegaram os remos de pás chatas e os encaixaram nas forquetas de cada lado. Ivanov e Victor suavemente empurraram o barco para longe do píer. Com um esforço quase imperceptível, os outros dois homens baixaram os remos na água e começaram a remar.

Silenciosamente, o barco afastou-se do píer e começou a deslizar pela água escura. Cotten olhou por cima do ombro. O micro-ônibus, o píer e a cabana desapareceram aos poucos na escuridão que envolvia a margem do rio. Ela cruzou os braços em torno de si mesma, não por causa do intenso frio e dos primeiros flocos de neve que caíam, mas de medo que John pudesse já estar morto. Esse era o único caminho, disse para si mesma. Ninguém mais viria para socorrê-lo. Essa era a sua única chance de sobrevivência.

A sua confiança frágil foi subitamente despedaçada quando um holofote potente cruzou a superfície do rio e iluminou o bote como a luz do dia.

A Ilha

Moon estava sentada na sua sala de estar, depois que a empregada tinha ido embora, após o dia de trabalho. Cansada, exausta, sentia o peso de todo aquele trabalho sobre a sua frágil compleição. Mas estava muito perto do fim. Perto o bastante para contar os dias, talvez até mesmo as horas que faltavam para as primeiras ondas de ataque.

Seria em breve.

Ela apagou todas as luzes. Apenas o brilho suave do televisor iluminava o aposento. Estava pronta para assistir aos videocassetes — mais uma vez.

Moon memorizara cada palavra. Seria capaz de fechar os olhos e lembrar-se de cada cena em detalhes impressionantes. Para ela, isso era como um ser vivo — uma ligação direta com o passado, com o pai, com o trabalho dele. Nos filmes estavam as imagens do lugar onde ele, sem que ninguém soubesse, dera origem aos vírus que se tornariam as Agulhas Negras.

Direcionando o controle remoto, apertou a tecla para exibir a gravação.

O vídeo da câmera manual a princípio parecia trêmulo enquanto a massa de terra emergia da névoa espessa que cobria a margem. Era de manhã bem cedo, mas o sol ainda não conseguira atravessar a neblina sobre o oceano. Vagarosamente, pedaços de uma praia escura e rochosa se juntaram para formar uma vasta extensão de terra que se abria à proa do barco.

Viajavam três jovens etnobotânicos a bordo da lancha — Gina, uma morena de olhos escuros e pele azeitonada; Stefen, um magricela de cabelos cor de palha e pele clara, que estava gravando o vídeo; e Lesley, uma garota alta com pele morena, que dirigia o barco.

Moon adiantou o vídeo até o momento em que a proa do barco tocou a areia do fundo e eles encostaram o barco na praia da ilha.

Depois de desembarcar, Stefen apontou a câmera para si mesmo, mantendo o braço esticado. Imitando um sotaque britânico, ele disse:

— Bem-vindos à ilha do Prazer. Serei seu anfitrião hoje.

Stefen exibiu um sorriso teatral, depois virou ao redor e apontou a câmera para o mar, aproximando a silhueta volumosa do *Pitcairn* ancorado a distância. A embarcação de pesquisas da Oceanautics servia de casa para os três botânicos assim como para outros cientistas estudantes de pós-graduação.

Moon deteve o vídeo e olhou bem para o *Pitcairn*. O navio era apenas parte do seu quinhão. Durante três meses mantiveram o navio de quarentena enquanto era descontaminado. Atualmente, ele se encontrava atracado à margem do rio Taedong, no meio da capital norte-coreana, ao lado do USS *Pueblo* — duas joias reluzentes do tesouro político do secretário-geral.

Quando Moon e a sua equipe médica trajando roupas de proteção especiais subiram pela primeira vez a bordo do *Pitcairn*, encontraram entre os mortos a coleção de videoteipes de Stefen, onze ao todo, mas dois deles foram os que lhe chamaram mais a atenção. Aqueles dois vídeos e o diário de bordo do navio revelaram que a embarcação de pesquisas encontrara a ilha por acaso, quando uma violenta tempestade elétrica causara um incêndio a bordo e danificara seriamente os sistemas de navegação e de comunicação. O navio se desviara do curso por um dia até se deparar com uma das milhares de ilhas da imensa baía da Coreia. Ante a possibilidade de descobrir uma nova espécie vegetal, os três botânicos saíram para explorar a desolada ilha vulcânica, enquanto a tripulação do navio trabalhava nos reparos dos equipamentos eletrônicos. Os consertos demoraram mais do que o esperado, dando aos botânicos várias oportunidades para visitar a ilha ao longo dos dias que passaram ali. A cada vez, eles exploravam uma parte diferente dos 50 quilômetros quadrados de terra.

Moon avançou a fita até ver Lesley segurando uma câmera fotográfica digital. Então deixou a gravação seguir em velocidade normal. Novamente, Stefen era quem fazia a filmagem.

— Olhem — falava Lesley em voz baixa e apontava. — Vejam aquele falcão na árvore. — Então ela mudou o foco da teleobjetiva. — Que estranho...

Baixando a câmera, andou alguns passos para a frente, acariciando a grama alta com a mão.

— Vamos dar uma olhada. Uns vinte metros à frente.

— Mas que coisa é essa? — indagou Stefen, apontando a câmera e aproximando a imagem.

Gina entrou em cena.

— O que acham que pode ser... ou ter sido?

— Parece um prédio antigo — disse Lesley. — Ou o que restou dele.

— Mas assim, no meio do nada? — Lesley usava a mão como um protetor contra os raios do sol. — Pessoal, vamos dar uma olhada?

— Sem dúvida nenhuma! — concordou Stefen.

Antes de seguir as duas garotas, ele girou a câmera em círculo, captando as imagens ao redor.

— Para a posteridade, na ilha do Prazer temos encostas rochosas, uma floresta escura e mal-assombrada e uma vegetação espessa, provavelmente cheia de cobras venenosas e escorpiões letais.

O vídeo sacolejava enquanto Stefen continuava gravando e ao mesmo tempo se dirigia para a construção.

Moon observava os três estudantes olharem para uma solitária parede de concreto. Era difícil calcular a partir da imagem, mas a parede parecia ter uns 60 metros de comprimento por uns 4,5 de altura. O resto da construção não passava de um monte de restos de tijolos e cacos de concreto, com pedaços de ferro ocasionalmente se projetando da vegetação rasteira. Aberturas na parede, que deviam ter sido janelas, eram agora apenas buracos vazios.

Os pais de Moon haviam trabalhado ali por muitos anos durante a ocupação japonesa. No vídeo, o laboratório ultrassecreto da Unidade 731 do Exército japonês não passava de restos de entulho e ervas daninhas. Seu pai não fazia ideia do que deixara para trás — algo inocente na época —, mas isso tudo estava bastante mudado no presente. A descoberta dela era mais do que um acaso feliz. Era como se devesse estar ali apenas à espera dela.

Moon concentrou o olhar no vídeo. Na tela apareciam duas altas chaminés cilíndricas, projetando-se a bem uns 3 metros acima do resto da construção, erguendo-se por trás da parede, postadas como sentinelas acima das ruínas.

— Teriam sido uma espécie de incineradores? — Lesley apontava para as chaminés. — E vejam só isto!

Ela apontava para uma imagem quase apagada pintada acima da porta de entrada: um círculo vermelho desgastado pelo tempo acompanhado de dezesseis raios sobre um campo branco quase desaparecido.

— Hinomaru — comentou Gina. — A bandeira de guerra japonesa. Talvez aqui ficasse uma instalação militar da Segunda Guerra Mundial.

— Vamos ver o que conseguimos encontrar. — Lesley seguiu à frente para o outro lado da parede. Os destroços e os arbustos espessos dificultavam a caminhada.

Gina disse:

— Meu palpite é que houve uma explosão ou o local foi bombardeado. Seja como for, aconteceu muito tempo atrás.

— E pode ter sido algo mais recente — apostou Lesley. — Quem sabe um terremoto? Alguns dos danos parecem recentes.

— Esperem! — Stefen apontava ao mesmo tempo que direcionava a câmera para o destroço enferrujado de uma máquina.

Lesley franziu a testa e olhou para baixo. Projetando-se do solo via-se uma perigosa ponta de metal.

— Droga, não tinha visto! — Ela soltou um longo suspiro. — Obrigada. Teria sido um perigo.

— Ei, olhem só! — Stefen passou a câmera para Gina.

Com um grunhido, ele se curvou e puxou um pedaço de uma lâmina de metal empoeirada do tamanho de um capô de automóvel.

O vídeo mostrava uma escada estreita que entrava no solo.

— Que estranho — comentou Stefen. — Quem quer ir na frente?

Ele tornou a pegar a câmera e focalizou Gina enquanto ela declinava a oferta e sentava-se no que restava de uma parede em ruínas.

— Jesus, Stefen, será que precisa gravar cada detalhe? Você está obcecado por essa maldita câmera de vídeo!

Ele riu, mas manteve a câmera apontada para Gina.

— Você vem?

— Vocês podem ir — dizia Gina. — Acho que peguei um resfriado.

Ela cruzou os braços como se estivesse com frio e depois espirrou.

— Bebeu demais daquele vinho barato ontem à noite — comentou Stefen.

— Quer fazer o favor de afastar essa maldita câmera de mim? Cristo, você é um chato! — gritou Gina.

— Estamos ranzinzas hoje, não? — Stefen apontou a câmera para Lesley.

— Vamos só dar uma olhadinha — disse Lesley para Gina. — Já voltamos.

Stefen vasculhou a mochila e tirou dali uma lanterna. Lesley pegou a dela. Com Stefen na frente, ainda gravando tudo, eles começaram a descer os degraus.

No final da escada havia um túnel cheio de entulho, mas com espaço suficiente para passarem. Lesley direcionava o facho de luz para a escuridão. Dez passos adiante havia um túnel mais largo, que corria perpendicular ao primeiro.

Com muito cuidado, eles desviaram do entulho de tijolos e pedaços de concreto até chegarem a uma passagem mais ampla. A superfície era lisa e grande o suficiente para manobrar um carro ali dentro. Mais adiante só se via a mais completa escuridão. Eles direcionaram as lanternas em ambas as direções antes de Stefen indicar a direita.

— Vamos ver onde isso vai dar.

— Você primeiro — dizia Lesley.

O túnel entrava na rocha vulcânica uns 15 metros antes de se alargar em um aposento grande, que abrigava o que pareciam ser dois geradores de eletricidade.

— Lembram motores de locomotivas — comentou Lesley enquanto passava pelos volumosos restos de metal.

Moon pressionou o botão para adiantar a imagem novamente, acelerando nas partes em que Lesley e Stefen encontravam uma câmara com camas de alvenaria, todas em variados estados de decomposição. Depois eles retrocederam um pouco e seguiram pelo outro túnel, passando por banheiros e uma cozinha e depois por uma despensa. Foi quando Moon retornou o vídeo à velocidade normal.

Essa era a parte de que ela mais gostava.

Stefen direcionava a lanterna para a parede do fundo da despensa.

— Dê só uma olhada.

O vídeo revelava um buraco de tamanho considerável na parede — pedaços de concreto estavam espalhados pelo chão, embaixo dele.

Stefen aproximou-se do buraco e examinou as suas bordas irregulares.

— Parece ter desmoronado há pouco tempo, provavelmente por causa de um terremoto.

Ele dirigiu o facho de luz para dentro do buraco, iluminando o espaço ao fundo.

— O que acha disso?

Lesley aproximou-se.

— Uma despensa? Ou quem sabe um local de segurança para o caso de um ataque?

O que o vídeo mostrava era um aposento com paredes de concreto do tamanho de um modesto vestíbulo. No centro via-se um estrado de madeira. Em cima dele, viam-se cilindros perfeitamente empilhados que pareciam ter uns 8 centímetros de diâmetro por 25 de altura.

— Vinte e cinco – Lesley contou.

Esgueirando-se pela abertura, Stefen parou ao lado do estrado e levantou um dos cilindros.

— Não são de metal. Parecem mais de cerâmica.

Repondo o cilindro no lugar, ele correu a luz da lanterna pelo local. A um canto do estrado, um recipiente caíra e rolara de encontro à parede.

— Que droga, aquele deixou escapar um vazamento.

Ele apontou a luz para o chão, iluminando uma mancha escura e viscosa atrás do recipiente.

— Sabe-se lá o que tinha nessa porcaria. Quer levar um? Podemos ganhar um troquinho com relíquias de guerra.

— Esqueça. Pode ser tóxico. — O alarme no relógio de Lesley soou. — Precisamos fazer contato com o navio. — Ela desligou o alarme e passou pelo buraco na parede. — Lembre-se de que o comandante disse para usar o radiocomunicador portátil de hora em hora, para o caso de terem conseguido consertar o equipamento.

— Ele é pior do que uma mãe superprotetora — resmungou Stefen.

Lesley tirou o rádio portátil da mochila e acionou o comando de transmissão.

— Alô, *Pitcairn?*

Estática.

— Nunca vai funcionar aqui dentro — disse ela. — Precisamos voltar lá para cima.

— Vai indo. Preciso urinar. Alcanço você.

Quando Lesley se afastou, Stefen apontou a câmera para si mesmo.

— Nunca deixe passar uma oportunidade, é o que diz Stealthy Stefen. Essa droga logo estará no eBay assim que eu conseguir me conectar com a Internet outra vez.

A câmera oscilou quando Stefen se inclinou em direção ao solo.

Moon observou enquanto ele apanhava um recipiente e guardava na mochila. Ele ergueu a câmera de novo. Focalizando o próprio rosto, ergueu e abaixou as sobrancelhas como o Groucho Marx.

— Ninguém é mais esperto do que eu.

Com a câmera ainda gravando, Stefen esgueirou-se pelos corredores e túneis até alcançar Lesley.

Quando eles passaram pelos restos dos geradores, Lesley comentou:

— Vejo luz do sol vindo da entrada.

Um instante depois, subiram os degraus e saíram para a claridade do dia.

Stefen dirigiu a câmera para Gina, que estava recostada contra a parede, os olhos fechados.

— Dormindo no trabalho… — brincou.

Moon inclinou-se para perto da tela, sem querer perder um detalhe.

Gina ergueu a cabeça.

— Ei, você está bem? — indagou Stefen.

— Você não me parece muito bem, moça — comentou Lesley.

— De fato, me sinto muito enjoada — disse Gina. — Talvez tenha sido picada por um inseto ou coisa parecida.

— Duas doses de José Cuervo acabaram com ela — disse Stefen.

— Talvez não seja isso — discordou Lesley. Ela mordeu o lábio inferior e olhou para Gina.

— O que foi? — estranhou Gina.

Obviamente, notando o olhar da amiga e reagindo a ele, ela tocou a própria face; então correu o dedo pela linha do queixo. Afastou a mão e olhou para a ponta dos dedos.

Stefen chegou mais perto antes de rebobinar a fita.

— Minha nossa, Gina, tem sangue saindo da sua orelha.

Moon deteve a imagem, saboreando o que o vírus monstruoso era capaz de fazer — e tão rapidamente. Os três botânicos tinham pisado na ilha pela primeira vez apenas alguns dias antes de fazer aquele vídeo. E um deles já apresentava os sintomas. Ela sorriu ao pensar nas centenas de milhares de pessoas que em breve exibiriam os mesmos sinais das Agulhas Negras fatais. A garota do navio já estava morrendo. Em pouco tempo os outros seriam os próximos.

Moon levantou-se e aproximou-se do aparelho de vídeo. Tirou a fita e carregou a segunda.

Ela começava abruptamente com Stefen na sua cabina, obviamente bêbado. Ele encaixava a câmera em uma prateleira em frente e conversava com ela como se fosse outra pessoa no aposento.

— Aqui está o meu tesouro, encontrado hoje. — A voz soava arrastada depois de muita cerveja. — Uma porcaria de amostra de suco japonês. Quem sabe o que tinha aqui dentro ou que ainda tem. Só O Sombra sabe ao certo. Talvez seja um pigmeu alienígena ou, quem sabe, sim, quem sabe, uma poção secreta do amor que transforma as mulheres em prostitutas sedentas por sexo sem nenhuma inibição e milhares de fantasias.

Stefen começou a dançar com o recipiente enquanto entoava a canção *I Could Have Danced All Night*. A imagem dele entrava e saía de cena — o foco automático tentando acompanhá-lo enquanto ele se agitava pela cabina. Finalmente, ele caiu de costas e abandonou-se no beliche. Então deixou cair o recipiente, que se chocou contra a armação metálica do beliche. Stefen riu em meio à bebedeira.

— Merda — disse ele. — A piranha me ferrou.

Ele se inclinou para a frente, tentando manter o corpo ereto, mas ainda oscilando. Olhava fixamente para o chão.

— Filha de uma mãe. Olhe só para isso. A porcaria rachou. Quem vai querê-la agora?

Moon observou enquanto Stefen se arrastava pelo beliche e inclinava-se para recuperar o recipiente do chão.

— Provavelmente não vale mais merda nenhuma agora — praguejou enquanto recolhia o corpo de volta à cama.

Stefen abandonou-se sobre o beliche, com o recipiente ao seu lado.

— Cretino — dizia para si mesmo. — Que merda, Stefen, você poderia realizar os seus sonhos. — Os olhos dele se fecharam.

Moon congelou a imagem e murmurou:

— Obrigada, Stefen.

Monstro

Victor desfiou um rosário de obscenidades quando a luz do holofote demorou-se sobre o bote a remos. Cotten tentou se enfiar em algum lugar, mas não havia espaço onde se esconder. Eles estavam totalmente expostos. Em questão de segundos, ela ouviu o ruído grave e constante de um motor grande e potente. O som repentino de uma sirena cortou a noite e atravessou o rio como o estouro de uma manada, à medida que ecoava das duas margens.

— Merda! — exclamou Victor, inclinando-se para a frente. — Remem mais rápido, seus filhos da mãe!

Krystof e Alexei reagiram dobrando os seus esforços. Cotten ouvia os seus gemidos enquanto arrastavam os remos na água.

— Filho da puta — praguejou Ivanov da proa. — O desgraçado vai nos alcançar!

— O que é isso? — Cotten indagou a Victor.

— A barcaça do rio.

Cotten focalizou a escuridão e de repente viu o monstro vindo na direção deles. Com pelos menos 18 metros de largura, a barcaça cortava a água, empurrando um bigode de espuma pela frente da proa chata. A sua carga, provavelmente carvão, estava amontoada em pilhas altas sobre o convés. Então ela viu as luzes do rebocador por trás da barcaça. Milhões de toneladas estavam prestes a passar por cima do minúsculo bote a remos e esmagá-lo como se fosse um galho de árvore caído.

— Ai meu Deus! — lamuriou-se Cotten, cobrindo a boca com a palma da mão. — Será que não nos viram? Quer dizer, não dá para pararem?

— Seriam necessários quilômetros para parar uma barcaça dessas — falou Victor.

Ele se voltou para Alexei e Krystof.

— Vamos depressa com isso, bonecas de uma figa!

O ruído ritmado do motor a diesel do rebocador era acompanhado por um silvo. Cotten percebeu que era o ruído da onda na frente da barcaça ao ser empurrada pela proa à medida que essa avançava e cortava a superfície do rio. A imagem gigantesca encheu a sua visão, bloqueando todo o resto. O silvo se transformou num rugido.

O monstro estava em cima deles.

Com um esforço tremendo, Krystof e Alexei puxavam os remos, fazendo o bote cruzar o canto da frente da proa da barcaça. A superfície vertical de aço do monstro quase arranhou a lateral do barco — passou tão perto, pensou Cotten, que ela poderia estender a mão e tocá-la.

Ela sentiu o bote subir e se inclinar para a direta ao passar pela crista da marola provocada pela proa da barcaça. Quando ela estava prestes a ser arremessada para a água, pela lateral do bote, a onda passou e o bote deslizou no sentido contrário. Enquanto os dois homens continuavam a remar, levando o bote para longe da barcaça, Cotten observou a embarcação imensa passar por eles, seguida pelo martelar constante do motor do rebocador. Ela avistou o piloto em pé na casa do leme varrendo o rio à frente com o holofote.

— Segurem-se — gritou Ivanov.

Um segundo depois, a marola provocada pelo rebocador atingiu o bote a remos, elevando-o por cima da crista da onda. Cotten agarrou-se ao banco de madeira, dessa vez quase certa de que seria atirada na água escura e fria. Mas tão rápido quanto veio, a onda passou embaixo deles, e a pequena embarcação estabilizou-se sobre o rio.

Krystof e Alexei ofegavam como corredores de maratona enquanto Victor continuava a desfiar as suas imprecações. O coronel Ivanov levantou-se na proa observando o rio em todas as direções.

— Você é cego? — reclamou Victor na direção de Ivanov. — Como não percebeu uma coisa tão grande quanto um maldito rebocador?

— Cale a boca! — disparou Krystof, ainda resfolegando pesadamente. — O idiota pilota um rebocador tão mal quanto você manobrava um destroier russo.

— A sirena provavelmente acordou todo mundo num raio de quilômetros — observou Alexei.

Ivanov bufou.

— As sirenas tocam o tempo todo, de dia ou de noite. Não têm nada demais.

— Para mim, é melhor sairmos deste maldito lugar — falou Krystof.

Retomando os remos, os dois homens voltaram a remar.

Cotten observou as luzes verde e vermelha do rebocador diminuírem com a distância até finalmente desaparecerem na curva do rio. Em pouco tempo, a água se acalmou novamente, apagando todos os vestígios da passagem do monstro.

Porta dos Fundos

— Estamos a uns nove quilômetros do castelo — informou Ivanov, enquanto amarrava o cabo de proa do bote a uma árvore.

— Não parece muito ruim — admitiu Cotten. — Eu corro essa mesma distância no Central Park nos fins de semana.

— Esses serão os piores nove quilômetros da sua vida — falou Victor com uma risada. Ele e Alexei puxaram a rede por sobre o barco.

Cotten observou sob a luz de uma das lanternas que não se tratava de uma rede de pesca, mas de uma rede de camuflagem militar.

— Por que serão os piores? — ela quis saber.

Krystof ergueu o braço, como se fizesse uma saudação nazista.

— Só tem subida.

— Alexei vai perder uns vinte quilos no fim da escalada — ironizou Ivanov, dando uns tapinhas na barriga do amigo.

— Quem quer ser um magricela como você?

Alexei encaixou o fuzil de longa distância sobre o ombro. Carregando a sacola de suprimentos com a mão esquerda, ele acrescentou:

— Vamos antes que eu me sente sobre essa sua cabecinha.

Enquanto eles formavam uma fila com Ivanov na frente, Cotten percebeu que, apesar da linguagem tosca e da aparência grosseira, aqueles homens já idosos pareciam manter uma grande amizade e respeito uns pelos outros. Ela imaginou como teria sido quando estavam na melhor forma e possuíam o poder inquestionável da KGB soviética. E esperou que ainda tivessem disposição bastante para cumprir essa missão. Cada minuto que passava podia ser o último para John.

Subindo por um barranco íngreme, os cinco seguiram por uma trilha de caça através da floresta espessa por algumas centenas de metros antes de se afastar do rio. Imediatamente, a inclinação aumentou e o ritmo do grupo diminuiu. Era óbvio para Cotten que os homens já tinham seguido por aquela trilha antes — pelo menos Ivanov. Mesmo à pouca luz do céu nublado, eles seguiam em frente com confiança.

Enquanto uma neve suave caía, o caminho rochoso levava constantemente para cima. Na total escuridão, Cotten tentava redobrar o cuidado. Os passos com as botas folgadas não eram nada firmes. Várias vezes, Victor precisou segurá-la pelo braço enquanto subia atrás dela para impedir que se desequilibrasse e caísse.

Depois de meia hora, eles pararam para descansar. Cotten verificou o relógio — passava um pouco das nove.

— Como vocês conhecem este caminho tão bem? — indagou ela ao coronel.

— É uma velha rota — respondeu Ivanov, sentado numa pedra ao lado dela.

— Mas, se é velha, e vocês a conhecem, os homens com os reféns não a conhecem também?

— Pode ser — disse ele. — Mas eles não estão esperando quatro velhos agentes da KGB entrando pela porta dos fundos. Vão ter uma grande surpresa.

Ele se voltou para encará-la.

— Eles já estão mortos, só não sabem disso.

As palavras dele provocaram um calafrio em Cotten. Aqueles homens pareciam desgastados e com a aparência decadente que vem com a velhice. E ainda assim, a sua profissão tivera tudo a ver com a brutalidade e a morte. Ela imaginou quantos tinham caído sob as mãos deles, e era grata por não se encontrar do lado inimigo para experimentar os *talentos* daqueles homens.

Com um grunhido, Victor levantou-se e apontou para Alexei.

— Vamos lá, seu molenga. Vamos resgatar os amigos dessa dama. Levante esse traseiro gordo.

A trilha seguia por entre árvores frondosas e um terreno rochoso. Eles subiam com as costas vergadas, escalando cada vez mais alto por entre as montanhas. Pouco depois, as árvores começaram a rarear, abrindo caminho para cristas rochosas e verdadeiros despenhadeiros. Na escuridão, apenas com as lanternas para encontrar o caminho, a trilha era traiçoeira e escorregadia. Em outra breve parada para descansar, Cotten verificou o relógio: 22h44.

Quando a viu verificar a hora, comentou:

— Quem sabe os homens no castelo já estão dormindo? Melhor morrer sonhando.

O comentário despertou risos abafados entre os outros. Uma vez mais, Cotten agradeceu por estarem do seu lado. Ela continuava achando que essa era a única maneira de resgatar John. Se fosse preciso derramar sangue, isso seria justificado pelo que haviam feito aos guardas suíços. Olho por olho. Isso estava em algum lugar da Bíblia.

— Estamos quase chegando — Ivanov avisou para Cotten. — Logo você verá os seus amigos.

O grupo levantou-se e caminhou sobre a neve, subindo até a altura das nuvens.

O vento tornou-se mais feroz. Cotten tinha dificuldade para se manter em pé; enquanto se agarrava à face rochosa das escarpas, evitava ao mesmo tempo olhar para baixo. Estava escuro demais para ver a altitude em que se encontravam, e ela considerou isso uma bênção. Se pudesse perceber a altura de onde poderia cair, talvez fosse impossível continuar.

Cotten estava morta de cansaço. Sentia câibras nos pés e as pernas doíam de tanto levantar os sapatos de número maior. O vento conseguia atravessar até mesmo as suas roupas grossas. A extremidade do nariz, que despontava do orifício triangular da máscara de esquiar, estava entorpecida quando ela tocava. Precisavam chegar.

De repente, logo depois de passarem por uma projeção de granito, Ivanov fez sinal para pararem. Com o vento fustigando o corpo, Cotten viu-o apontar para cima. Esforçando-se para ver alguma coisa através da neve que caía, ela ficou assombrada ao divisar a construção que assomava acima deles. A sua silhueta escura formava uma massa gigantesca contra as nuvens carregadas de neve.

O Castelo do Lobo erguia-se da montanha, tão agourento e ameaçador para ela como devia ter sido, ao longo dos séculos, para todos os pretensos invasores. Em meio ao uivo do vento que rasgava a face das encostas, ela podia imaginar o castelo zombando dela.

A tarefa de promover um ataque repentino parecia impossível. Mas ela chegara até aquele ponto. Quando ninguém acreditava que conseguiria, agora estava tão perto de John que poderia chamá-lo. Não havia como voltar atrás.

— Da primeira vez que vi o Lobo, urinei nas calças — comentou Victor atrás de Cotten.

— Entendo por quê — retrucou ela, ainda olhando para a fortaleza imponente.

Krystof voltou-se e perguntou:

— Está pronta?

— Estou — respondeu Cotten.

Ele fez sinal para Ivanov e o grupo começou a prosseguir novamente.

Quando criou coragem, Cotten olhou de novo para cima. A rocha era quase um paredão vertical naquele ponto, com uma centena de metros de altura. Ela imaginou que, se alguém estivesse nas muralhas do castelo, não conseguiria ver o caminho. Um dia devia ter existido um caminho ou trilha ali, mas não era fácil identificar numa noite como aquela. Ainda assim, escondido entre as rochas e protuberâncias da montanha abaixo do castelo, havia um caminho perfeito para entrar na fortaleza ou fugir dali. Seria impossível penetrar na fortaleza com todo um exército, mas alguns homens podiam fazer isso facilmente.

O grupo passou por trás de uma grande pedra e parou. Cotten avistou uma grade de metal cobrindo uma abertura cortada na rocha. Teria talvez um metro de altura e um pouco menos de largura.

Ivanov ajoelhou-se e puxou a grade de ferro.

— Desgraçado — praguejou ele. Levantou os olhos para Alexei. — Bem, não fique aí só olhando, idiota. Venha me ajudar.

O homenzarrão agachou-se ao lado do coronel e juntos eles agarraram a grade com força. Com um poderoso puxão, ela cedeu e se abriu.

— Você tem algum problema com lugares apertados? — Ivanov perguntou para Cotten.

— E por acaso eu tenho escolha? — respondeu ela.

— Esta é a porta dos fundos — informou ele. — Vamos indo.

O coronel apertou a correia da sua AK-47, prendendo-a às costas. Então se enfiou no buraco. Quando os seus pés desapareceram de vista, Krystof prendeu o seu fuzil da mesma maneira e o seguiu. Alexei foi o terceiro, empurrando a sua sacola de suprimentos na frente.

Cotten e Victor permaneceram junto à parede rochosa com a neve rodopiando ao seu redor. Ela olhou para ele, mas só pôde ver seus olhos pela máscara de esquiar.

— Da primeira vez que passei por esse buraco, sujei feio as calças. — Ele deu uma risada e bateu amigavelmente no ombro dela. — Vai ficar tudo bem, desde que não tenha medo de ratos.

Sem saber se ria ou chorava, Cotten ajoelhou-se e entrou pela porta dos fundos.

Câmara de Tortura

O túnel que Ivanov chamava de porta dos fundos era pequeno e apertado. Arrastando-se com a ajuda das mãos e dos joelhos, Cotten sentiu o chão coberto de limo e pedaços de neve. Ela ouvia Alexei à frente resmungando e respirando pesadamente enquanto espremia o corpanzil através da passagem. De trás, o facho de luz da lanterna de Victor saltava para todos os lados de maneira imprevista, mostrando-se de pouca ajuda para que reconhecessem o caminho.

A passagem fora obviamente feita por mãos humanas — Cotten imaginou que poderia ter centenas de anos de idade. Depois de cerca de doze metros montanha adentro, ela se abria para uma fenda natural na rocha. O espaço não era mais largo do que o túnel, mas era alto o bastante para que ficassem de pé. O chão da caverna em forma de "V" era coberto de pedras, que formavam um piso áspero e desigual. Cotten olhou para cima, mas no escuro não conseguiu calcular a altura do teto.

O grupo seguiu em frente pelo caminho rochoso que continuava a subir, ziguezagueando pela montanha. Às vezes tornava-se mais largo, ao passo que outras vezes se estreitava, obrigando todos a se virar de lado e se espremer. Era especialmente difícil para Alexei.

Cotten ouvia o ruído da água pingando por toda a volta. Os fachos das lanternas refletiam-se na umidade, que vazava de incontáveis fissuras.

Depois de dez minutos de escalada, a fenda abriu-se em uma caverna pequena, que permitiu que os cinco se reunissem em pé. Uma enorme extensão rochosa plana formava o piso. Do lado oposto viam-se degraus esculpidos na parede, levando para algum lugar em meio à mais completa escuridão.

— Daqui para a frente, precisamos ser como fantasmas — comentou Ivanov. — Nada de barulho, nada de conversa.

— Falta muito ainda? — sussurrou Cotten.

— Não está longe. Vamos subir por um bueiro no porão. Lugarzinho desagradável esse porão. Muitos homens morreram ali. Depois seguiremos pela escada junto à muralha até a torre. Do alto da torre, Alexei vai fazer o seu trabalho. — Ele dirigiu o facho da lanterna para cada um dos rostos e depois para o relógio. — Meia-noite. Está na hora de Drácula e a KGB se enfrentarem. Estão prontos?

Cada um dos homens concordou, enquanto Cotten fez um gesto indeciso. Então Ivanov virou-se e começou a subir pelos degraus.

A subida foi lenta visto que os degraus eram íngremes e irregulares. E com a pedra permanentemente úmida e escorregadia, a subida era ainda mais traiçoeira.

Depois de cinco minutos de subida cautelosa, eles chegaram a um espaço retangular, grande o suficiente para que passassem agachados. O teto era uma grade de ferro semelhante à que protegia a entrada da porta dos fundos na escarpa da montanha. Ivanov desligou a lanterna e fez sinal para que os outros o imitassem.

O familiar ruído de água gotejando os envolvia por todos os lados. Cotten não teve dúvida de ter ouvido um guincho, e o ruído de arranhadura de garras no piso de pedra era inconfundível. Ratos.

Ivanov fez sinal para Alexei. Os dois se posicionaram e empurraram a grade com as costas, então a afastaram do caminho. Alguns segundos depois, todos estavam em pé no porão. Rapidamente, os homens empurraram a grade de volta à posição original.

Um cheiro acre invadiu as narinas de Cotten, enquanto ela estremeceu de frio. Sob os fachos das lanternas, ela viu cubículos estreitos alinhados na parede à direita. Cada um tinha uma porta de grades fechando a entrada. À esquerda ficava uma ampla área aberta com um punhado de mesas compridas de madeira. Ela avistou presilhas para punhos e calcanhares em cada uma das mesas e entendeu que ali era mais do que um porão. Era um calabouço — uma câmara de tortura.

O grupo seguiu em frente, tomando todo o cuidado para fazer o mínimo ruído possível. De repente, Ivanov levantou o punho e todos estancaram. Então ele indicou uma cela com a porta escancarada. Entraram ali, apertando os corpos uns contra os outros no espaço exíguo. Cotten permaneceu ao lado do coronel, na frente, com Victor, Alexei e Krystof atrás deles.

— O que foi? — sussurrou ela.

Por trás dela, a mão de Victor tapou-lhe a boca. Então ela ouviu vozes, pelos menos de duas pessoas, dois homens. As palavras vinham de longe e era difícil entender enquanto ecoavam nas paredes do porão.

— Este é um dos lugares mais assustadores que já vi — dizia uma das vozes.

Uma luz fraca rebrilhou em um canto à direita de Cotten. Os dois homens entraram na sua linha de visão e se dirigiram para a área contendo as mesas de tortura. Um levava uma lanterna e usava uniforme militar. O outro usava calça escura e um casaco pesado.

O lugar em que Cotten se escondia estava a apenas alguns centímetros da luz da lanterna dos homens. Se os dois se voltassem e caminhassem na direção dela, ela e os amigos ficariam expostos. Cotten sentiu Victor empurrá-la mais para dentro da área escura da cela.

— Este lugar foi o último na Terra para milhares — comentou o militar. — A começar por Drácula, até o ponto alto da Guerra Fria. Se ouvir com atenção — continuou ele com um riso nervoso —, poderá ouvir o eco dos seus gritos.

Ela os observou enquanto caminhavam pela câmara de tortura como se estivessem passeando por um museu depois do expediente. A certa altura, pararam de costas, a uns trinta passos dela.

— O padre não sabe bem o que aconteceu — comentou o militar. — Sugeri que foi o fantasma do Drácula que roubou a sua preciosa cruz.

— Seria um empecilho se fôssemos forçados a uma confrontação e ele ainda a carregasse — disse o outro homem. — O crucifixo é uma arma poderosa. E o padre teve a coragem de usá-lo contra nós no passado... em uma altercação contra o Filho do Amanhecer.

— Ele não me pareceu assim tão forte — disse o militar.

— Não se deixe enganar pelas aparências. Na maior parte do tempo, é decepcionante ver a quantos falta coragem. Mas, se muitos tivessem a força do bom cardeal, o nosso trabalho seria mais difícil.

— Fui informado de que a distração funcionou — comentou o militar. — A tal da Stone interrompeu a investigação.

— Até agora. Mas isso não significa que possamos baixar a guarda. Lembre-se de que o padre é o menor dos nossos problemas. Ele apenas serve como distração para manter o nosso alvo preocupado.

— Você está seguro de que os coreanos vão cumprir as suas metas no prazo?

— A cientista que lidera o projeto é movida pelo ódio, a forma mais verdadeira de motivação. Raramente vemos alguém tão consumido por ele. Ela vai concluir a tarefa. Mas está mal de saúde. Devemos nos assegurar de que não haja mais interferências até ela terminar.

— O que pretende fazer com a cruz? — quis saber o militar.

— Vou mantê-la escondida.

— Seria melhor destruí-la. Há um antigo poço perto dos estábulos do castelo. Livre-se dela lá.

— Excelente ideia. — O homem com o casaco envolveu-se com os próprios braços. — Obrigado, irmão, pelo passeio. Estava muito curioso sobre o calabouço do Drácula. Mas já vi o bastante. Além do mais, está congelando aqui.

Eles se voltaram para sair e, nesse momento, Cotten viu os rostos dos homens iluminados antes de desaparecerem. Ela não sabia quem era o militar, mas reconhecera o outro homem da foto do resgate. Ele era um dos padres sequestrados.

Um medo profundo transpassou sua alma como uma adaga afiada. Tanto o militar quanto o padre eram ou Nephilim ou Caídos. Isso significava que o puro mal a encontrara. Agora ela entendia por que John fora sequestrado e quem era o responsável.

O Filho do Amanhecer.

O Poço

— Nephilim ou Caídos — falou Cotten em voz baixa quando o eco das passadas se perdeu à distância.

— Silêncio — ordenou Ivanov num sussurro.

O porão estava mais escuro do que as trevas que Cotten sentia no coração. Ela fora enganada. Sabiam que ela não ficaria esperando que fizessem mal a John. Ela moveria mundos e fundos para conseguir o seu resgate. E o que eles queriam mesmo era que ela abandonasse, deixasse de lado a sua investigação sobre a T-Kup, Calderon e a conexão coreana. Agora esse se tornara o segundo problema mais importante da sua vida, depois de tirar John daquele lugar horrível. Mas primeiro ela deveria controlar as emoções. De algum modo, precisava fazer com que o coronel Ivanov e os seus amigos da KGB entendessem que estavam enfrentando muito mais do que gângsteres no Castelo do Lobo. Na verdade, os gângsteres seriam adversários até bem-vindos.

Mas como eles reagiriam? Certamente, achariam que ela tinha perdido o juízo. A explicação mais simples no momento seria a melhor. Qualquer explicação demorada envolvendo Deus e Satã e os Anjos Caídos os distrairia da sua missão. Mas, em algum momento, ela teria de encarar o padre e o homem trajando o uniforme militar. E, ao fazer isso, estaria confrontando a espécie do seu pai e a sua também — os Caídos ou Nephilim.

Ivanov empurrou a porta da cela bem lentamente. Depois de abri-la, esperou no escuro mais alguns momentos antes de acender a lanterna. Com cautela, deu um passo para fora. Encaminhando-se para a extremidade da fileira de celas, ele olhou na direção que os dois homens tinham tomado ao sair. Finalmente, fez sinal para que os outros o seguissem.

— Muito bem — falou Ivanov. — Agora vamos subir para o alto da torre. — Ele começou a subir um degrau.

— Coronel, eu reconheci um daqueles homens — falou Cotten.

— Eu também — falou ele. — O general de divisão Nikolai Borodin. Um general gângster importante no exército da ex-União Soviética. O tipo mais corrupto de todos. Não estou surpreso por encontrá-lo por trás disto.

— Bem, o outro homem é um dos reféns. Ele é um padre católico. Eu o vi na fotografia dos reféns enviada ao Vaticano pelos sequestradores. Agora sei que ele é um traidor, provavelmente responsável por preparar o sequestro.

— Tipos da mesma laia — comentou Victor com sarcasmo.

— Borodin é corrupto — confirmou Ivanov. — Agora esse padre também. Ambos precisam se encontrar com Deus esta noite.

Ele estava a ponto de se virar para assumir a liderança, mas parou e olhou para Cotten.

— Que palavra estranha foi aquela que você pronunciou lá na cela?

Ela pensou em mentir para não lhe tirar o ânimo. Mas em vez disso falou:

— Nephilim.

— O que significa?

— Descendentes dos Anjos Caídos.

— Interessante — falou ele.

Ivanov arqueou as sobrancelhas e balançou a cabeça, como se compreendesse.

— Os Nephilim morrem se tiverem o cérebro atravessado por uma bala?

— Sim.

Ele deu de ombros.

— Danem-se os Nephilim.

Acenando para que o grupo o seguisse, Ivanov prosseguiu pela câmara de tortura até uma escada de madeira, correndo o facho da lanterna pelo piso à frente. Cotten viu minúsculas manchas vermelhas quando a luz se refletiu na retina dos ratos capturados pela luz. Eles deram uma olhada e correram para se esconder na segurança da escuridão.

A escada era circular e subia por uns seis metros. O grupo chegou a uma plataforma de madeira e a uma grande porta maciça. Ivanov empurrou-a e ela se abriu com um rangido de dobradiças enferrujadas. Uma rajada de vento gelado entrou, atingindo Cotten de frente e fazendo-a perder o equilíbrio. Ela começava a oscilar na beira dos degraus, quando a mão forte de Victor a segurou e ajudou-a a se equilibrar.

— Obrigada — disse ela apertando o braço dele.

— Seria uma queda e tanto — comentou ele.

Um por um, eles se esgueiraram pela porta em direção à escuridão da noite. O vento uivava acima da montanha e soprava com força pelas muralhas do castelo. Agachando-se abaixo da borda do parapeito da muralha, o grupo esperou que Alexei tirasse das costas o fuzil com mira telescópica e abrisse a sacola de suprimentos.

Cotten ergueu-se o bastante para dar uma rápida olhada sobre a muralha. Viu a entrada principal à esquerda lá embaixo. Parecia que a ponte levadiça estava elevada. Além da torre onde se encontravam, ela viu três outras torres altas e redondas compondo uma fortaleza de formato poligonal. As ameias protegiam o que ela calculou ser no mínimo um hectare de construções de pedra e madeira. Dentro dos limites da fortaleza, os prédios principais tinham tetos inclinados que permitiam que a neve deslizasse. A maioria das construções era pontilhada com dezenas de janelas arqueadas. Viam-se algumas luzes por trás das janelas. O vento carregado de neve girava por cima da construção medieval, trazendo um frio e uma umidade que chegavam a doer.

Cotten observou enquanto Alexei pegava um cilindro comprido e fino da sacola e o encaixava na extremidade do cano do fuzil. Então ele tirou dali um instrumento de forma tubular que prendeu no alto da arma. Ela presumiu que fosse algum tipo de equipamento de visão noturna. Alexei pegou um carregador de cartuchos da sacola e encaixou-o na parte de baixo da arma. Puxando o ferrolho para trás, levantou-se devagar e fez pontaria por cima da cumeeira da muralha. Olhando através da mira, varreu todo o pátio abaixo. De um lado para outro, ele movia-se bem devagar, parando aqui e ali para examinar algumas áreas. Então regressou para a posição original, agachado.

— Dois homens no portão da frente — informou a Ivanov. — Um na muralha de trás.

— Comece por esse da muralha — ordenou o coronel.

Alexei levantou-se e tornou a apontar a arma.

Um instante depois, Cotten ouviu um estampido surdo e abafado.

Ele mudou a pontaria e dois rápidos estampidos ocos soaram em seguida. O barulho dos três tiros, juntamente com o som metálico das cápsulas caindo sobre o piso de pedra do passadiço, foram varridos pelo uivo do vento.

— Pronto — informou Alexei, como se tivesse acabado de esmagar um inseto.

— Fique aqui para nos dar cobertura — instruiu Ivanov. — Victor, desça até a ponte levadiça e permaneça em posição. Krystof, os reféns foram trazidos em uma limusine. Encontre-a e aqueça o motor. — Ele se virou para Cotten. — Está pronta?

Nunca estive tão pronta, pensou Cotten.

— Sim.

— Por aqui. — Ivanov guiou-a, juntamente com Victor e Krystof, descendo pelos degraus que se projetavam por dentro da parede das ameias. Ao chegarem embaixo, ele fez sinal para que Cotten o acompanhasse, enquanto os outros dois seguiam em direções diferentes. Quando ela e o coronel deram a volta numa das extremidades da enorme construção, ambos imobilizaram-se ao ver uma figura saindo do prédio e encaminhando-se para o pátio.

— Esse é o padre traidor — sussurrou Cotten. — Quero segui-lo.

— Isso seria um desperdício de tempo — protestou Ivanov.

— Mas eu preciso.

Ele deu de ombros, então esperou que o homem passasse por eles.

— Acho que sei para onde ele está indo — afirmou Cotten.

— E para onde seria?

— Para o poço, para livrar-se da cruz de John.

— Não temos muito tempo. Se nos atrasarmos demais, estaremos arriscando a vida dos seus amigos.

Sem hesitar, ela partiu atrás do padre. Ivanov deu um grunhido e seguiu-a.

Eles se esgueiraram pelas laterais dos prédios, permanecendo na proteção das sombras. Cotten parou quando viu o padre deter-se diante da abertura redonda de um poço ao lado dos antigos estábulos. Observou enquanto ele levantava uma das pranchas de madeira que cobriam a abertura e estender a mão.

— Me dê a sua pistola — sussurrou ela para Ivanov.

Ele pegou a arma e colocou na mão dela.

Corajosamente, Cotten adiantou-se até ficar a poucos metros do padre.

— Pare — ordenou, com o máximo de autoridade que conseguiu dar à voz.

O padre voltou-se, a cruz de ouro cintilando na corrente que pendia dos seus dedos. Olhando para Cotten, comentou:

— Você chegou cedo.

Resgate

— Me dê isso aí! — Cotten arrancou o crucifixo e a corrente, enquanto mantinha a arma apontada para o padre. — Você é jovem demais para ser o arcebispo Roberti. Portanto, imagino que seja Michael Burns.

— Você não pretende usar isto — falou ele.

Cotten fuzilou-o com o olhar enquanto guardava o crucifixo com a corrente no bolso. Então devolveu a arma para Ivanov.

— Não, mas o meu amigo sim, se não me levar ao cardeal Tyler.

— Abaixe a arma.

A voz veio de trás de Cotten e de Ivanov. Quando eles se voltaram, Ivanov exclamou:

— Borodin, seu grande sem-vergonha. Por que não estou surpreso por você ser o chefão por aqui?

— Como vai, Vladimir? — O general apontava uma pistola automática para o ex-agente da KGB. — O seu tempo já passou. Agora, entregue as armas.

— Eu lhe dou a oportunidade de se render — falou Ivanov. — Aceita a minha oferta generosa?

— E você acha que sou trouxa? — Borodin quase riu.

— Não — falou Ivanov. — Você me parece mais um homem morto. — Ele levantou o braço como um sinal e no instante seguinte uma nuvem vermelha apareceu ao lado da cabeça de Borodin.

Cotten ofegou quando percebeu o que Alexei fizera. A bala do fuzil de longa distância atravessara a cabeça do general, explodindo a parte de trás do seu crânio ao sair. Borodin caiu no chão como uma marionete cujas cordas tinham sido soltas.

O coronel Ivanov inclinou-se e tirou a pistola da mão do general. Voltando-se, ele a entregou a Cotten.

— Uma lembrancinha. — Em seguida, olhou para Burns. — Quer ser um homem morto também?

Burns ergueu as mãos num gesto de rendição enquanto olhava sobre o ombro dele, na direção do atirador.

— Leve-me ao cardeal Tyler. — Cotten levantou a arma e apertou-a contra o peito de Burns. — Nunca matei ninguém na minha vida — disse ela. — Mas estou disposta a começar esta noite.

Burns recuou, depois começou a caminhar na direção do prédio principal.

Quando Cotten passou por Ivanov, ele sorriu para ela com se dissesse que estava impressionado.

— O que será que ele quis dizer com "você chegou cedo"?

— Eles não esperavam que eu aparecesse assim tão rápido — respondeu Cotten.

— Talvez os Nephilim não sejam tão espertos — comentou Ivanov. Ele inclinou a cabeça quando o vento trouxe o ruído de um motor sendo acionado e depois funcionando. — Krystof encontrou a limusine.

Burns encaminhou-se para o prédio principal, mas o coronel o deteve.

— Não! Por aí, não. — Ele apontou para a lateral do prédio, não muito longe dos degraus por onde haviam descido para o pátio. — Vamos pela porta lateral.

Com Burns na frente, os três contornaram o prédio; os pés, provocando um rangido característico ao pisarem a neve recém-caída que cobria as pedras do piso.

— Aqui — comandou Ivanov, apontando para o pórtico.

Abrindo a porta, Burns conduziu-os por um corredor. O coronel direcionou a lanterna para a extremidade oposta. Em seguida, empurrou Burns e continuaram até parar no meio da cozinha do castelo.

— Onde estão os guardas? — quis saber Ivanov.

— Parece conhecer bem o lugar — comentou Burns. — Por que não descobre...?

Ivanov aproximou-se até ficar a centímetros do rosto de Burns.

— Não me importa se você é o próprio diabo e, segundo ela, deve ser. Mas já cortei as bolas de homens que aterrorizariam diabos como você. Diga onde ficam os guardas ou mais uma cabeça estará em jogo.

Burns recuou.

— Calma. Dois ficam no portão da frente, um no saguão de entrada e um nas ameias da muralha, e mais um no alto da escada guardando os prisioneiros. O motorista de Borodin e outro guarda estão dormindo nas acomodações dos criados.

— Assim está melhor — afirmou Ivanov, piscando para Cotten.

Burns virou-se para ela.

— Você não sabe com quem está lidando.

— Sei quem vocês são.

— Maldito idiota. — Ivanov agarrou Burns pelo ombro. — Vamos pegar a escada de trás para os quartos dos prisioneiros. Vá. — Ele empurrou Burns para a frente e eles atravessaram a cozinha até uma escada estreita. — Está muito silencioso — comentou quando começaram a subir.

Quando chegaram ao alto da escada, Ivanov disse a Burns:

— Abra a porta devagar. Se vir um guarda, chame-o para ajudá-lo.

Burns obedeceu. Quando ele abriu a porta, por cima do ombro dele Cotten avistou um corredor iluminado por algumas arandelas nas paredes. Do ângulo em que se encontrava, ela contou quatro portas, todas fechadas. Um homem estava sentado em uma cadeira no fim do corredor. Com a cabeça encostada contra a parede, ele parecia estar dormindo.

— Chame-o — Ivanov sussurrou para Burns. — E fale baixo.

Burns apareceu no corredor.

— Você aí — chamou-o quase num sussurro. — Você.

O guarda estremeceu, acordando, e sentou-se empertigado.

— O que foi?

— Borodin está precisando de você — falou Burns. — Agora.

O guarda se levantou, com a aparência de quem não acordara de todo. Começou a caminhar na direção de Burns. Quando se encontrava a poucos metros, parou de repente e olhou espantado para o peito. Uma mancha escura apareceu na camisa, enquanto os seus braços perdiam a força. Caindo de joelhos, ele desabou de bruços sobre o piso do corredor.

Ivanov apareceu no corredor, um fio de fumaça cinzenta escapando da extremidade do cano do silenciador da sua pistola automática. Ele se voltou para Burns.

— Qual o quarto?

Ainda vestido, John estava deitado na cama olhando para os desenhos sombreados que o fogo da lareira projetava no teto. De repente, ouviu um ruído vindo da porta do quarto. A fechadura estava sendo aberta e a maçaneta virou. Seria o visitante noturno outra vez?

Ele estendeu a mão para o pequeno abajur da cabeceira. No mesmo instante, viu a porta se abrir. Uma figura se destacava contra a claridade do corredor.

Ele acendeu a luz do abajur.

Michael Burns entrou com as mãos levantadas.

— Michael, o que está acontecendo?

Então John avistou uma segunda silhueta atrás de Burns — uma pessoa de compleição mais delicada, trajando roupas volumosas. O rosto estava oculto por baixo de uma máscara de esquiar.

Ele se sentou, jogando as pernas para fora da cama.

A pessoa franzina deu um passo à frente, com uma pistola em uma das mãos. A outra mão arrancou a máscara de esquiar.

John abriu a boca, chocado.

— Cotten!

Fuga

John pôs-se de pé e Cotten precipitou-se para ele, enlaçando-o com os braços.

— Graças a Deus — ela sussurrou.

John a abraçou com força.

— Como conseguiu me encontrar?

— Pela fotografia, com a sua mão no pescoço.

— Valeu a tentativa. Nunca imaginei que alguém descobriria. Uma pista tão idiota.

— Mas funcionou. Isso é tudo o que importa.

John olhou para Burns, depois para o outro homem parado na porta, um homem com uma pistola na mão.

— Quem quer que você seja, não sei como agradecê-lo por isto. — Então ele se voltou para Burns.

— Ele traiu todos vocês — informou Cotten para John. — Armou tudo.

Ivanov levantou a máscara de esquiar para exibir o rosto.

— Está na hora de partir.

— E o arcebispo Roberti? Ele está em segurança? — John perguntou para Burns.

— Está no quarto ao lado. — Burns apontou para a parede.

— Por que você fez isso? — John indagou.

— Ele é um Nephilim. — Cotten afastou-se de John para encarar Burns. — Toda essa coisa foi uma distração para me afastar da questão maior. Mas não funcionou da maneira como planejaram. Eles nunca imaginaram que eu chegaria aqui tão cedo.

Ivanov saiu para o corredor.

— Sinto estragar a reunião, mas precisamos ir.

John pegou o casaco.

— Vou acordar Luigi. — Ele saiu para o corredor com Cotten logo atrás. Detendo-se, viu o homem morto. Fez o sinal da cruz sobre o corpo e se dirigiu para o quarto ao lado.

— Querem que atire nessa porcaria de Nephilim? — Ivanov perguntou, enquanto apontava a pistola para Burns.

— Prenda-o no quarto — falou Cotten. — Se acharam que a prisão era boa o bastante para John, servirá para ele.

Ivanov trancou Burns no quarto, usando a chave que tirara do guarda morto. Depois acompanhou John e abriu a porta do quarto de Roberti.

— Luigi, acorde — chamou John.

Ele agitou o arcebispo até que o homem abrisse os olhos.

— O que está acontecendo? — O homem mais velho parecia aterrorizado.

— Você está seguro, Luigi. — John afastou o cobertor e ajudou-o a se levantar da cama. — Foi bom ter dormido com as suas roupas.

— Estava congelando — respondeu Roberti.

— Calce os sapatos e vista o casaco — falou John. — Vamos sair daqui.

— E quanto ao Michael? — lembrou Roberti. — Precisamos acordá-lo.

— Ele já está acordado — informou John. — Luigi, Michael nos traiu. Ele era um dos sequestradores.

Roberti arregalou os olhos e pareceu ainda mais confuso do que quando John o acordara.

— Impossível!

— Discutam mais tarde — interveio Ivanov.

Roberti olhou para o homem com a arma.

— Ele é um amigo — esclareceu Cotten.

Pela primeira vez, o arcebispo notou a presença de Cotten.

— Jesus Santíssimo, o que você está fazendo aqui?

— Ela e este homem vieram nos resgatar — explicou John. — Mas precisamos sair já. Por favor, Luigi, depressa. Explicaremos tudo depois.

— Isto deve ser um pesadelo — falou Roberti, amarrando os sapatos.

Ele se levantou e John ajudou-o a vestir o casaco.

— Tudo bem, estou pronto... acho.

— Por aqui — comandou Ivanov.

Ele os guiou para a escada que levava para o saguão de entrada.

— E quanto ao guarda da entrada? — Cotten indagou ao coronel. — Aquele de que Burns falou.

— Victor liberou-o do turno.

— Tem certeza disso? — insistiu Cotten.

Ivanov se deteve e voltou-se para ela.

— Confie em Vladimir, o futuro prefeito e chefão de Chisinau.

Ela sorriu.

— Perdoe-me, Vladimir. Confio a minha vida a você.

Ele olhou para John.

— Moça esperta. — Então virou-se e começou a descer a escada.

No fim da escada, eles entraram no saguão principal. À frente, próximo às portas principais, Cotten viu um amontoado escuro no chão. Parado ao lado estava Victor, com a pistola-metralhadora pronta para entrar em ação. Quando se aproximaram, Cotten percebeu a poça de sangue e o rombo no pescoço do guarda.

— Bom trabalho — comentou Ivanov.

— Eu o peguei dormindo em serviço — observou Victor com um sorriso.

Eles saíram apressados pelas portas e sentiram o golpe gelado do vento carregado de neve. Cotten avistou a limusine parada ao lado do portão de entrada, nuvens de vapor condensado saindo do escapamento. A ponte levadiça estava abaixada e Krystof encontrava-se no assento do motorista. Vindo da outra extremidade do pátio, Alexei correu na direção deles, o fuzil de longa distância nas mãos.

Todos chegaram à limusine quase ao mesmo tempo.

— Rápido — ordenou Ivanov. — Precisamos partir.

Tão logo eles se acomodaram dentro do carro, Krystof pisou fundo no acelerador e o velho motor rugiu, enquanto o carro saía em disparada pelo portão e atravessava a ponte.

Com ruídos surdos, balas atingiram o porta-malas. Ivanov voltou-se para olhar pela janela traseira.

— Os últimos dois guardas acordaram — comentou.

Cotten esgueirou a cabeça acima do banco o bastante para ver os clarões dos disparos enquanto os dois homens atiravam dos degraus do saguão principal. Mas tão rápido quanto as balas atingiram a velha limusine, eles passaram pela curva e desceram pela estradinha que levava ao sopé da montanha. Cotten recostou-se em John e descansou a cabeça em seu ombro.

Atrás deles, a silhueta imponente do castelo do Drácula desaparecia em meio à nevasca.

Revés

— Tenha cuidado, idiota — gritou Ivanov enquanto a limusine derrapava em uma curva fechada na estrada estreita da montanha. — Imagine a altura da queda.

— Quer dirigir, futuro prefeito e chefão? — Krystof lutava com a direção da limusine pesada.

— Quem são esses amigos tão pitorescos? — John indagou a Cotten, enquanto tentava manter o equilíbrio no assento de trás em meio aos solavancos do carro.

— Este é o coronel Vladimir Ivanov, agente reformado da KGB soviética, atualmente interessado em começar uma carreira na política. E esses são os seus colegas, Krystof, Alexei e Victor. Eu diria que eles também poderiam ter um futuro no governo local.

— Eu nunca trabalharia para um molenga como ele — comentou Alexei, indicando o coronel. — A menos que me tornasse diretor da inspeção das casas de prostituição.

— Só nisso que você é bom — observou Victor.

— Bem, seja o que for que fizerem no futuro — interveio Roberti —, não poderemos agradecer-lhes o bastante por ajudarem a senhorita Stone e vir nos resgatar esta noite.

— O resgate foi fácil — lembrou Victor. — O difícil mesmo será voltar para a Moldávia.

— Estamos quase no cruzamento — informou Ivanov para Cotten. — Precisamos ficar fora da estrada antes de passar pela fronteira.

— Será que os dois soldados que ficaram no castelo já não informaram os guardas da fronteira sobre a nossa fuga? — indagou Cotten.

— Pode ser, mas Vladimir é um cara esperto. — Ivanov deu um sorriso largo. — Enquanto eles procuram a velha limusine, nós voltamos pelo rio.

Krystof reduziu a velocidade enquanto faziam uma curva fechada para a esquerda e entravam em uma estradinha no meio da floresta. No terreno mais baixo, a neve caía com menos intensidade. A estrada dava uma volta de quase um quilômetro entre as coníferas à medida que descia suavemente. Por fim, terminava em um emaranhado de arbustos. Krystof apagou os faróis e desligou o motor. A pesada escuridão da floresta caiu sobre eles e envolveu o velho automóvel, enquanto o uivo do vento substituía o ruído do motor.

Ivanov voltou-se e observou pela janela traseira à procura de algum sinal de que haviam sido seguidos.

— Muito bem, todo mundo para fora — ordenou ele. — Não quero passar o resto da vida em um grande caixão de defunto russo.

O grupo desceu da limusine e se reuniu na frente do carro, tentando absorver as últimas ondas de calor que se irradiavam do bloco do motor.

— Victor e Alexei cubram a retaguarda — continuou Ivanov. — Krystof, assuma a ponta. Todos vejam bem onde pisam. Há muitas rochas ocultas sob a neve.

Apenas com a luz das lanternas e o luar para iluminar o caminho, eles desceram em ziguezague a encosta da montanha por um caminho invisível sob a rasa camada de neve. Embora a inclinação fosse razoável, o receio de torcer o tornozelo ou de tropeçar em uma raiz ou rocha oculta retardava o avanço do grupo.

Depois de quinze minutos, Cotten percebeu que reconhecia alguns pontos de referência nas rochas. Eles tinham voltado à trilha da montanha que levava ao Castelo do Lobo e à porta dos fundos. Em seguida, entraram em uma trilha de caça e deixaram o declive para trás. Uma centena de passos adiante, avistaram o reflexo da Lua sobre o rio. Descendo pela margem, pararam à beira da água. Diante deles encontraram o bote a remos, a rede de camuflagem em pedaços, o casco tão cheio de água que não se via a proa sob as ondulações suaves do rio.

Prendendo o fôlego, Cotten concluiu que estavam com problemas.

Como carpideiras em um velório, o grupo se reuniu em silêncio na margem, observando o bote meio afundado. O desespero, como o frio entorpecedor, apoderou-se rapidamente de Cotten e ela enfiou as mãos nos bolsos do casaco. Não podia acreditar que a sua sorte tivesse acabado depois de terem chegado tão longe.

— O que aconteceu? — quis saber John.

— Foi uma patrulha do rio — informou Ivanov. — O comandante do rebocador deve ter dado o alarme. Às vezes oferecem recompensas por denunciar contrabandistas. A patrulha atirou no fundo do barco para impedir que voltasse para a Moldávia.

— Existe outro barco que possamos usar? — indagou Roberti.

— Sem chance — disse Victor. — Pelo menos deste lado do rio.

— Poderíamos ir até a ponte e atravessá-la a pé? — indagou Cotten.

— Não sem os documentos necessários — desencorajou-a Ivanov. — A situação é ruim mesmo.

— E se os sequestradores não fizessem parte realmente do exército da Transnístria? — observou Cotten. — Acham que teriam notificado os guardas da fronteira sobre a nossa fuga?

— O cardeal Tyler disse que passaram pela fronteira sem embaraços. Isso indica que alguém ali participa da conspiração.

— Mas talvez nem todos — insistiu Cotten.

Ivanov deu de ombros.

— Borodin provavelmente não iria querer dividir o dinheiro do resgate com mais pessoas do que o necessário, certo? — continuou Cotten.

— É verdade. — Ivanov coçou o queixo. — O general era um grande sem-vergonha. Duvido que desperdiçasse dinheiro.

— Então o que precisamos é pegar o pessoal da fronteira de surpresa e esperar que quem estiver no comando não faça parte da conspiração. — Cotten pegou o telefone celular do bolso do casaco. — Quanto tempo vamos demorar para chegar a pé à ponte do rio Dniester?

— Uma hora, mais ou menos — informou Ivanov.

— Não podemos ir de carro? — indagou Roberti.

— É impossível voltar — falou Krystof.

— E para alguém vir de carro de Chisinau para a ponte: quanto tempo demoraria? — indagou Cotten.

— A mesma coisa — disse Ivanov.

Cotten abriu o celular e verificou a intensidade do sinal. Duas das cinco barras. Ela sorriu para os amigos.

— Já sei como vamos atravessar.

Travessia

Pouco antes do amanhecer, as nuvens grossas se adelgaçaram e abriram no leste. O nascer do sol produziu faixas douradas e alaranjadas no céu, fazendo a superfície do rio Dniester parecer em brasa. Até mesmo o vento acalmara, permitindo que o rio recuperasse o fôlego na sua jornada de 1.300 quilômetros da fronteira polonesa até o mar Negro.

Um dos quatro soldados estacionados no cruzamento da fronteira da Transnístria, na extremidade leste da ponte, voltou-se e admirou o espetáculo de luzes no céu, enquanto bebericava o seu café. Alguns metros além, um outro soldado verificava os documentos de um caminhão que trazia uma carga perecível da Moldávia. Pouco depois, o caminhão partiu e desapareceu após a curva da estrada ao longo da floresta.

Por ser manhã de domingo, o trânsito era fraco, mas aumentaria de intensidade ao correr do dia, com as famílias viajando para visitar os parentes.

Quando os guardas da fronteira começaram a se preparar para retomar a rotina matinal, um som rumorejante baixo e distante atravessou o rio. Um grande furgão fechado entrou na extremidade oeste da ponte. Trazia uma inscrição em letras douradas nas laterais e na frente em que se lia: *Satellite News Network*. No alto do veículo, via-se uma antena parabólica recolhida contra o teto. Tão logo o furgão chegou ao meio da ponte, um segundo apareceu mais atrás. Esse era do *Canal 1 — Ucrânia*. Um terceiro, da rede internacional alemã *Deutsche Welle*, entrou na fila, seguido por outros que ostentavam logotipos de redes da Rússia, da Romênia, da Itália e da Polônia. No momento em que o furgão da SNN parou diante da cancela da fronteira, 23 furgões de transmissão remota de redes de televisão internacional alinhavam-se sobre a ponte.

Quase imediatamente, as portas de todos os furgões se abriram e homens com câmeras portáteis de televisão no ombro saltaram à pista e encaminharam-se para os portões e para os guardas da fronteira. Os repórteres com microfones na mão apressaram-se a seguir as câmeras. Como flores de metal desabrochando, os pratos das parabólicas se armaram em posição de transmissão sobre os furgões. Mesmo a metros de distância, os repórteres já disparavam as suas perguntas aos gritos:

— Eles já chegaram?

— Onde estão os reféns?

— Quem é o responsável aqui?

— Como eles conseguiram escapar do castelo?

— Alguém foi morto?

— É verdade que Cotten Stone os resgatou?

— Havia agentes da KGB envolvidos?

O primeiro soldado deixou cair a xícara de café quando a multidão de repórteres e operadores de câmera o cercaram e aos outros guardas. Tentando estabelecer alguma ordem, ele ergueu as mãos e gritou:

— Esperem! Parem!

Tornou-se imediatamente o foco das atenções e os microfones foram apontados para o seu rosto. As perguntas chegavam até ele como projéteis disparados por metralhadoras.

— Silêncio! — gritou ele. — Um de cada vez. O que está acontecendo? O que vocês pensam que estão fazendo?

Um repórter à frente do grupo disse:

— Os reféns do Vaticano. Estamos aqui para cobrir a sua libertação do cativeiro.

— Não há nenhum refém aqui — retrucou o guarda. — Não apareceu nenhum...

— Olhem! — gritou um dos repórteres, apontando por cima do ombro do soldado.

Como no início de uma maratona, o grupo saiu correndo para trás dele. O guarda se voltou para ver o que chamava a atenção de todos. Um pequeno grupo de pessoas saía da floresta a algumas centenas de metros de distância. Pareciam todos cansados e desalinhados. Uma mulher liderava o grupo e alguns homens portavam armas.

Quando eles se aproximaram e foram cercados pela imprensa, o soldado gritou:

— Vocês não podem fazer isso. Não podem cruzar a fronteira sem a documentação necessária.

Um operador de câmera que passava parou e disse:

— O mundo inteiro está assistindo, meu chapa. Tome cuidado com o que diz.

Sorrindo de orelha a orelha, Ted Casselman observava em pé, no centro de controle da SNN, enquanto assistia ao vídeo transmitido da Moldávia. De vez em quando, relanceava o olhar para um dos técnicos na sala, apontava para o monitor e ria.

Ted assistiu ao arcebispo Roberti dizer:

— Mais uma vez gostaria de agradecer ao governo da Moldávia pela sua graciosa hospitalidade ao nos dar as boas-vindas aqui hoje. — Roberti encontrava-se nos degraus de entrada do prédio do Parlamento da Moldávia. Ao lado dele via-se o presidente da Moldávia, o embaixador americano, representantes do governo e o comandante das forças armadas do país. Uma neve rala caía sobre os cinquenta repórteres aglomerados em frente ao prédio.

— Como podem imaginar — continuou Roberti —, estamos ansiosos para continuar o trabalho que nos trouxe aqui. Esta tarde, vou me encontrar com o presidente e também com representantes da Ucrânia e da Transnístria para dar início a um diálogo visando à solução das disputas na fronteira. Estamos otimistas que o Vaticano possa ajudar na mediação das conversações para chegarmos a uma resolução pacífica das disputas.

— É isso aí, garota — falou Ted quando Cotten apareceu diante das câmeras para finalizar a reportagem.

Cotten, John, o coronel Ivanov, juntamente com Victor, Alexei e Krystof encontravam-se atrás da multidão de jornalistas e observadores. Os ex-agentes da KGB acenavam com orgulho, depois de serem informados pelo presidente da Moldávia de que seriam recompensados com medalhas de ouro pela sua bravura.

— Obrigado por nos divulgar na reportagem — Ivanov agradeceu a Cotten. — Vou começar a levantar fundos para a minha campanha agora que todo mundo ouviu falar de Vladimir.

— Só não se esqueça dos seus colegas — lembrou Cotten, fazendo um gesto na direção dos amigos dele.

— Ele vai se tornar o chefão todo-poderoso e torcer o nariz para os homens que fizeram o verdadeiro trabalho — observou Victor.

— Não se eu telefonar de vez em quando para saber como ele vai indo — comentou Cotten com um sorriso.

— Essa boa moça vai colocá-lo na linha — falou Alexei, dando um tapinha nas costas de Ivanov.

Escoltada pela polícia de Chisinau, uma limusine do governo estacionou.

— Chegou a nossa carona — falou John. Ele se voltou para Ivanov. — Muito obrigado. — Apertou a mão do coronel, depois as dos outros três homens. — Não sei como recompensá-los, todos vocês, por terem salvo a minha vida. — Depois de abençoá-los, antes de segurar a porta aberta para Cotten.

Ela passou os braços ao redor do coronel e beijou-lhe a face.

— Até mais, senhor Chefão.

— Até mais, Cotten Stone. Da próxima vez que quiser uma aventura emocionante, pode nos chamar. Até lá, estaremos entediados e prontos para uma nova carnificina. — Ele dirigiu-lhe um daqueles seus sorrisos largos. — Brincadeira.

Cotten abanou a cabeça fingindo desaprovação, depois abraçou os outros ex-agentes da KGB antes de entrar no carro.

Com as luzes azuis e vermelhas piscando, a escolta policial seguiu à frente da limusine, enquanto se afastavam do prédio do Parlamento. Cotten acenou para os amigos pela janela traseira. Quando se voltou para a frente, seu telefone celular tocou.

Verificando o identificador de chamadas, ela disse:

— Ted.

— Ei, você estava ótima. Todas as agências de notícias do mundo transmitiram a história do resgate.

— Então a minha teoria sobre Drácula não era tão absurda afinal?

— Você venceu esta rodada.

— Você levantou todas as informações sobre a T-Kup? — indagou ela.

— E como! Consegui uma reportagem sobre uma região remota da Amazônia no Brasil. Um antropólogo que acaba de regressar de uma temporada entre os índios para um trabalho de doutorado. Ele presenciou a morte de uma índia com os mesmos sintomas de Jeff Calderon.

— Então temos indícios que levam a uma outra vítima?

— Parece que sim — confirmou Ted.

— Faz alguma ideia do que isso tudo significa?

— Não tenho nada concreto ainda. Preciso que volte para retomar o trabalho.

— Estamos indo para o aeroporto. John precisa voltar para Roma e informar ao papa sobre o acontecido, depois irá para Londres para fazer o mesmo com o MI-5 e a CIA. Mas eu vou direto para casa. Conversamos amanhã.

— Cuide-se.

— Pode deixar. Acho que já ouvi isso antes... — Ela estava para fechar o aparelho.

— Cotten! — Ted chamou.

— Fale.

— Estou contente por você estar bem.

— Obrigada.

Encerrando a ligação, ela voltou-se para John.

— As coisas realmente estão começando a esquentar.

— Só o fato de Burns fazer parte das Trevas significa que estamos numa batalha. Vamos precisar de toda ajuda possível para enfrentar o que quer que eles tenham preparado para nós.

— Então você vai precisar disto. — Ela enfiou a mão no bolso do casaco e tirou dali a corrente de ouro com o crucifixo dele.

Paixão Oriental

Cotten e Ted atravessaram o agitado Departamento de Jornalismo, no oitavo andar da sede da SNN.

— Está ficando frio lá fora esta manhã — comentou ela, tirando o casaco quando entraram na sala dele.

Ted pendurou o casaco dela no mancebo ao lado do seu antes de fechar a porta e sentar-se atrás da escrivaninha.

— Ainda deve estar mais quente do que nas montanhas da Moldávia.

— Você nem faz ideia. — Ela sentou-se na poltrona, de frente para ele. — Nunca passei tanto frio em toda a minha vida, especialmente na encosta da montanha, diante do castelo do Drácula, no meio da noite. O vento tinha uma força assustadora e trazia tanta neve que ameaçava me lançar para dentro de um daqueles abismos de centenas de metros de profundidade. Isso fez da minha caminhada esta manhã um passeio de verão. — Ela notou o bule de vidro de café pela metade e uma caneca vazia sobre a mesa. — Você deve ter chegado cedo.

— Faço uma porção de coisas antes de o pessoal chegar. — Ele pegou um envelope pardo marcado com o nome dela. — A fama a segue como um cachorrinho de estimação.

— Todo mundo tem os seus quinze minutos de fama.

— Acho que você já passou dos seus quinze há muito tempo, garota. Todos os programas de entrevista estão querendo a sua presença... Leno, Letterman, até mesmo o pessoal da Oprah ligou. — Ele estendeu-lhe o envelope.

Cotten examinou distraidamente o conteúdo do envelope, que consistia em diversos bilhetes de recados.

— Sinto-me muito mais à vontade como entrevistadora.

— Eu sei. Acabe logo com isso. — Em seguida ele pôs um documento na frente dela sobre a escrivaninha. — Reuni aí uma reportagem inicial sobre a morte na Amazônia.

Cotten correu a vista pelo texto.

— Você acha que esse antropólogo, Pierre Charles, tem algum interesse?

— Quem sabe? Ele mencionou os mesmos sintomas que os de Calderon. Além do mais, assim como aqui, ninguém mais adoeceu. Pode ser uma possibilidade, mas acho que vale a pena dar uma conferida.

Cotten deu mais uma lida no relato.

— Aqui não diz muita coisa.

— Eu sei, mas você é boa quando quer ir mais fundo.

Ela relanceou o olhar para confirmar se a porta da sala estava mesmo fechada.

— Ted, há mais algumas coisas sobre as quais não lhe falei ao telefone. Quando me encontrava no calabouço do castelo, ouvi Burns e o general Borodin conversando. Eles falavam que toda aquela coisa de sequestro e resgate era para me afastar da investigação. Eles também se referiram a uma conexão coreana e a uma cientista que estaria envolvida em algum tipo de experimento secreto. Disseram que ela estava com problemas de saúde e não tinha muito tempo para concluir o que quer que estivesse fazendo. Então parece que temos pouco tempo para descobrir.

— E você acha que ela está ligada às mortes?

— Ainda não tenho certeza. Mas não lhe contei tudo.

— Ainda tem mais?

— Ted, você é uma das únicas pessoas no mundo que sabe sobre a minha... ascendência.

— Você quer dizer que isso tem a ver com os Caídos?

— Burns é um Nephilim. Não tive tempo de confirmar, mas desconfio que o general Borodin também era.

Ted inclinou a cabeça para trás. Arqueou as sobrancelhas enquanto esfregava o rosto.

— Se for esse o caso, então você precisa conversar com o antropólogo o mais rápido possível.

— Exatamente. Não numa entrevista por telefone. Quero ir até onde ele está, para conversar pessoalmente com ele. Vou ver se consigo um voo.

— Vou fazer melhor ainda. A diretoria lá em cima lhe deve muito depois de toda a publicidade que você nos deu na Moldávia. Vou conseguir autorização para que você vá a Gainesville num dos jatinhos da empresa. Em quanto tempo estará pronta para partir?

— Só preciso pegar algumas coisinhas lá na minha sala.

Ted pegou o telefone e ligou para a sua assistente.

— Preciso de um carro na entrada para Cotten Stone. — Ele relanceou o olhar para ela. — Por que ainda está aí?

Cotten manobrou em frente aos alojamentos dos estudantes da Universidade da Flórida e estacionou o carro alugado. Os alojamentos situavam-se a dois quarteirões do "Pântano", o apelido do Estádio Ben Hill Griffin, a sede da equipe de futebol americano da universidade, os Gators. Os apartamentos não eram grande coisa vistos de fora, mas pelo menos os universitários não precisavam pagar muito durante a sua estadia.

Ela subiu a escada até o segundo andar e bateu na porta do apartamento de Pierre Charles. Um instante depois, a porta se abriu.

— Senhorita Stone?

— Eu mesma — confirmou ela.

— Entre. Desculpe pela bagunça. Estive estudando durante a semana toda para voltar para outro curso de graduação.

O antropólogo usava chinelo de dedo, calça de abrigo laranja dos Gators e uma camiseta com a estampa da nave estelar *Enterprise* na frente. Ele tinha olhos escuros e cabelo encaracolado desgrenhado, mas um sorriso acolhedor.

Olhando ao redor, Cotten verificou que o apartamento estava até arrumado. Nem de longe lembrava um daqueles aposentos que se viam em fotos de revistas de decoração, mas certamente era um exemplo clássico de beleza funcional. Numa tradição universitária que remontava havia décadas, as prateleiras eram de alvenaria e madeira. O piso era de madeira legítima, mas carecia de melhor tratamento. A seu favor, ele estava limpo. A mobília era esparsa e simples.

— Senhor Charles, agradeço por ter concordado em me conceder a entrevista.

Apesar do pitoresco sotaque francês, Cotten achou que o inglês dele era perfeito.

— Por favor — o rapaz falou. — Pode me chamar de Pierre. Para mim, é uma honra recebê-la, senhorita Stone. Assisti ao seu programa várias vezes na televisão e acompanhei as suas aventuras emocionantes. Recentemente, um autor não a chamou de Indiana Jones de saias com credencial de jornalista?

— Eu tenho mesmo uma credencial de jornalista — respondeu ela com uma risada. — Mas temo que o resto seja apenas ficção.

— De qualquer maneira, você tem um certo talento para sair nas manchetes. Bem, por que não se senta?

Com um gesto ele indicou um pequeno sofá forrado com uma capa azul. Cotten sentou-se e pegou o gravador digital portátil.

— Importa-se se eu gravar a entrevista? Não confio muito na minha memória.

— Por mim, tudo bem.

— Está certo então, Pierre. Poderia me contar sobre a morte misteriosa que testemunhou na Amazônia? Comece pelo princípio. Sei que já conversou com alguém da SNN. Mas gostaria de ouvir a história toda eu mesma. Tudo bem?

— Tudo bem.

— Comece quando quiser. — Cotten ligou o gravador.

Pierre limpou a garganta.

— Eu estava numa aldeia ianomami havia mais de dois anos. Durante esse tempo, nunca vi muitas pessoas doentes. Nem mesmo com um resfriado comum. Aquela gente é tão pura, sem nenhum contato com o resto do mundo. — Pierre esfregou os joelhos. — Odeio pensar no que esta reportagem possa causar a eles. Eles precisam ser protegidos.

— Infelizmente, a notícia já se espalhou. Estou só tentando descobrir a origem da doença, acredito que como todo mundo. O caso que você citou não é o único dessa natureza, e é por isso que muitas pessoas já estão preocupadas.

— Entendo. — Ele fechou os olhos e abanou a cabeça como se a lembrança fosse forte demais. — Foi uma coisa terrível. *Catastrophique*.

— Conte o que aconteceu. Que idade tinha a vítima e por quanto tempo ela ficou doente?

— Ela devia ter uns 30 anos, talvez menos. Não sei dizer. Ela vinha se sentindo mal havia vários dias e o pajé da aldeia cuidava dela. A princípio ela teve uma febre, dor de cabeça, calafrios e dores musculares. Então começaram as erupções no corpo. Mas ainda assim não parecia ser uma doença mórbida. Não prestei muita atenção depois disso, mas depois me contaram que ela tinha acessos de vômito e delírios. E no fim, que foi quando a vi, foi um horror. — Pierre esfregou o rosto com as mãos. — Foi a pior morte que já vi. Ela sangrava pelo nariz, pelas orelhas e pelos olhos, teve uma diarreia sanguinolenta, saía sangue por todos os orifícios do corpo. Horrível. Horrível.

Pierre estremeceu visivelmente ao se lembrar e olhou ao longe.

— Você deve saber que eles têm como prática funerária cremar os seus mortos, depois trituram e pulverizam os ossos e fazem uma bebida com eles. Eles acreditam que com isso mantêm os seus entes queridos com eles para sempre. — Ele olhou para Cotten. — Não tive coragem de tomar parte nisso, embora me convidassem.

— Imagino por que... E você disse que ninguém mais na aldeia tinha adoecido ou veio a adoecer segundo o seu conhecimento?

Ele balançou a cabeça.

— Nem mesmo o pajé, que teve um contato mais próximo com ela. Ele respirava seu hálito, encostava a boca no nariz e na boca da jovem. Não contraiu a doença, nem mais ninguém da aldeia. Ainda demorei alguns dias para sair de lá. Estava morrendo de medo. Mas ninguém apresentou os sintomas. O pajé me culpou, não a mim pessoalmente, mas disse que aquilo era coisa do meu mundo, referindo-se à cultura de fora que tinha se infiltrado na sua aldeia distante.

— Aconteceu alguma coisa incomum na aldeia antes de a mulher vir a adoecer?

— Não, nada.

Houve uma pausa na conversa. *Isso parece que não vai dar em nada.* Cotten percebeu que Pierre não tinha mais respostas além das que ela mesma já tinha. Ele era apenas uma testemunha do quanto a doença era horrível, exatamente como ela havia sido.

— Consegue se lembrar de mais alguma coisa? — indagou ela.

— Nada. Sinto muito.

— Então agradeço pelo seu tempo. E devo dizer que admiro a sua preocupação em proteger aquela gente. O homem tem feito muito mal em nome das pesquisas e do progresso.

— Você está certa. Tive exatamente a mesma conversa com um antropólogo que passou pela aldeia mais ou menos uma semana antes de isso acontecer. Dong-yul concordou comigo. Tivemos uma boa discussão sobre o assunto.

— Dong-yul? — Uma torrente de adrenalina correu pelas suas veias. — Que nome interessante.

— É coreano. Ele disse que o seu nome significava Paixão Oriental.

Luther

— E, finalmente, como noticiamos — a âncora do noticiário da SNN informou —, vocês devem se lembrar de um incidente que aconteceu recentemente aqui mesmo nos nossos estúdios de Nova York.

Uma imagem sanguinolenta projetou-se eletronicamente sobre o ombro dela.

— Este homem, identificado como um ex-vendedor de produtos farmacêuticos, Jeff Calderon, desfaleceu no saguão da SNN e depois morreu do que pareciam ser os últimos estágios de uma infecção misteriosa e extremamente letal. O desaparecimento posterior do seu corpo antes que as autoridades pudessem realizar a autópsia ainda está sob a investigação da polícia de Nova York e das instituições de saúde e do Centro de Controle de Doenças de Atlanta. Em razão da gravidade dos sintomas do senhor Calderon, as autoridades naturalmente preocupam-se com a saúde da população. Até recentemente, nenhum outro caso havia se manifestado. Agora, numa reportagem especial, com a palavra a nossa correspondente especial, Cotten Stone.

Luther Sutton recostou-se na velha cadeira de balanço e bebeu o último gole de cerveja da lata. Sentia-se morto de cansaço e as costas doíam como nunca. Varrer a neve, cortar a lenha, muitas das suas tarefas cotidianas só faziam agravar a dor na parte inferior das costas. E o vento de West Virginia tornava a sua artrite insuportável. Alguns dos netos adolescentes precisariam aparecer para ajudá-lo. Mas desde que tinham enterrado Big Thelma, ninguém mais ousara aparecer. A doença de Thelma distanciara a família de tal maneira que Luther não tinha nenhuma esperança de que ela voltasse a se unir.

Ele começou a se levantar para ir claudicando até a cozinha em busca de outra latinha de cerveja, mas se deteve quando algo chamou a sua atenção no velho televisor. Uma repórter falava sem parar sobre uma índia da América do Sul que morrera de uma doença horrível. Ele reconheceu a repórter. Stone era o nome dela. Tinha aparecido outras vezes na TV.

— Portanto a única conexão que temos até o momento — dizia Cotten — são os sintomas excepcionalmente graves exibidos pelo senhor Calderon e a índia ianomami. O antropólogo Pierre Charles classificou-a como a pior morte que já testemunhou na vida. Ele disse que ela sangrava pelo nariz, pelas orelhas e pelos olhos, apresentou diarreia sanguinolenta e vazava sangue por todos os orifícios do corpo. Os especialistas do Centro de Controle de Doenças de Atlanta estão pedindo a colaboração da população na tentativa de determinar se mais alguém tem notícia de casos semelhantes. Se alguém tiver alguma informação, por favor entre em contato com o CCD no número que aparece na tela ou pelo nosso site, em w-w-w-ponto-satellite-news-ponto-organização, para mais informações.

Luther soltou um grunhido e retomou o esforço de se levantar da cadeira. Lentamente, apoiou as mãos cansadas nos braços da cadeira e pôs-se de pé. Com dificuldade, arrastou as botas empoeiradas sobre o assoalho de madeira gasta, enquanto se arrastava para a cozinha. Abriu a velha geladeira e apanhou com os dedos ossudos mais uma lata de cerveja; arrancou o lacre e engoliu metade do conteúdo.

— Pode ser que queiram exumá-la — disse para si mesmo. — O resto da família não vai permitir.

Apoiando-se no tampo do antigo armário de fórmica azul e branca da cozinha, bebeu o resto da cerveja de um gole. Ninguém além dele e o irmão mais novo, Ellis, vira o estado dela no fim. Os outros não sabiam como fora horrível. Eles não sabiam sobre a doença do diabo.

Deixando a lata sobre a mesa, ele se encaminhou para o telefone de parede e tirou o fone do gancho.

Morto na Água

Na manhã seguinte, Cotten encontrava-se na sua sala, analisando os fatos que tinha reunido e as suspeitas em relação à investigação. Depois da entrevista em Gainesville com Pierre Charles, não havia dúvida de que havia uma ligação entre as mortes de Calderon e da índia ianomami, a T-Kup, as Agulhas Negras e a Coreia do Norte. A pergunta mais importante era: que ligação era essa?

Ela se voltou para o computador de mesa e procurou no Google páginas na Internet sobre vírus hemorrágicos. O primeiro link indicado era sobre o Ebola.

O Ebola é uma dos grupos de febres virais hemorrágicas mais letais que existe; ele começa com febre e dores musculares e progride até o ponto em que o paciente fica muito debilitado, sofre de dificuldades respiratórias, sangramento grave e falência dos órgãos. A fonte do vírus ainda é desconhecida. Esse vírus é transmissível por contato direto com o sangue infectado, fluidos corporais e sêmen.

Cotten brincou com o lápis-borracha sobre a escrivaninha antes de clicar no botão de retorno do navegador. Verificou outros links sobre vírus hemorrágicos como o Marburg e o Omsk. O Marburg era transmitido como o Ebola. O Omsk, porém, não podia ser transmitido de um ser humano para outro. A transmissão do Omsk era pela picada de carrapato, mas também havia a possibilidade de transmissão direta por uma espécie de rato ou por água contaminada. Não era tão mortal quanto o Ebola ou o Marburg, e estava praticamente confinado à Rússia.

Ela leu sobre outros, mas nenhum se encaixava. A coisa mais espantosa a respeito de Calderon e a índia amazônica era que ninguém por perto contraíra a doença. Os casos estavam isolados àqueles dois indivíduos. Calderon provavelmente era sexualmente ativo e um viciado sem um tostão no bolso; portanto, era provável que compartilhasse agulhas. Então onde estariam as parceiras sexuais ou companheiros de vício contaminados? Ele poderia ter sido contaminado por um carrapato, mas haveria outros que também teriam sido. E quanto à mulher amazônica? Pierre dissera que ela aparentava uns 30 anos de idade, então provavelmente teria um parceiro sexual, e o tratamento do pajé certamente o deixaria exposto à doença. Cotten imaginava que deveria haver carrapatos na Amazônia, mas por que a índia seria a única a contrair a doença? E o que eram as Agulhas Negras? Será que era o nome da doença? Ou essas palavras não passavam do delírio de um moribundo? Até onde ela sabia, não existiam casos documentados de infecções múltiplas que combinassem com os sintomas...

— Mas que droga! — Cotten deixou cair o lápis-borracha, que rolou até a extremidade da escrivaninha. Então ela pegou o telefone e ligou para Ted.

— Tudo bem, pode rodar — disse Ted depois de pressionar o botão do intercomunicador do telefone. Ele e Cotten estavam sentados na sala de reuniões particular dele. Na parede à frente havia um grande monitor de vídeo de tela plana.

Um técnico do centro de distribuição de vídeo da SNN, dois andares abaixo, acionou o aparelho para exibição do vídeo. Quando a imagem ganhou vida no monitor de plasma, Ted girou a cadeira para assistir.

Um letreiro eletrônico apareceu: *Entrevista com W. J. Phillips. C. Stone. Mayport, Florida. Câmera 1. Cassete A. 12 minutos. NTSC. Satellite News Network.*

Cotten viu-se sentada em uma cadeira, na frente da que era ocupada pelo capitão de fragata da Marinha americana Walter J. Phillips. Era uma entrevista que ela conduzira anos antes. Ela e Phillips estavam cercados por meia dúzia de luzes montadas pela equipe dela. Grandes placas de isopor branco haviam sido montadas sobre tripés para refletir a luz suave sobre Cotten e o oficial naval.

— Estamos prontos? — indagava Cotten no vídeo.

— Quando quiser — respondeu o operador de câmera. — Estamos rodando e prontos para gravar.

Cotten voltou-se para o oficial.

— Obrigado por nos conceder o seu tempo para a entrevista, comandante Phillips.

— Estou feliz por estar aqui — respondeu Phillips, sentado muito ereto com o seu uniforme branco. Ele era um oficial com dezenove anos de experiência no mar. O seu comando naquele momento era uma fragata de mísseis da classe Perry denominada USS *Robert G. Bradley.*

— Gostaria de começar perguntando como se sente ao provocar um incidente internacional. Ainda há processos judiciais pendentes e protestos internacionais contra a Coreia do Norte em relação aos motivos pelos quais eles não devolveram os corpos que se encontravam a bordo do *Pitcairn*.

— Na ocasião, não pareceu tão excepcional — respondeu Phillips. — O encontro não demorou mais do que uma hora. Quando acabou, tínhamos documentado tudo, enviado ao Comando do Pacífico e retomado a nossa atividade de patrulhamento. Não acho que alguém tenha previsto que os norte-coreanos se recusariam a liberar os corpos.

— O senhor acha que eles simplesmente queriam provocar os Estados Unidos?

— Quanto a isso, os políticos decidirão, senhorita Stone. No que me dizia respeito, o incidente estava encerrado e não era mais da minha alçada. Foi só depois que soubemos da controvérsia, quando o assunto apareceu no noticiário.

— Pode me contar o que aconteceu?

— Estávamos nos dirigindo para a costa ocidental da Coreia do Norte depois de zarpar da base naval da Coreia do Sul, em C-F-A Chinae. O tempo estava instável. Uma frente fria bastante forte passara naquela manhã e ainda havia intensas rajadas de vento e tempestades. Pouco depois do meio-dia, o pessoal de comunicações alertou a ponte de comando de que tinha recebido um pedido de socorro. O sinal vinha de um ponto a doze milhas do nosso boreste.

— Na direção da costa comunista?

— Correto. O meu imediato disse que se tratava de um alvo nitidamente estacionário. Pedi que ele mostrasse as coordenadas no meu monitor de vídeo e depois usei os binóculos para esquadrinhar a água na direção do contato. Uma linha de borrascas dificultava a visão no horizonte com uma parede de chuva e não vi nada. Pedi ao radar para confirmar se havia outras embarcações na área.

— E havia? — indagou Cotten.

— Dois barcos de patrulha norte-coreanos a cerca de 22 milhas da nossa posição. Ordenei que o navio mudasse de curso e seguisse na direção do lugar de onde vinha o pedido de socorro. Também ordenei que a tripulação do nosso helicóptero Sikorsky Seahawk se preparasse para partir caso precisássemos lançar uma missão de busca e salvamento. Por fim, localizamos a silhueta indefinida de uma embarcação que surgia do meio da chuva. Ele derivava em meio aos vagalhões, aparentemente sem rumo. Naquele momento, reduzimos a marcha a um terço e nos aproximamos uns 500 metros do alvo.

— Avistaram algum sinal de vida?

— Nenhum. Eu pensei que encontraria uma tripulação em pânico, a fumaça de uma explosão ou sinais de fogo a bordo. O que vi foi um navio sem vida vagando em meio à chuva.

— Conseguiram identificar a embarcação? — Cotten insistiu.

— Não demorou muito para isso. Tratava-se da embarcação de pesquisa da Oceanautics, o *Pitcairn*. Porto de registro, San Diego. O nosso banco de dados mostrou que tinha uma tripulação regular de seis pessoas e um contingente de doze estudantes e cientistas. A Oceanautics foi contatada e confirmou que estava realizando pesquisas de arrasto em alto-mar e investigações botânicas em diversas ilhas, e que o navio já devia ter chegado em seu destino, em Dandong, na China.

— Então o senhor ordenou a partida do helicóptero de busca e salvamento?

— Sim. O Seahawk fica estacionado no nosso convés de ré. Tem um piloto, copiloto e dois agentes especiais do SEAL, da Marinha. O Tango X-Ray... a denominação em código do Seahawk... decolou e deu três voltas em torno do *Pitcairn*. As suas câmeras de vídeo transmitiram imagens bem aproximadas para nós. Quando avistamos os corpos no convés, chamamos o Seahawk de volta e equipamos os agentes do SEAL com os trajes especiais de precaução de segurança de nível A, ou "fantasia de coelho", como eles costumam chamar. Veja que não sabíamos se as pessoas no navio estavam mortas, feridas, doentes ou o quê. Naquele momento podia se tratar de qualquer coisa, incluindo uma doença contagiosa, ou eles podiam ter entrado em contato com alguma toxina letal. O equipamento de nível A é completamente isolado do ar. Tomamos todas as precauções, e ainda bem que o fizemos. Depois de equipar os SEALs...

— O nome deles era Bennet e Richards?

— Correto. Eles tornaram a embarcar no Seahawk. O *Pitcairn* era uma embarcação de pesquisas razoavelmente grande, e também tinha uma base de pouso de helicópteros na popa. O Tango X-Ray pousou no *Pitcairn* e os SEALs desembarcaram. Quando eles estavam em segurança no convés do navio, o piloto subiu com o Seahawk e ficou pairando a distância. Usando o vídeo captado pelo Tango X-Ray, eu podia ver os meus homens dirigindo-se para a escada que levava à ponte de comando do navio.

— Quem foi o primeiro a relatar o que tinham encontrado?

— Bennet. Ele disse que parecia que todos a bordo estavam mortos. — Phillips balançava a cabeça, obviamente em reação às lembranças. — Pedi que ele repetisse a mensagem, e ele disse que estava procurando sinais de vida mas que as coisas não estavam nada bem.

— Quantos corpos foram encontrados?

— Até aquele momento, quatro... dois no convés e dois no passadiço. Ele achava que aqueles quatro fossem o comandante e outros tripulantes.

— Os seus homens encontraram sinais vitais em alguma das vítimas?

— Nenhum. Então Richards falou pelo rádio que descobrira mais seis corpos no piso abaixo do convés. Disse que pareciam ter a idade de universitários ou um pouco mais velhos. Deviam ser os estudantes e os cientistas.

— Em que condições encontravam-se os corpos?

— Ele relatou que a carne tinha ficado amarelada e que havia sangue coagulado ao redor das narinas, boca e orelhas.

— Mas, se todos estavam mortos, quem mandou o sinal de pedido de socorro? — Cotten indagou no vídeo.

— Bennet o achou na mesa da sala de rádio... um daqueles transmissores portáteis de mão. Ele relatou que um dos mortos estava no chão. Provavelmente a pessoa que acionara o sinal. E disse que parecia ter havido um certo incêndio no painel de rádio. Pode ser por isso que não enviaram um pedido de socorro por uma frequência de rádio normal.

— Naquele momento, os seus homens conseguiram determinar a causa das mortes? — indagou Cotten.

— Negativo. Bennet disse que todos os corpos mostravam os mesmos sinais de hemorragia excessiva de todos os orifícios.

— Então quando os torpedeiros coreanos armados de mísseis apareceram?

— Logo depois de Bennet avaliar a situação dos corpos, recebemos um comunicado por rádio. A voz identificou-se e nos informou de que nos encontrávamos em águas norte-coreanas. Declarou que estávamos violando as leis internacionais e exigia que invertêssemos o nosso curso e partíssemos imediatamente.

— Isso deve tê-lo pego de surpresa.

— Senhorita Stone, eu fiquei tão preocupado com a descoberta dos mortos, que por um momento me esquecera dos coreanos. O radar informou à ponte que havia dois alvos... torpedeiros Houdong armados com mísseis. Eles vinham direto na nossa direção. Eu ordenei que o radar confirmasse a nossa localização.

— Então vocês estavam definitivamente em águas coreanas?

— Estávamos navegando a uma velocidade constante 250 metros dentro do território deles, mas a corrente oceânica empurrava o *Pitcairn* em direção à costa. A embarcação já derivara quase uma milha além da fronteira.

— E foi então que receberam a segunda advertência?

— Eles disseram que era a advertência final, que estávamos violando a soberania territorial da República Democrática Popular da Coreia, e que devíamos inverter o nosso curso e partir imediatamente ou seríamos atacados.

— O senhor acha que eles se arriscaram demais ameaçando um navio de guerra americano? — indagou Cotten.

— Sim e não. Naquele momento, o radar confirmava que havia mais dois torpedeiros com mísseis se aproximando. Então estávamos próximos dos alvos e o fato é que *realmente* havíamos invadido o território deles. Parecia certo que as pessoas no *Pitcairn* estavam mesmo mortas, então não havia nada que pudéssemos fazer por elas. A minha preocupação principal naquele momento era com os meus dois homens a bordo da embarcação da Oceanautics e também com o meu navio e a minha tripulação. Provocar qualquer tipo de conflito armado naquela altura não teria mérito nenhum.

— Então ordenou que Bennet e Richards abandonassem o *Pitcairn?*

— Não tive escolha. O Tango X-Ray pousou na embarcação e resgatou os SEALs. Assim que os vi em segurança dentro do helicóptero, disse à sala de comunicações para avisar aos norte-coreanos de que estávamos obedecendo às suas exigências. E instruí ao leme para nos tirar das águas coreanas.

— O fato de precisar partir assim deixou-o muito irritado?

— Eu teria preferido terminar a busca no navio para ver se havia algum sobrevivente.

— É claro, agora sabemos que não havia nenhum — observou Cotten.

Phillips deu de ombros como se não tivesse certeza.

— Vocês conseguiram manter contato visual com o *Pitcairn* e as embarcações coreanas?

— Pelo maior tempo que pudemos. Seguimos a oeste até nos encontrar em águas internacionais antes de partir. Infelizmente, outra linha de chuva se interpôs entre nós e o alvo e perdemos contato visual. Naquele momento o radar confirmou que diversas embarcações norte-coreanas estavam convergindo para o *Pitcairn*.

Phillips fez uma pausa, parecendo pensar profundamente. Finalmente, ele disse:

— Sabe o que eles me lembraram, senhorita Stone?

— Está se referindo aos coreanos?

— Pareciam tubarões cercando um animal abatido.

Contagem de Corpos

Cotten estava com o pescoço inclinado, prendendo o telefone junto ao ouvido, enquanto folheava os papéis sobre a escrivaninha à espera de que John atendesse. A secretária dele a deixara na linha.

— Oi, Cotten — falou ele, atendendo finalmente.

A ligação estava perfeita, como se ele estivesse na sala ao lado e não do outro lado do oceano. Como sempre, a voz de John era amistosa e agradável de ouvir.

— Oi, como vai? — disse ela, pegando o telefone com a mão e amontoando os papeis.

— É muito bom ouvir a sua voz.

— Digo o mesmo. Está pretendendo vir para cá em breve? — Ela fechou os olhos e esperou que ele dissesse *sim*.

— Não, acabei de voltar da reunião com o MI-5 em Londres e estarei preso aqui por algum tempo. Acho que só vou ter uma folga dentro de um mês ou dois.

— Espero que tenha — falou ela. — Acho que vou precisar da sua ajuda.

— Para o caso da T-Kup?

— É. Está ganhando peso. Eu estava sentada aqui, pensando sobre o Calderon e a índia da Amazônia e fiz algumas pesquisas. O que há de estranho com eles é que foram casos isolados em mundos distantes. Ninguém mais perto deles foi infectado. Então isso me deixou curiosa. Eu tinha feito uma entrevista sobre aquela embarcação de pesquisas, o *Pitcairn*. Lembra-se do que aconteceu? Durante algum tempo o fato causou uma certa sensação.

— Lembro. Todos a bordo foram encontrados mortos. Os norte-coreanos capturaram o navio.

— Isso mesmo. Eles ainda não devolveram os corpos. As famílias entraram com processos contra o governo norte-coreano para obter os corpos de volta, mas não deu em nada. Achei que me lembrava da descrição do estado dos corpos, mas quis ter certeza. Então assisti junto com Ted a um videoteipe da entrevista com o comandante do navio de guerra americano. A descrição dos mortos dada pelos agentes enviados a bordo parece combinar com a de Calderon e da índia ianomami.

— Não brinca! Parece que a ligação dos norte-coreanos está se consolidando...

— Com certeza. Estamos tentando encontrar uma ligação, algo que possa juntar todas as peças do quebra-cabeça. Está mais do que óbvio que Calderon estava tentando me dar uma pista quando disse Agulhas Negras. Mas não imagino o que seja. Quando conseguir, acho que vou entender tudo.

— O que o CCD descobriu até agora?

— Nada. Não há corpos para examinar ou fazer autópsia. Calderon desapareceu, a mulher ianomami foi cremada segundo a tradição indígena e os norte-coreanos ainda estão com os corpos do *Pitcairn*.

— Nem adianta tentar um acordo com o secretário-geral norte-coreano, eu garanto. Ele controla tudo. É como um deus. E ninguém sabe realmente o que acontece por lá. Ele diz o que quer mas isso não significa que seja verdade. Depois de uma atitude agressiva, provocativa até, sobre as suas ambições nucleares, ele de repente se rende às pressões para refrear o programa? Concorda em permitir que os inspetores da Comissão de Regulamentação Nuclear entrem nas suas instalações e desativem a usina principal? Parece fácil demais. E agora você me fez pensar que sei por quê. Cotten, e se a ameaça nuclear for simplesmente um engodo?

— É o que achamos também. Só não sabemos o que eles estão tramando. Mas se Calderon for um exemplo das consequências, acho melhor descobrirmos depressa. Talvez eles estivessem apenas fazendo um teste, ou quem sabe Calderon e a índia fossem acidentes. Mas eu acho que isso indica que eles estão ocupados com algum tipo de experimento de guerra biológica. Pessoalmente, morro de medo disso.

— Você conversou com alguém do governo sobre essa possibilidade?

— Ted disse que falou com alguém e que foi informado de que o FBI e a CIA recebem ligações com todos os tipos de suspeitas. A maioria é trote. No momento não temos nada a oferecer a eles. Nenhuma evidência concreta. Assim eles não dão a mínima. Provavelmente acham que estamos tentando *criar* uma história para nos dar material para reportagens. Precisamos encontrar alguma coisa concreta antes.

— Posso conversar com uma pessoa. Vou pedir para o arcebispo Montiagro para...

— Ainda não. Deixe-me ver se descubro alguma coisa.

— Cotten, não espere muito. Você e eu sabemos que há mais coisas por trás disso. Algo muito maior e muito mais assustador.

Cotten ouviu um sinal de que havia outra ligação em espera.

— John, espere um minuto, vou ver o que há na outra linha.

Ela apertou o botão aceso do telefone.

— Cotten Stone.

Ouviu atentamente com o telefone grudado na orelha enquanto a outra pessoa falava.

— Sinto muito — respondeu. — Certo. Tudo bem. Me dê um número onde eu possa encontrar você. Vou cuidar de tudo e depois lhe dou um retorno.

Ela escreveu um número de telefone no bloco de anotações, agradeceu pela ligação e apertou o botão aceso novamente.

— John, você ainda está aí? — A voz dela estava agitada de entusiasmo.

— Está tudo bem?

— Está. Acho que tenho outra vítima. Mas, desta vez, parece que temos um corpo.

Agulhas Negras

Em pé junto ao balcão da cozinha, Moon olhava para o bule de café. Com um aroma intenso e uma coloração bem escura, a infusão parecia forte e amarga. Ela tinha alterado a receita de uma colher por xícara e uma para o bule para uma colher por xícara e três para Moon. Precisava de uma dose exagerada de cafeína. Já se sabia que a cafeína, assim como os antagonistas mais específicos do receptor adenosina A, atenua a neurotoxicidade em camundongos. Ela desconfiava que a sua doença, em vez de ser hereditária, estava ligada a toxinas. Em alguns momentos ultimamente, as pesquisas sugeriam que a cafeína diminuía a possibilidade de desenvolver o mal de Parkinson. Mesmo que não houvesse evidências de que a cafeína retardasse a progressão da doença, ela achava que não perdia nada em experimentar.

O café estava bem quente, exalando um aroma pungente às suas narinas. Moon virou-se para o lado e estendeu a mão para a garrafa clara de álcool de cereais, o segundo componente do seu coquetel medicinal de toda manhã. A possibilidade de o álcool impedir uma pessoa de desenvolver o mal de Parkinson era motivo de um debate acalorado. No caso dela, já tinha a doença, mas se houvesse uma ligeira chance de que o álcool e a cafeína lhe dessem um pouco mais de tempo, ela experimentaria. O que tinha a perder?

Moon mediu uma dose do álcool em um copinho e em seguida despejou-a na caneca de café. Independentemente das consequências, ela relaxaria um pouco naqueles instantes que precediam a reunião.

Ela guardou a garrafa de álcool, esvaziou e enxaguou o bule de café e em seguida sentou-se à mesa da cozinha com a caneca aninhada entre as mãos. Pegando um pequeno frasco de remédio do centro da mesa, despejou um comprimido cor de salmão sobre a palma da mão, um dos oito que ingeria ao longo do dia. Atirou o comprimido dentro da boca e o engoliu com um gole de café. Depois continuou sentada, meditando, durante os dez minutos seguintes, bebericando o café até acabar e ela sentir os efeitos do álcool.

Por fim, lavou a caneca e pensou consigo mesma que, para ela, aquele era o melhor momento do dia — o período da manhã. Não se sentia melhor em nenhum outro momento do dia. O restante do dia era preenchido com ansiedade e tremores imprevisíveis.

Ao lado da pia, havia uma caixa de plástico contendo dezenas de frascos de vitaminas, ervas e outras fontes de estimulantes da imunidade e medicamentos preventivos. Ela deixou cair um comprimido de cada um dos frascos sobre a palma da mão e engoliu-os em grupos de três, com um grande copo d'água.

Trinta minutos depois, já pronta para sair, mandou vir o carro para a porta de entrada do prédio.

Depois de ser apresentada pelo secretário-geral, Moon entrou no hangar adaptado da Segunda Guerra Mundial, que agora servia como um auditório para grandes reuniões com a sua equipe e os recrutas das Agulhas Negras. Aquele era um dos vários prédios que faziam parte do conjunto de laboratórios de alta segurança do governo, ao norte da cidade. Estreitas janelas retangulares permitiam a entrada da luz da manhã, enquanto um grande contingente de policiais militares, fortemente armados, posicionava-se dentro e fora do prédio.

O secretário-geral tinha ocupado um assento em uma grande plataforma erguida à frente. Atrás dele, sobre a parede negra ao fundo, estendia-se uma bandeira de 15 metros de comprimento da República Democrática Popular da Coreia. Na mesma plataforma, acomodavam-se dezenas de oficiais militares e dignitários do Partido dos Trabalhadores.

Mil voluntários das Agulhas Negras estavam sentados em fileiras no meio do auditório. Todos tinham sido escolhidos a dedo pelo seu comprometimento e lealdade, e tinham sido submetidos a uma extensa avaliação de antecedentes. Quando convocados para o serviço, recebiam o mínimo de informações necessárias e juravam manter sigilo absoluto. Nesse dia, eles tomariam conhecimento de tudo o que precisavam saber para concluir as suas missões.

O secretário-geral acenou quando Moon se aproximou. Ela o cumprimentou antes de se encaminhar ao pódio. Então voltou-se para encarar os homens e mulheres que esperavam para ouvir os detalhes sobre seus destinos.

— Bom dia, camaradas! — saudou Moon. — Amigos da nova revolução, estamos às vésperas de colocar de joelhos os agressores imperialistas. No mínimo eles pagarão pelas atrocidades cometidas contra o nosso povo. Em breve irão se prostrar diante de nós. O nosso dia de glória está chegando, e vocês, prezados camaradas, terão a satisfação de saber que farão parte disso. Conforme o Estimado Líder acabou de dizer, o povo deve ter independência política e de pensamento, autossuficiência econômica e confiança na defesa. Em breve, teremos tudo isso e muito mais. A nossa Ideologia Juche e visão de mundo requerem lealdade absoluta ao partido e ao Estimado Líder. Vocês nos provaram que isso existe em cada fibra da sua alma. Entre dezenas de milhares de seus concidadãos, vocês foram os escolhidos. O seu sacrifício será o exemplo supremo da lealdade absoluta. E é a minha humilde tarefa liderá-los. — Moon elevou um pouco a voz. — Quem dentre vocês tem essa paixão no coração? — Ela estendeu o braço no ar. — Quem está comigo?

Com um clamor estrondeante, os recrutas puseram-se de pé para aplaudir e responderam com um grito em uníssono de "Eu estou com você!"

Moon curvou a cabeça em sinal de gratidão e orgulho, depois acenou para que os recrutas se acomodassem nos seus lugares.

— Vocês serão os primeiros de uma nova geração de guerreiros. O seu nome e o da sua respeitável família ficarão gravados nos nossos livros de história, um legado de orgulho para as futuras gerações. O legado da Unidade 731.

A mão direita tremeu ao lado do corpo dela e ela a ocultou entre as dobras da longa saia.

— Mas antes de assumirem essa missão, precisamos ser claros. Vocês precisam entender o mecanismo e os detalhes do que será exigido de vocês. Hoje essa informação será revelada.

Ela fez uma pausa até que reinasse o silêncio absoluto no hangar de aviões. Queria que eles entendessem a gravidade das suas palavras.

— Em primeiro lugar, devo levá-los de volta no tempo, para a época de quando eu era criança. Conforme muitos devem saber, por hereditariedade, não sou coreana, mas filha de pais japoneses, que passaram muitos anos no que era chamada a Unidade 731.

Espalhou-se um suave murmúrio de reconhecimento entra os recrutas.

— Quando o meu país natal se rendeu, ao fim da grande guerra do Pacífico, o governo deu as costas a grande parte do povo japonês que o servira com tanta dedicação. Indignados com as relações de amizade desenvolvida entre o Japão, os Estados Unidos e os seus aliados, os meus pais fugiram para a Coreia, e depois, mais especificamente, para a Coreia do Norte, para dar continuidade ao seu trabalho. Depois da morte deles, eu assumi a sua tarefa, e no fim descobri a maneira perfeita de levar a cabo a vingança pela morte da minha mãe e de tantos outros compatriotas.

O secretário-geral pôs-se de pé.

— A doutora Chung quer dizer que encontrou um modo de tornar o nosso país reconhecido. Finalmente nos tornaremos uma superpotência mundial.

Moon curvou-se perante o líder.

— Sim, Estimado Líder. Foi o que eu quis dizer.

Ele fez um gesto rápido para que ela continuasse antes de voltar a se sentar.

— Um ano atrás, quando a nossa corajosa marinha capturou a embarcação americana de pesquisas *Pitcairn*, e descobriu que todos a bordo estavam mortos, isso despertou uma grande dúvida. Como teria acontecido? Ao examinar o diário de bordo do navio e assistir a um vídeo produzido por um dos pesquisadores a bordo, tornou-se claro que o navio tinha ancorado próximo a uma ilhota da nossa costa oeste, onde os meus pais tinham passado anos nas instalações secretas da Unidade 731, conduzindo pesquisas sobre a guerra biológica para o Japão. Pensei que talvez houvesse uma ligação entre o trabalho deles e a morte da tripulação do navio e assim retornamos à ilha com a minha equipe de pesquisas. Sob a proteção de roupas especiais, percorremos a ilha e descobrimos que o laboratório tinha sido abandonado no fim da guerra. Mas eu descobri que algumas coisas haviam sido deixadas ali, originalmente ocultas mas depois reveladas por um terremoto recente. Entre essas coisas incluíam-se recipientes do que se acreditou tratar-se de um vírus benigno, cujos efeitos não são muito maiores de que o de uma gripe comum. Quando voltei ao nosso laboratório, estudei as amostras da Unidade 731 e descobri que o vírus aparentemente inócuo sofrera uma mutação com o passar do tempo. Em si mesmo, ele ainda era inofensivo, mas a mutação foi importante por uma razão totalmente diferente.

Ela observou os rostos dos jovens que pareciam sorver cada uma das suas palavras.

— Vejam, camaradas, todos nós... todos os seres humanos... trazemos no nosso DNA os remanescentes de um antigo retrovírus, que é muito mais virulento do que o encontrado na ilha da Unidade 731. No fundo, todos trazemos no genoma humano o que pode ser considerado como uma bomba-relógio.

O seu jovem público arregalou os olhos de assombro.

— Quando uma pessoa é infectada com o vírus da Unidade 731 encontrado na ilha, o sistema imunológico do corpo imediatamente o ataca e fica impotente. Em si, isso não é uma ameaça. Mas aqui está o segredo que ele guarda. Ao infectar alguém, quase instantaneamente, antes que o sistema imunológico o destrua, esse vírus, que de outro modo seria benigno, reage com aquele antigo retrovírus que todos trazemos nos nossos genes. Esse retrovírus pré-histórico se recompõe, sofre uma mutação e torna-se um vírus hemorrágico assassino.

Moon fez uma pausa para obter um efeito dramático enquanto bebia água de um copo deixado sobre o pódio.

— Todos me entenderam até aqui? — Ela observou o mar de cabeças acenando. — Então vou continuar. Sob o nome de código de Agulhas Negras, passei os últimos doze meses manipulando e aprimorando o vírus da Unidade 731, que costumo chamar de T-vírus, ou vírus disparador, uma vez que ele fará o nosso trabalho. E vocês são os heróis escolhidos para transmiti-lo.

Exumação

— Isso não é direito e você sabe — falou Ellis Sutton, furando o ar com o dedo em frente ao rosto de Luther. — Você está permitindo que estranhos profanem a sepultura da nossa mãe.

— Abaixe já o seu tom de voz — exigiu Luther. — Não temos outra escolha. Eles vieram com um mandado expedido por um juiz.

— Bem, eles não teriam o mandado se você não tivesse telefonado para essa mulher de Nova York. — Ellis apontou para Cotten, em pé do outro lado da sala, na casa de fazenda de Thelma Sutton.

Cotten não disse nada e voltou-se para a janela de onde se via boa parte da fazenda, em West Virginia. Através do véu branco da neve que caía suavemente sobre as montanhas, ela observou os agentes da polícia estadual em trajes especiais, que se moviam como fantasmas ao redor do túmulo recém-descoberto. Não muito tempo depois da sua chegada, uma retroescavadeira tinha aberto um buraco no chão congelado e feito uma pilha de terra cor de mogno ao lado. Os homens agora ocupavam-se em atar fortes cabos ao redor do caixão para içá-lo do buraco.

Cotten tinha presenciado a discussão entre Luther e Ellis durante a última meia hora. Ellis era muito mais baixo que o irmão mais velho, e ela tinha a impressão de estar testemunhando uma versão moderna da luta entre Davi e Golias. Luther estava plantado feito um tronco de árvore projetado do piso de madeira, enquanto Ellis caminhava ao redor dele.

Ao lado dela estava o xerife do condado de Calhoun. Espalhados pela sala, em meio a alguns outros poucos integrantes da família Sutton, encontravam-se o legista do centro médico do condado, o pastor da família e o gerente de uma funerária local.

— E eu lhe disse que deveríamos ter chamado o agente funerário quando Big Thelma morreu — continuou Ellis ao redor de Luther. — Eles não gostam que as pessoas enterrem corpos por aí, em caixões feitos em casa.

— Ela disse que não queria que ninguém a visse naquelas condições — retrucou Luther, a voz se espalhando pela sala.

— Sei, agora diga isso ao xerife — insistiu Ellis. — Jesus! Luther, o que você estava pensando?

— Ellis Sutton — o pastor interveio. — Quero pedir-lhe que não invoque o nome do Senhor em vão.

— Desculpe, reverendo. — Ellis curvou a cabeça. — Só estou irritado. — Ele se deixou cair em uma cadeira de espaldar reto de madeira. Falando para o pessoal na sala, concluiu: — Eles estão lá desenterrando a nossa mãe. Isso me deixa mortificado.

— Eles estão muito enrascados? — Cotten indagou em voz baixa para o xerife.

— Provavelmente, não. — O xerife era um homem alto de quase 50 anos e prematuramente grisalho. Ele permanecia em pé com as mãos nos bolsos do casaco. — A lei do Estado de West Virginia é bem omissa quando se trata de funerais. Portanto, desde que não contrarie alguma restrição local, você pode ser enterrado em praticamente qualquer lugar que queira. Uma das limitações é a proximidade de mananciais, por exemplo. Mas esse não é o caso aqui nessa parte da zona rural. Acho que o mais novo dos Sutton só está querendo criar caso. — Ele relanceou o olhar por cima do ombro na direção dos familiares. — Enterrar a mãe no alto daquele morro é o menor dos problemas aqui. O que precisamos saber é o que a matou.

— O senhor está absolutamente certo, xerife — o legista comentou, postando-se ao lado de Cotten. — Felizmente, graças ao tempo frio, o corpo deve estar bem conservado. Mesmo sem o preparo adequado, a temperatura no solo congelado retarda a decomposição. Temos uma boa chance de determinar a causa da morte.

— E quanto à questão de quem assinou o atestado de óbito? — Cotten indagou ao xerife.

— Segundo a lei estadual — explicou ele —, só um médico, cirurgião ou osteopata credenciado podem assinar. De acordo com Luther, eles chamaram um médico aqui para preparar o atestado.

— Esse poderia ser o misterioso médico asiático que deixou a região desde aquela ocasião? — indagou Cotten.

— Receio que sim — respondeu o xerife. — Ele tratou de Thelma Sutton enquanto o velho doutor Benson estava fora, numa viagem de duas semanas. O doutor requisitou um médico temporário. Enviaram um outro médico licenciado para substituir o médico local que precisava se ausentar, assim ele não precisaria fechar o consultório e perder as consultas.

— E essa é uma prática comum? — insistiu Cotten.

— Já tinha ouvido falar nela — continuou o xerife. — Esta é uma comunidade pequena, com muita gente de idade. Não podemos nos dar ao luxo de ficar sem médico por duas semanas. Posso entender por que o doutor Benson recorreu ao serviço.

— E ele guardou algum registro sobre quem era o médico asiático? — ela questionou.

— Já verifiquei isso — falou o xerife. — A empresa que enviou o médico temporário para cá informou que foi a primeira vez que o contrataram e que ele não apareceu mais depois do serviço. Desde aquela ocasião não foi mais encontrado. — O xerife voltou-se para Cotten. — Eu sei, a coisa toda não cheira nada bem.

Ela olhou pela janela a tempo de ver a retroescavadeira levantar o caixão de pinho simples do buraco e pousá-lo ao lado de um loureiro da montanha, que tinha sido desenterrado junto.

— Já ouviu falar de alguma morte deste tipo por aqui? — Cotten indagou ao xerife.

Ele abanou a cabeça.

— Não por aqui. Nada que chegue nem perto da descrição do caso de Thelma Sutton.

O médico legista fez um gesto para a atividade no morro distante.

— Já abriram o caixão.

Cotten observou enquanto os homens protegidos por trajes especiais reuniam-se em volta do ataúde. Eles ficaram imóveis por um instante, depois um deles se ajoelhou e pareceu examinar o conteúdo. O homem voltou-se e olhou para a casa da fazenda. Então removeu a parte do traje que protegia a cabeça e aproximou o rádio da boca.

— Mas que diabo! — comentou o xerife. — Por que ele tirou a máscara de proteção?

O rádio fez um ruído de estática e uma voz metálica soou.

— Venham até aqui.

A sala se esvaziou quando todos saíram pela porta da frente e atravessaram o campo coberto de neve em direção ao morro onde ficava o cemitério.

Cotten caminhava ao lado do xerife. Ela notou que todos os agentes haviam removido a máscara. Alguns já começavam a se afastar em direção ao caminhão da polícia científica estacionado a alguns metros dali.

A cada passo que dava, Cotten sentia aquele frio característico no estômago aumentando de intensidade. O mesmo que sentia todas as vezes que entrava em contato com alguma obra dos Caídos.

O grupo se reuniu ao redor do caixão de pinho e olhou para dentro. Cotten olhou para os delicados flocos de neve já acumulados no fundo de madeira vazio do caixão.

O Enxame

Em geral, pensou Moon, os recrutas haviam digerido tudo o que ela lhes contara até o momento. As coisas estavam indo bem como previra. Ela correu o olhar pelos mil rostos ansiosos no hangar, enquanto fazia uma pausa para um gole de água. Alguém levantou a mão.

— Pois não, camarada.

— O antigo retrovírus não será difícil de controlar? A doença não poderá se espalhar mesmo entre o nosso povo?

— Ah, essa é uma pergunta muito inteligente. É por isso que vocês foram bem escolhidos, por causa do seu intelecto.

Sorrisos e aplausos espalharam-se entre a multidão.

— A beleza de tudo isso é que o antigo retrovírus, depois de recomposto, ainda não deu o salto que lhe permita ser transmitido de um ser humano para outro. Vocês precisam inocular o T-vírus nos alvos escolhidos, o que fará com que ele se recomponha e passe pela mutação para se transformar num matador. Depois que os alvos receberem o T-vírus, o corpo deles irá atacá-lo e eliminá-lo, mas não antes que o antigo vírus consiga se recompor... mas eles não podem transmitir a doença fatal para outros seres humanos. Isso impedirá que os nossos compatriotas e amigos sejam suas vítimas.

Moon correu novamente o olhar pelo seu público.

— Já temos laboratórios médicos satélites para a preparação do vírus distribuídos e prontos para funcionar em todo o mundo. E vocês e os seus colegas de equipe irão providenciar um passaporte e a identificação adequada que lhes permita entrar e locomover-se livremente no país da sua missão. Quando chegarem ao laboratório que lhes foi designado, darão início ao processo de quimioterapia e de radioterapia. Isso é necessário de modo que, quando estiverem infectados com o vírus, o seu sistema imunológico não venha a destruí-lo depressa. Lembrem-se de que se trata de um vírus relativamente fraco em si mesmo. E assim a sua medula óssea poderia ser enfraquecida, na verdade, eliminada. Depois de infectados, vocês terão apenas alguns dias para chegar aos seus alvos antes que o antigo vírus recomposto dentro de vocês rapidamente os incapacite.

Ela esperou para ver se havia vozes negativas ou murmúrios em desacordo. Ninguém se manifestou.

— Também dentro dos estojos que receberão hoje encontrarão dois frascos de comprimidos. O primeiro é azul e contém um medicamento excepcionalmente potente que produz uma quantidade extrema de energia. Esse medicamento irá ajudá-los a compensar a fraqueza que deverão sentir em consequência da quimioterapia e da radioterapia. O segundo é vermelho. Depois de transmitido o T-vírus nos seus alvos, deverão ingerir dois comprimidos vermelhos. Isso irá impedir que venham a sofrer depois que o retrovírus recomposto atacar o seu corpo. É uma morte dolorosa, e não queremos que nenhum de vocês deste grupo especial sinta algum desconforto. Tomar as pílulas significará que a morte será rápida, pacífica e indolor. Vocês, camaradas fiéis, estão dando a sua vida para a preservação do nosso maravilhoso estilo de vida na Coreia. As suas famílias se encherão de orgulho. Vocês são grandes patriotas e serão lembrados eternamente pelo seu sacrifício.

Ela bebeu outro gole de água, depois disse:

— Um último detalhe. Depois que estiverem no nosso ponto de contato e prontos para prosseguir em direção aos seus alvos designados, receberão uma ordem de ataque. Essa ordem tem como código o número 731.

Outra mão se levantou.

— Doutora Chung, como vamos transmitir o T-vírus?

— Outro herói nacional inteligente — confirmou ela. — E a resposta a essa pergunta é a beleza inacreditável do nosso projeto Agulhas Negras. Ao contrário dos toscos homens ou mulheres-bombas que se suicidam explodindo o seu corpo em pedaços em mercados e mesquitas do mundo, vocês constituem a nova geração de vingadores. Pois vocês carregarão dentro do seu corpo o sopro da morte. O seu armamento não pode ser detectado nem identificado, pois é invisível. As pessoas mais próximas verão apenas um homem ou uma mulher sentados numa igreja ou tomando um ônibus, ou viajando de avião, fazendo compras num shopping center, ou assistindo a um evento esportivo. Nada mais do que um rosto numa multidão sem rostos. E com algo tão inocente quanto a sua respiração ou simplesmente por uma tosse ou espirro, vocês estarão acertando os seus alvos e levando a devastação aos seus inimigos. Então vocês se afastarão, deixando-os totalmente alheios de que lhes deram um golpe fatal. Depois que os nossos inimigos descobrirem a praga terrível que se abateu sobre eles, ficarão com medo de sair de casa, ir trabalhar ou mandar as crianças à escola. O mundo fará o que quisermos. Vocês estão prestes a se tornar a força mais poderosa e mortal sobre a face da Terra. E por isso eu os saúdo.

Dessa vez, não só o hangar foi sacudido por uma manifestação estrondosa, mas também o secretário-geral e a sua delegação se levantaram e aplaudiram.

Depois que as manifestações terminaram, Moon voltou-se para o secretário-geral.

— O Estimado Líder também deseja expressar a sua gratidão recompensando a família de todos com uma remuneração em dinheiro de mil wons.

Uma exclamação coletiva ecoou pelo recinto. Moon sabia que seriam recompensados. O salário médio era de 60 wons por mês; portanto, mil wons era mais do que se podia ganhar em um ano.

Ela correu os olhos pelo público.

— Mais alguma pergunta? — Como ninguém se manifestasse, ela continuou. — Então vamos dar início ao processo final. Por favor, permaneçam sentados até que o seu nome seja chamado. Então irão se reunir com a sua equipe e receberão uma breve orientação juntamente com o seu estojo e as informações sobre o seu destino final e data de lançamento.

O aposento estremeceu com uma nova e poderosa onda de aplausos. Moon encaminhou-se para o lado do secretário-geral. Enquanto observavam a reação dos recrutas do projeto Agulhas Negras, ele se inclinou e sussurrou para ela:

— São como um enxame de abelhas condenadas a morrer depois da ferroada.

Beco Sem Saída

— Sinto muito mesmo, Luther — falou o xerife. — No momento, não há muita coisa que possamos fazer. Se e quando localizarmos o corpo da sua mãe, faremos a autópsia e com certeza vamos descobrir o que a matou.

— Sei que fizeram tudo ao seu alcance — respondeu Luther.

— Santo Deus Todo-poderoso — exclamou Ellis. — Quem será que veio aqui e levou o corpo da mãe?

Cotten olhou para o xerife. Ele encolheu os ombros e abanou a cabeça.

— Por que alguém faria uma coisa dessas? — continuou Luther.

O xerife correu a mão pelo alto da cabeça, depois recolocou o boné.

— Ela foi enterrada com alguma joia ou artigo de valor?

— Nós a vestimos com o seu vestido azul — falou Ellis, olhando para o pastor. — A sua roupa de domingo. Ela gostava dele.

— Big Thelma não tinha muitas joias — lembrou Luther. — Só um colar de pérolas cultivadas que usou quando se casou com o nosso pai, Hubert. Mas não acredito que valesse muito.

— A única coisa que quero é ver a mãe no seu lugar de descanso final, ao lado do pai — declarou Ellis. — Isso não faz sentido. Se algum salafrário queria as pérolas da mãe, por que simplesmente não pegou e deixou Big Thelma para descansar em paz?

Sem corpo, sem evidências, pensou Cotten.

Luther olhava a distância, com a expressão de quem estava imerso em pensamentos. Ele se voltou para o monte de terra ao lado da sepultura.

— Eu plantei aquele loureiro da montanha no mesmo dia em que a enterramos. — Ele inclinou a cabeça para o arbusto desenterrado. Um sorriso melancólico surgiu em seu rosto. — Era o favorito dela. Dá umas flores tão bonitas... acho que ela gostava. Na primavera, eu plantaria um bordo. Para dar um pouco de sombra. Eu e o resto da família viemos aqui uma semana ou outra e não notamos nenhum monte de terra nem nada que fizesse alguém pensar que mexeram na sepultura. E ninguém mais comentou nada. Quem quer que tivesse mexido aí precisaria desenterrar o loureiro. Eu perceberia. Então acho que deve ter acontecido logo depois que a enterramos, antes que o solo se acomodasse. — As suas sobrancelhas se arquearam e os cantos da boca inclinaram-se para baixo. — Pode ser alguém da igreja. Ninguém mais sabia das pérolas.

— Mas, Luther, elas não valiam merda nenhuma... desculpe, pastor — falou Ellis.

— Alguém deve ter pensado o contrário — insistiu Luther.

Ellis chutou a neve acumulada no chão.

— Filho da p... Alguém precisar de uma ninharia dessas...

Luther olhou para Cotten.

— Então não vamos descobrir se Big Thelma morreu da mesma doença que aquele cara de Nova York falou?

— Parece que não — respondeu Cotten. — Sinto muito por sua família, por ser obrigada a passar por tudo isso.

Luther inclinou a cabeça agradecendo a consideração.

— Sou obrigado a concordar com a senhorita Stone — falou o xerife. — Tudo o que temos é a descrição dos sintomas da sua mãe. Mas assim mesmo a perícia está querendo fazer uma análise detalhada do caixão em busca de algum indício ou prova. E vamos dar início a uma investigação sobre o desaparecimento do corpo.

— Vamos esperar que tenham feito isso apenas por causa das pérolas — falou Cotten ao apertar a mão do xerife.

Cotten verificou o velocímetro enquanto dirigia pela rodovia interestadual 79. A falta de movimento permitia que mantivesse uma velocidade em torno de 120 por hora. Chegaria facilmente para o seu voo às 14h30, que partia de Yeager. Assim que descobrira que Big Thelma Sutton não se encontrava na sepultura, mudara o voo de volta a Nova York para Atlanta.

Apalpou o console central à procura do celular, encontrou-o e abriu-o, dando o comando de voz.

— Ted, trabalho.

Em um instante, ouviu o número de Ted Casselman, na sede da SNN, sendo chamado. Tinha apenas alguns outros contatos programados para reconhecimento de voz, números para os quais ela ligava com frequência, especialmente quando estava na estrada. *Era muito útil.*

— Ei! — exclamou Ted ao atender.

— Estou a caminho de Yeager. Você não vai acreditar nisso, mas a sepultura de Thelma Sutton estava vazia. Não havia nenhum corpo no caixão. E tem mais: foi um médico asiático que tratou dela e assinou o atestado de óbito. E é claro que ele desapareceu em seguida. Isso está ficando mais intrigante a cada minuto.

— Está brincando? Alguém roubou o corpo?

— Estou falando sério. Entrei em contato com o Centro de Controle de Doenças, em Atlanta. Falei com Pete Hamrick. Fiz uma entrevista com ele durante aquele incidente com o antrax no prédio da editora de jornais America Media, em Boca Raton, Flórida. Vou pegar um avião para Atlanta esta tarde. Ele disse que daria um jeito de eu conversar com a diretora. Acho que é uma tarefa além da responsabilidade dele, enfim. Agora será preciso envolver alguém com autoridade. Depois dessa virada nos acontecimentos, parece que isso tudo é mais do que suspeita ou coincidência. Eles vão ter de escutar. Você concorda?

— Sem dúvida nenhuma. Vamos cruzar os dedos. Parece que estamos prestes a descobrir alguma trama hedionda.

— Esses casos, até mesmo o do *Pitcairn*, são coincidências espantosas, puro acidente, ou alguém está fazendo experiências. Sabemos quem está por trás disso, e eles precisam saber que estamos chegando perto. Isso poderá pressioná-los e fazer com que cometam algum erro. Só precisamos descobri-los e saber com quem estão envolvidos. — Cotten ficou em silêncio por um instante. — Isso realmente me dá medo.

— A mim também. Cuide-se bem, garota.

Ela apertou o botão para encerrar a conversa. Aquilo estava parecendo algo maior do que seria capaz de enfrentar. Apertando o botão de chamada, falou para o telefone.

— John, celular.

O Alvo

— Temos uma emergência — advertiu o Velho.

— Como? — Moon levantou os olhos assustada, pois não tinha notado a entrada dele no escritório. Estivera fazendo anotações no seu diário depois da reunião naquela manhã quando ouviu a voz. Em sinal de respeito, começou a se levantar.

Com um aceno, ele a dispensou disso, então caminhou até a janela ao lado da mesa e observou o terreno que cercava o conjunto governamental secreto.

— Que tipo de emergência? — quis saber ela.

— Preciso de um dos seus jovens recrutas para alterar a sua data de lançamento para o mais rápido possível. Ele precisa partir hoje. E preciso mudar o alvo dele.

— Com o devido respeito, o cronograma deles foi preparado com grande precisão e os alvos foram escolhidos com muita antecedência sob a impecável supervisão do Estimado Líder. Alguns são pessoas isoladas, mas outros são grupos envolvidos em eventos programados como o do Times Square, na véspera do ano-novo, e a Missa da Galo, na catedral de St. Paul, em Londres... todos estão vinculados ao calendário. O seu pedido está fora de questão.

Ele virou-se para ela.

— Posso entender a sua hesitação. Afinal de contas, não pretende alterar o seu cronograma tão meticulosamente planejado. Mas confie em mim, doutora Chung, não reagir a essa emergência colocaria em risco todo o programa. A senhora deve se lembrar de que lhe falei que o seu projeto era um degrau da minha meta final de reintegrar um membro da família? O que a senhora criou pode me trazer de volta um ente querido. Mas, se não cooperar, então vamos buscar outra solução. Presumo que não queira fazer nada que possa colocar em perigo o sucesso do Agulhas Negras.

— É claro que não. Jamais colocaria o projeto em risco. Mas o que está para acontecer quando os nossos recrutas avançarem é resultado de um ano de trabalho duro e de um planejamento cuidadoso. Além do mais, atingir um alvo antes da data de lançamento planejada poderá nos expor e atrair uma atenção indesejada. Um caso documentado do vírus Agulhas Negras alertaria as autoridades e faria com que ficassem na defensiva antes de termos todos a postos. Não posso alterar o nosso cronograma de maneira nenhuma sem um motivo justo.

Havia duas cadeiras na frente da mesa de Moon. O Velho sentou-se em uma delas.

— Deixe-me esclarecer algumas coisas que poderiam lhe dar uma visão mais precisa do que está em jogo aqui.

— Em jogo? — Com um gemido, ela se empertigou na cadeira. — O senhor não faz ideia do que está em jogo. Não viu a sua mãe ser torturada e estuprada por selvagens como aconteceu comigo. Não testemunhou os atos de crueldade criminosa praticados contra os meus conterrâneos. O que está em jogo aqui é a retribuição de anos de dor e sofrimento nas mãos dos agressores imperialistas. E não vou me desviar do meu objetivo. Isso faz parte do ar que eu respiro, todos os minutos de cada dia que vivo.

Ela cruzou as mãos sobre a mesa de modo confiante, orgulhosa da exibição de coragem diante daquela... pessoa. A sua meta era única, e uma só — infligir o maior número possível de mortes e de destruição nos seus inimigos jurados. E era o que estava prestes a fazer. O projeto Agulhas Negras seria a sua herança, a sua obra-prima. Uma garantia do seu lugar na história.

O olhar do Velho de repente a deixou pouco à vontade. Ela sentiu um desconforto que aumentou de intensidade, aquecendo o corpo de dentro para fora. As mãos tremeram e ela imaginou se seria por causa da medicação que vinha diminuindo ou porque temia ter ultrapassado os seus limites.

Uma mudança de raciocínio lhe ocorreu. Talvez estivesse sendo tola e exagerando. Se ignorasse o pedido dele colocaria em risco o projeto, então deveria deixar de lado o orgulho por um instante e ouvir o que ele tinha a dizer.

— Peço desculpa por minha atitude — viu-se falando, as palavras se projetando estranhamente da sua boca. — Estamos na iminência da culminação de um projeto que vem sendo desenvolvido por duas gerações. Devo protegê-lo a todo custo. Pouca coisa mais na vida tem mais valor para mim.

Como ele não dissesse nada, ela continuou:

— É só porque não me resta muito tempo. O meu corpo não está cooperando. Ele se deteriora a cada dia, impedindo que eu faça o meu trabalho direito. Uma falha agora poderia tirar meu foco e a capacidade de ver o que está acontecendo.

De repente, Moon teve outro ataque de confiança.

— Não fiz perguntas no início, aceitando a sua palavra de que desviaria a atenção do caso Calderon e da T-Kup, para que eu concluísse o projeto sem problemas. Não perguntei como faria isso nem mesmo o que ganharia. — Moon respirou fundo e engoliu em seco. — Mas agora acho que devo...

Moon pousou o olhar intensamente nos olhos dele, pronta para identificar indícios da reação dele à pergunta que estava prestes a fazer. Ela se concentrou e tentou permanecer imperturbável. Ele não seria capaz de perceber nada nos olhos dela ou na sua expressão. Finalmente, disse:

— Quem é o senhor?

— Incompreendido.

— O quê?

— Estou sendo incompreendido.

Moon ergueu as mãos num gesto de confusão.

— Isso não me diz nada. Explique, por favor.

O Velho suspirou. Ele pareceu afundar na cadeira como se estivesse cansado de repetir a história. Juntando os dedos e apoiando neles o queixo, explicou:

— Houve uma época em que eu vivia na glória do... Paraíso.

Moon deteve a sua reação instintiva ao prever onde ele chegaria com aquela história; apenas piscou.

— Na minha juventude, eu era considerado belo... talvez o mais belo. Os que estavam ao meu redor comparavam a minha beleza com o brilho do amanhecer. Na verdade, o meu antigo nome significava luz... a luminescência do firmamento... o Portador da Luz. Fui chamado de o Filho do Amanhecer. Juntamente com os meus irmãos e irmãs, preenchemos o vazio da grande criação com uma radiância que só pode ser descrita como sendo completa, absoluta, total.

A onda de confiança de Moon arrebentou em uma praia que ela não esperava e o surgimento de um medo profundo desfez em fiapos a sua segurança. Estava lidando com algo além da sua competência. Nunca deveria ter feito aquela pergunta.

— Mas chegou um momento — continuou o Velho — em que um dentre nós declarou-se supremo, o deus dos deuses. Sem nenhuma consideração pelos nossos sentimentos ou pela nossa posição na hierarquia das legiões, ele professou ser o nosso superior. Por falta de palavra melhor, ele se declarou Deus. Alguns dos meus irmãos e irmãs concordaram com Ele, curvando-se, sucumbindo à Sua vontade. Eu não, pois não via necessidade. Éramos todos iguais. Não havia nenhum deus acima de nós. Havia apenas... nós.

Moon sentiu uma náusea crescente preencher-lhe o estômago. A sua mão direita tremeu com tanta força que bateu no tampo da mesa. Um fio de suor escorria-lhe pelo meio das costas. Fora um erro ter começado a perguntar. Agora não havia como recuar.

— Os que não concordaram com Ele decidiram ficar do meu lado. Tentamos chegar a um acordo com Ele, mas foi em vão. Formamos um grupo para mostrar a nossa determinação, e disso resultou um confronto sangrento pelo qual fomos banidos de casa, o único lar que conhecíamos. Simplesmente por enfrentar um tirano injusto, precisamos pagar o preço que excedeu muito qualquer preço que já pagou, doutora Chung. Pois não só fomos exilados de casa, mas proibidos de retornar. O lugar onde os meus irmãos e irmãs vivem atualmente é um deserto de decepção. A cada momento lá, somos lembrados do que perdemos e como aquilo tudo foi injusto. Assim, quando fala de crueldade e vingança, doutora Chung, permita-me dizer que sou o rei da crueldade e da vingança. Sou o deus todo-poderoso da vingança. Sou o punho da retribuição e a lâmina do ajuste de contas. E, doutora Chung, quando lhe digo que temos uma emergência, que a senhora deve alterar o seu cronograma, não é uma sugestão.

Quando ele se inclinou para a frente, foi como se Moon visse uma cobra pronta para o bote. Ele colocou uma folha de papel sobre a mesa. Moon olhou-a como se ela fosse se desfazer em chamas.

— O que vem a ser isso? — indagou ela.

— O nome do alvo.

Comunhão

Querido Pai,

Escrevo-lhe profundamente arrependido por nunca ter realizado nada que valesse a pena ao senhor no meu breve período de vida.

Fui escolhido inesperadamente para uma missão especial pelo Estimado Líder e agora estou prestes a realizar o que me foi designado. Assim que soube das instruções dele para a minha missão sem volta, tornou-se o meu desejo sincero alcançar o sucesso no cumprimento dessa missão. Ainda assim, não posso evitar o sentimento de uma profunda ligação com o nosso belo país. Terá sido uma fraqueza da minha parte? Ao saber que a minha hora era chegada, fechei os olhos e tive visões do seu rosto, do rosto da mamãe, da vovó, e também dos meus amigos mais queridos. Foi reconfortante saber que todos vocês querem que eu seja forte. Cumprirei a minha missão!

O meu treinamento a serviço do Estimado Líder não tem sido marcado por lembranças agradáveis. Este é um período de resignação e abnegação, certamente nada agradável. Como uma recompensa singular pelos meus serviços, posso ver apenas que isso me dará a oportunidade de morrer pelo meu país. Se estou parecendo amargo, é porque não experimentei a doçura da vida antes de me oferecer para esta missão.

Outro dia, ouvi um sermão da doutora Chung sobre a vida e a morte. Considerei que, embora ela tenha demonstrado um fundo de verdade, parecia mais preocupada com pensamentos superficiais sobre vingar o passado. Não vale a pena explicar isso agora, mas nos meus 23 anos de vida, desenvolvi uma filosofia de vida própria. De qualquer maneira, estou dis-

posto a cumprir as ordens do Estimado Líder e da doutora Chung porque acredito no nosso nobre país.

O estilo de vida coreano é realmente belo e tenho orgulho dele, da sua história e da mitologia que reflete a pureza dos nossos ancestrais e as suas crenças no passado, mesmo que essas crenças não sejam verdadeiras. Esse estilo de vida é o resultado de todas as melhores coisas que os nossos ancestrais nos legaram. E a incorporação viva de todas as coisas maravilhosas do nosso passado que são a cristalização do esplendor e da beleza da Coreia e do seu povo. É uma honra ser capaz de dar a minha vida em defesa dessas coisas belas e grandiosas.

O meu maior arrependimento nesta vida é não lhe ter dito que eu o amo. Sinto não ter dado nenhuma demonstração do amor e do respeito que sempre lhe devotei. Durante os meus momentos finais, embora não chegue ao seu conhecimento, pode estar certo de que estarei dizendo o quanto o amo e pensando em tudo o que fez por mim.

Não lhe pedi para vir me ver em Pyongyang porque sei o quanto se sente bem em casa e não gosta de viajar. Também sei que a sua saúde não vai bem e foi por isso que não pedi.

Deixo-lhe tudo o que tenho. Por favor, cuide das minhas irmãs.

Tenho rezado para que a sua vida seja longa. Estou confiante de que uma nova Coreia surgirá das minhas ações e a dos meus irmãos e irmãs que estão se preparando para sair pelo mundo em missão especial. Não devemos nos precipitar no nosso desejo pela morte, mas prosseguir na crença de que as nossas ações são pelo melhor.

Os meus mais sinceros sentimentos, pouco antes do meu último ato de heroísmo.

O seu amado filho, Kang

Ele dobrou a carta, colocou-a no envelope que havia preparado no quarto de hotel e a introduziu na *casseta postale*, a caixa amarela do correio. O tempo estava esfriando à medida que as sombras da noite se avizinhavam. Apesar dos comprimidos azuis que tomara para superar os efeitos debilitantes do procedimento médico, sentia-se fraco e letárgico. Fazendo um grande esforço para que a sua aparência não chamasse a atenção, Kang enfiou as mãos nos bolsos do casaco antes de se virar e caminhar pelos últimos quarteirões da Via Dei Quercetti até o seu alvo.

Parecido com uma fortaleza medieval, o edifício do século IV da Basílica dos Santi Quattro Coronati projetava-se do alto verdejante do monte Célio. Embora estivesse próxima de um dos mercados mais movimentados de Roma, a Basílica dos Quatro Santos Coroados era isolada e reclusa. Passando pelas muralhas altas e pelas torres escoradas nos contrafortes, Kang entrou no prédio principal do conjunto antigo.

A missa em louvor ao jejum de São João da Cruz já começara. Ele sentou-se em um banco próximo ao fundo e esperou, concentrando quase toda a atenção na abóbada que formava o teto elevado sobre o santuário. A fumaça das velas e do incenso dava uma aparência de um véu cinzento entre ele e a grandeza dos afrescos atrás do altar — uma homenagem aos quatro soldados romanos que deram a vida como mártires sob o imperador Diocleciano.

Logo depois, a congregação levantou-se e formou uma fila no corredor central para receber a comunhão. Kang pegou no bolso o tubinho de essência de pimenta, abriu a tampa e esfregou algumas gotas na palma da mão direita. Guardando o tubo de volta no bolso, ele se levantou e entrou no fim da fila da comunhão.

Lentamente, a procissão de fiéis avançou até que havia apenas uma mulher à frente de Kang.

— O Corpo de Cristo — disse o padre ao colocar a pequena hóstia na palma estendida da mulher.

Ao lado do padre encontrava-se um jovem coroinha que segurava uma pátena de prata sob a mão da mulher para o caso de a hóstia ser derrubada. Assim que a mulher se virou para regressar ao seu lugar, Kang deu um passo à frente.

O padre retirou a hóstia da comunhão do cibório em forma de cálice e ergueu-a para que Kang visse. Então disse:

— O Corpo de Cristo.

Kang olhou direto para a face do padre, então indagou:

— Cardeal John Tyler?

O padre dirigiu-lhe um olhar de perplexidade. Depois de um momento de hesitação, ele respondeu:

— Sim.

Kang elevou a palma da mão até o rosto e inspirou fundo. A potente essência de pimenta entrou na sua narina e o seu corpo reagiu.

Ele espirrou.

Pessegueiro

Cotten observou pela janela do Hotel Atlanta Sheraton Midtown a vista do jardim do pátio através das arcadas de tijolos aparentes que davam para a piscina. Em 45 minutos devia se encontrar com Pete Hamrick do CCD no bar do andar térreo. Tinha bastante tempo para se refazer.

Fechou as cortinas e pegou a bolsa do chão ao lado do criado-mudo. Procurando dentro dela, tirou um envelope — uma carta que recebera vários dias antes. Olhou para o envelope por um instante antes de correr a ponta do dedo pela caligrafia.

A caligrafia de John.

Cotten empilhou dois travesseiros junto à cabeceira da cama, deitou-se confortavelmente e afofou os travesseiros. Delicadamente, tirou a carta de dentro do envelope. O papel já mostrava sinais de desgaste, dobrava-se num dos cantos e estava amassado em alguns pontos. Ela já tinha lido e relido a carta diversas vezes, e decorado cada palavra, mas nunca parecia o bastante. Ela fazia isso só para ver a letra dele de novo e imaginar John segurando a caneta e escrevendo...

Querida Cotten,

Espero que esteja tudo bem com você. Sinto a sua falta desde que voltei a Roma. Sempre acho difícil deixá-la, mas sei que é assim que deve ser. Você é uma mulher incrível e eu me importo muito com você. Como dissemos tantas vezes, se as coisas fossem diferentes... talvez em outro tempo, em outro lugar.

Não quero parecer infeliz, pois não estou. Por muito tempo busquei a melhor maneira de servir a Deus, uma vez chegando até mesmo a me distanciar das minhas obrigações. Mas pelo menos acho que encontrei o meu caminho e acredito que em grande parte por ter conhecido você. Ainda assim, resta um vazio dentro de mim que nunca é preenchido, e permanecerá assim pelo resto da minha vida. Preciso passar alguns períodos ao seu lado, ouvindo a sua voz durante breves telefonemas, e tentando tropegamente me expressar através de cartas. Vivemos numa época difícil à medida que as forças do bem e do mal se aproximam do término final. Somos moldados pela nossa época, que define quem somos, o que fazemos, e ambos encontramos o nosso lugar. Sei que às vezes você acha que me pôs no caminho do perigo, mas não é verdade. Nós dois combatemos o mesmo inimigo. E assim vivemos a nossa vida como Deus nos destinou a viver e como escolhemos. Fizemos escolhas pessoais difíceis mas virtuosas.

Penso em você todos os dias.

Devotadamente,

John

Ela tocou a assinatura dele, traçando a curva do "J", depois pressionou a ponta do dedo contra os lábios.

— Se as coisas fossem diferentes, em outro lugar, em outro tempo — ela suspirou.

A campainha do telefone a despertou com um susto tão grande como se tivesse sido acordada de um sono profundo por uma buzina. Ela se encolheu, abrigando a carta de encontro ao peito.

— Droga! — resmungou, então atendeu ao telefone.

Era Pete Hamrick. Ele se desculpava por estar alguns minutos adiantado.

— Não, tudo bem — respondeu Cotten. — Me dê cinco minutos e estarei já aí.

Pete Hamrick acenou para Cotten assim que ela entrou no Bar Pessegueiro. Estava sentado junto a uma mesinha baixa e já tinha um drinque na mão.

Quando ela se aproximou, ele se levantou.

— Que bom ver você de novo — falou Pete, beliscando-lhe a bochecha. — Você está linda como sempre.

— Obrigada — agradeceu Cotten. — Agradeço por se encontrar comigo, especialmente assim de repente.

— Sem problema. — Ele sentou-se à frente dela. — Qual é o seu veneno predileto?

— Vodca com gelo.

Ele chamou o garçom e fez o pedido para ela. Depois conversaram sobre banalidades, comentando sobre o clima frio, algumas das viagens de Cotten e o nascimento do terceiro filho de Pete, até que o garçom regressou com a bebida dela.

Cotten bebericou a vodca e sentiu-se aliviada pelo sabor refrescante.

— Perfeito! — comentou sobre a bebida. — Agora me diga, o que aconteceu no prédio da editora de jornais American Media? Ponha-me a par de tudo desde a nossa entrevista.

— Na verdade, ele foi vendido depois do ataque com o antraz. Um empreendedor chamado David Rustine o comprou por uns 40 mil dólares, mas gastou milhões na manutenção e descontaminação. Rebatizou-o de Crown Commerce Center. Converteu-o realmente em um belo centro empresarial. Uma empresa de cartões de crédito comprou-o dele e está lá até o momento. Provavelmente, é o centro empresarial mais limpo do planeta.

Cotten deu uma risada.

— Aposto que você está certo.

Pete olhou-a por um instante e Cotten sentiu o silêncio estranho.

— Sei que você não está aqui para se informar sobre o prédio da American Media — ele falou por fim. — Estava meio misteriosa ao telefone, dizendo o suficiente para me manter intrigado.

Cotten tomou mais um gole antes de deixar o copo sobre a mesa. Então inclinou-se um pouco para a frente e falou em voz baixa.

— Realmente, preciso mesmo conversar com a diretora. Tenho razões para acreditar que um ataque por armas biológicas está sendo testado no momento e deve acontecer em breve.

— Testado? Quer dizer, como em experimentos clínicos?

— Não. Algo mais parecido com ensaios de guerrilha. Com vítimas inocentes.

— E está partindo de onde? Quem está fazendo os testes?

— Tenho uma boa ideia... na verdade, mais do que uma suspeita. Ouça, não sei quantos testes eles já fizeram ou como eles estão sendo controlados, mas posso assegurar que os primeiros casos foram aqui. Pessoas já morreram.

— Olhe, Cotten, não vimos maiores incidentes de nenhuma natureza desde a SARS.

— Você não viu nenhum incidente maior do que este *ainda*. Esse tipo de ataque faz a peste bubônica parecer um resfriado comum. Você precisa me apresentar à diretora.

— Você vai precisar me contar um pouco mais do que isso. Não posso incomodá-la com base apenas em especulações e vagas suposições. Ela vai pensar que você é algum tipo de doida e que eu sou um idiota.

Cotten deu um suspiro.

— Se eu contar, você não vai acreditar, não vai marcar a reunião e vou perder tudo. Não posso deixar que isso aconteça. Há muita coisa em jogo. Você poderá ficar na sala enquanto converso com a diretora. Então os dois ouvirão tudo ao mesmo tempo.

Pete inclinou-se sobre os joelhos, descansando os braços sobre as coxas, com o copo aninhado entre as mãos.

Cotten estendeu a mão e tocou-o no antebraço.

— Eu lhe prometo, isso é real, e não podemos nos dar o luxo de ignorar o que está acontecendo. Precisamos tentar entender antes que seja tarde demais.

— Não sei, não — ele disse, correndo um dedo pelo bigode.

Cotten sabia que Pete provavelmente se lembrava do escândalo embaraçoso em que ela estivera envolvida alguns anos antes, no que a imprensa chamou de farsa da criação do fóssil. Tratava-se de uma reportagem exclusiva em que ela devia provar que as teorias criacionistas eram verdadeiras e que os homens coexistiram com os dinossauros. Na realidade, fora um golpe premeditado criado para colocá-la em má situação. A meta era destruir a sua credibilidade com relação a quaisquer futuras investigações envolvendo as Trevas. O incidente alcançou o noticiário internacional, custou-lhe o emprego e quase a carreira. Apenas ela, Ted e John conheciam a verdade — que fora tudo orquestrado pelo Velho e pelos Caídos.

Para Cotten, fora difícil galgar o caminho de volta, rumo à respeitabilidade. Pete devia estar imaginando se não se trataria de outro engodo em que ela caía.

— Você precisa confiar em mim. Pete, já aprendi a lição muito tempo atrás. Não chego mais a conclusões precipitadas e não procuro as coisas em busca de notoriedade. Por favor, confie em mim.

Ele engoliu o resto da bebida.

— Bem... não posso prometer nada, mas vou ver o que posso fazer. — Ele depositou o copo na mesa.

— Vou esperar o seu telefonema.

— Certo. — Ele começou a atirar uns dólares sobre a mesa.

— Já paguei — informou ela.

Pete levantou-se e virou-se para sair, mas então parou e voltou-se para ela.

— Não me faça passar por tolo.

O Canto do Cisne

— Doutora Swan, esta é Cotten Stone, da Satellite News Network — informou Pete Hamrick. — Cotten, gostaria de lhe apresentar a diretora Charlotte Swan.

— Muito obrigada por me receber assim tão de repente. — Cotten apertou a mão da mulher.

Chegara ao campus do CCD próximo a Clifton Road vinte minutos mais cedo e fora recebida por Pete no centro de segurança antes de ser conduzida ao escritório de Swan, no décimo andar.

— Por favor, queiram se sentar — falou Swan, indicando as poltronas de couro à frente da sua mesa.

Depois que ela e Pete sentaram-se, Cotten observou que Charlotte Swan devia estar perto dos 50 anos. E ela definitivamente parecia só se preocupar com o trabalho — a julgar pela sua atitude e aparência — terninho azul-marinho e cabelo louro preso num coque firme na nuca. A mesa estava cuidadosamente arrumada.

Como alguém pode trabalhar assim, sem pilhas de documentos, pastas, grampeador, clipes de papel espalhados, canetas e lápis?! Cotten lembrou-se da sua mesa na SNN. Quando estava envolvida em um projeto, especialmente quando fazia uma pesquisa, o escritório inteiro ficava com a aparência de ser tão organizado quanto uma explosão.

— O doutor Hamrick sugeriu que você fosse a prioridade da minha agenda de hoje, que tem algo para discutir que seria do interesse do CCD. — A diretora se recostou na cadeira com uma expressão interrogativa. — Eu o pressionei para me dar detalhes, mas ele disse que deveria ouvir de você. Também garantiu que você estaria aqui na condição de cidadã comum, não como uma correspondente de uma rede de jornalismo. Então devo presumir que o que vamos discutir não é para publicação?

— Isso mesmo — confirmou Cotten.

— Estou curiosíssima para ouvir o que tem a dizer, senhorita Stone, mas tenho uma videoconferência com o diretor da Organização Mundial de Saúde em vinte minutos. Esse é todo o tempo que posso lhe dedicar.

O tom da mulher era cordial mas bem específico. Swan não parecia irritada pela interrupção na sua agenda, mas Cotten sabia que era a responsável por isso e precisava mostrar que valera a pena.

Mesmo antes de abrir a boca, Cotten detectou sinais de nervosismo. Os pés estavam frios, a boca parecia seca e as mãos úmidas. Ela afastou uma mecha de cabelo cor de chá para trás da orelha.

— Você se lembra do incidente no ano passado com a descoberta e depois a perda da embarcação de pesquisas da Oceanautics, o *Pitcairn?*

— Vagamente — admitiu a diretora.

— O navio foi encontrado à deriva na costa oeste da Coreia do Norte — informou Cotten. — A tripulação e os estudantes cientistas foram encontrados mortos por especialistas de um navio de guerra americano. O *Pitcairn* terminou caindo nas mãos dos norte-coreanos, que ainda estão com ele, segundo imagens de satélite.

— Ah, sim. Eu me lembro. A descrição dos corpos chamou a atenção. Parecia algo como uma febre hemorrágica.

— Correto — disse Cotten. — Bem, parece que outras pessoas morreram recentemente com sintomas físicos semelhantes aos dos que se encontravam no navio.

Ela explicou em detalhes as mortes de Jeff Calderon, da índia ianomami e de Thelma Sutton, o caixão vazio, falou dos laboratórios abandonados da T-Kup em Nova York e depois na Califórnia, e das outras propriedades ao redor do mundo, e de uma possível conexão asiática entre tudo isso.

— Acredito que essas mortes estejam interligadas. E receio que indiquem uma possível ameaça biológica, talvez a este país ou a um dos nossos aliados.

Cotten previu as perguntas e preocupações da doutora Swan e tentou adiantar-se a elas.

— Sei que não existem corpos para examinar, mas isso reforça a minha premissa. Pense bem, o corpo de Calderon desapareceu misteriosamente de um grande hospital de Nova York, e o corpo de Thelma Sutton foi roubado da sepultura. Alguém não quer que os corpos sejam examinados. Não havendo autópsias, não se localizam evidências. Acrescente a isso o fato de que os norte-coreanos recusaram-se a divulgar quaisquer detalhes médicos sobre a causa da morte das pessoas encontradas no *Pitcairn*.

— Você está dizendo que isso é ação dos norte-coreanos? — indagou a diretora.

— Eu não sei.

— Eles metem o nariz em tudo o tempo todo. Isso não é de surpreender — interveio Pete.

A doutora Swan cruzou as mãos sobre a escrivaninha.

— O trabalho do CCD é fortemente baseado em evidências empíricas, não teóricas.

Cotten sentiu os ombros afundarem.

— Doutora Swan, tudo o que...

— Entretanto — continuou Swan —, tenho visto por experiência própria que a intuição geralmente leva à hipótese certa, e desse momento em diante pode-se prová-la ou negá-la. É essa primeira suspeita que põe tudo em movimento.

Cotten sorriu aliviada.

— Então concorda que há uma forte possibilidade de que essas mortes podem indicar uma conexão? Que pode haver uma ameaça?

— Você precisa entender que lidar com questões políticas não está dentro da autoridade ou do domínio do CCD.

— Isso quer dizer que não pretende investigar? — indagou Cotten.

— Não diria isso. O que faremos será observar aonde tudo isso vai levar e então o que podemos fazer a respeito.

Cotten pegou a carteira e tirou um cartão dela.

— Este é o número do xerife do condado em West Virginia. O caixão de Thelma Sutton está sendo examinado em busca de vestígios de evidências. Pode ser que queira dar uma olhada nos resultados do relatório da perícia.

A doutora Swan pegou o cartão.

— Faremos contato com o xerife e com a família Sutton, e pediremos acesso à casa, especialmente ao quarto da senhora Sutton.

— Obrigada — falou Cotten. — Se puder identificar a doença, talvez possamos conseguir descobrir como detê-la.

A doutora Swan levantou-se.

— Ficaremos em contato.

Elas apertaram as mãos e Cotten disse:

— Por favor, me mantenha informada. — Ela tirou o próprio cartão de visita da bolsa e estendeu-o à diretora. — E Pete, você também tem o meu número.

— Obrigada por vir — disse a doutora Swan.

Pete acompanhou Cotten para fora da sala até o elevador. Assim que as portas se abriram, o celular de Cotten tocou. Ela verificou o identificador de chamadas, depois fechou o telefone.

— Obrigada de novo, Pete — disse enquanto entrava no elevador. — Ligue-me se tiver novidades.

Momentos depois, ela entregou o crachá de visitante à recepcionista e saiu para o dia ensolarado da Georgia. Abrindo o telefone celular, apertou o botão para recuperar a ligação interrompida.

— Oi, Ted. O que há de novo? — indagou.

— Quando pretende voltar para Nova York?

— Estou indo para o aeroporto agora mesmo.

— Então venha direto para o escritório. Descobri uma coisa que vai tirar você do sério.

Unidade 731

Cotten entrou no escritório de Ted, vindo diretamente do Aeroporto J. F. Kennedy. Sentando-se, deu uma olhada pela grande janela atrás da mesa dele.

— Sempre pensei numa coisa mas nunca lhe perguntei... de que adianta um escritório com uma vista tão linda se a sua mesa fica de costas para a janela?

— Se eu olhar pela janela o tempo todo — respondeu ele — não vou fazer o meu trabalho. Ficaria sonhando acordado. — Ele girou a cadeira 180 graus. — E sempre posso fazer isso quando o meu cérebro precisa de um intervalo no trabalho. — Ele girou de novo para encarar Cotten.

— Então conte-me o que descobriu.

Ted abriu uma pasta que se encontrava em cima da mesa, revelando uma pilha de papéis. Espalhou-os sobre a mesa. Alguns eram bilhetes escritos à mão em folhas amarelas de blocos de anotação, e outros eram impressões de pesquisas na Internet.

— Estive pesquisando sobre guerra biológica para ver o que poderia encontrar. Este é o raciocínio que acabei seguindo. Precisamos voltar ao ano de 1925 e ao Protocolo de Genebra, que baniu a guerra com gases e bacteriológica... o que, a propósito, foi aprovado por todas as grandes potências, a não ser pelos Estados Unidos e o Japão. Os Estados Unidos assinaram, mas só ratificaram o protocolo cinquenta anos depois, em 1975. Os japoneses nunca assinaram. De qualquer maneira, os japoneses ficaram tão impressionados por esse tipo de guerra ser tão hediondo a ponto de ser banido pela justiça internacional que decidiram que a guerra química e bacteriológica deveria ser a arma suprema. Em 1930, o programa de armas biológicas do Japão começou sob a direção de um oficial do exército, o general de brigada Shiro Ishii.

Ted levantou os olhos dos seus apontamentos.

— Estou tentando lhe oferecer uma linha do tempo. Me acompanhe.

— Eu deveria tomar notas?

— Não, apenas ouça por enquanto. — Ted folheou os papéis. — 1932. O Japão invadiu a Manchúria e Ishii iniciou experimentos preliminares. Pouco depois disso, ele criou a Unidade 731, um destacamento de guerra biológica disfarçado de um inofensivo departamento do governo. Ele arrasou com oito aldeias para erguer um complexo imenso em Pingfan, próximo a Harbin, uma região remota da península da Manchúria. O complexo consistia em 150 prédios que se espalhavam por cerca de dez quilômetros quadrados. Havia um quartel, laboratórios, salas de operações, crematórios e muito mais. E ouça isso: um cinema, um bar e um templo xintoísta. Houve pelo menos sete outras unidades semelhantes espalhadas pela Ásia sob a ocupação japonesa, todas sob o comando de Ishii. Na época em que ele foi promovido a general de exército, tinha mais de três mil pessoas a seu serviço. As atrocidades que Ishii e os seus colegas cometeram são do mesmo nível que as praticadas por Joseph Mengele. Por sinal, algumas das pesquisas que encontrei chamavam aquelas instalações de Auschwitz do Oriente.

— Sério? — surpreendeu-se Cotten. — Nunca ouvi falar de Ishii nem dessa Unidade 731.

— A maioria das pessoas nunca ouviu falar e existe uma razão. Vamos chegar lá em um minuto. — Ted tirou uma folha das suas pesquisas e acenou com ela. — A Unidade 731 fazia experiências com seres humanos. Eles apelidavam as suas vítimas de *marutas*, o que significa lenha. Era assim que encaravam os prisioneiros, nada mais do que madeira inerte.

— Parece uma técnica de lavagem cerebral para que a consciência não atrapalhasse — comentou Cotten.

— Ninguém em sã consciência cometeria o que descobri. Vou lhe dar alguns exemplos.

Ted procurou entre os papéis e por fim encontrou um em particular.

— Alguns prisioneiros recebiam descargas elétricas que os queimava aos poucos. Outros eram decapitados para que os soldados japoneses testassem o corte das suas espadas. Amputavam membros de vítimas vivas para estudar a perda de sangue.

Ted recostou-se no assento e esfregou o ombro como se doesse.

— Quer saber até que ponto aquela gente era doentia? — Ele não esperou pela resposta de Cotten. — Às vezes, costuravam os membros de volta nos lados opostos do corpo. Retiravam todos os órgãos e por alguma razão que não consigo imaginar a não ser por algum tipo de perversão, religavam o esôfago diretamente aos intestinos. — Ted observou Cotten por cima dos óculos. — Já é o bastante para você?

Ela abanou a cabeça em silêncio.

— Eles penduravam os prisioneiros de cabeça para baixo para determinar quanto tempo levariam para entrar em choque e morrer. Os prisioneiros eram trancados em câmaras de alta pressão até os olhos saltarem das órbitas. Os *marutas* chegavam a ser colocados dentro de centrífugas e girados até a morte.

— Jesus... — murmurou Cotten. — Que maldita pesquisa médica é essa?

Ted não deu uma resposta direta.

— Descobri que os japoneses tinham o que chamavam de *mulheres para uso.* Os militares mantinham bordéis só para os soldados. Mas quando as doenças venéreas tornavam-se um problema, Ishii assumia o controle. Ele fazia com que os cientistas colocassem uma prisioneira infectada com sífilis com um prisioneiro não infectado e exigiam que mantivessem relações sexuais ou seriam executados. Então acompanhavam o desenvolvimento da doença desde o instante da infecção. — Ted desviou a vista e soltou um suspiro sonoro. — Em vez de observar apenas os sinais externos, como um exame da genitália, eles realizavam dissecações ao vivo... vivissecções, a maioria sem nenhum tipo de anestesia. Abriam os *marutas* ao meio e observavam as consequências da doença sobre os órgãos internos. Os bebês das mulheres que eles não matavam por meio da vivissecção também eram usados em experimentos inomináveis. Ou eram dados para os soldados em treinamento para que os transpassassem com as baionetas ainda vivos.

— E havia mais: muitos dos prisioneiros foram infectados com peste bubônica, cólera, febre tifoide e uma infinidade de outras doenças para que pudessem estudar a progressão das doenças assim como as vacinas. Novamente, as vivissecções eram a norma. No fim, todos os dados eram usados para descobrir um meio de atacar os Estados Unidos. Próximo ao fim da guerra, a Unidade 731 apresentou um plano, com o codinome de Flores de Cerejeiras da Noite, para usar pilotos camicases para infestar a Califórnia com moscas infectadas com a peste bubônica. O plano era um submarino levá-los até próximo à costa do sul da Califórnia. Um avião transportado pelo submarino voaria até San Diego, onde os insetos seriam soltos. Mas antes que isso acontecesse a guerra acabou. Eles tinham formulado muitos outros planos de ataque além desse... liberar alimentos de origem animal infectados e todos os tipos de doenças desastrosas nos Estados Unidos, mas por sorte, não os executaram. Nos últimos dias da guerra, Ishii ordenou que os últimos 150 *marutas* fossem executados para encobrir os seus experimentos. Os japoneses explodiram os laboratórios secretos e as sedes da Unidade 731.

Cotten ficou olhando para Ted. Não conseguia dizer nada com as imagens terríveis vagando pela sua mente.

Ted encontrou o seu olhar.

— Quando comecei essa pesquisa não pude acreditar no que estava lendo.

— Por que não houve protestos contra essas atrocidades como aconteceu contra Hitler e o Holocausto?

— Só posso presumir que houve um encobrimento completo. Pelo que eu li, os Estados Unidos acreditaram que as informações coletadas pelos japoneses sobre guerra biológica superavam de longe os processos por crimes de guerra. No outono de 1945, o general MacArthur garantiu imunidade para os integrantes da Unidade 731 em troca dos dados das pesquisas sobre guerra biológica.

Cotten sentiu o estômago revirar.

— Como eles permitiram isso? Como nós permitimos?

— Ouça o que aconteceu a alguns dos participantes mais importantes da Unidade 731 nos anos do pós-guerra. Isso vai tirar você do sério. — Ted folheou os papéis, depois ergueu um e ajustou os óculos. — Asahin Masajjiro, um integrante da equipe de tifo, foi trabalhar para o Instituto Nacional de Saúde assim como Murata Yoshisuke, que participou da Unidade 1644. Futagi Hido, o líder da equipe de vivissecção, tornou-se cofundador da Green Cross Corporation.

— O que é isso? — exclamou Cotten.

— Foi o primeiro banco de sangue do Japão, que posteriormente tornou-se uma grande companhia farmacêutica, depois da fusão com outras corporações, e atualmente tem até subsidiárias nos Estados Unidos. — Ted empurrou os papéis de volta à pasta. — A lista daqueles que se deram bem apesar de serem assassinos é extensa.

— Então onde isso nos situa? Como isso se encaixa nos casos da T-Kup, de Calderon e de Sutton?

— Ah, garota, guardei o melhor para o final.

Mega-Mart

O imenso hipermercado Forest Park Mega-Mart, a oeste de Chicago, estava lotado com os compradores do fim de semana posterior à tempestade de neve. O Cadillac Escalade circulou pelo enorme estacionamento. A mulher ao volante se arrependia de ter esperado tanto para fazer compras depois da chegada do inverno.

— Mãe, estou enjoado — queixou-se o filho de 8 anos de idade no banco de trás.

— Já chegamos — avisou a mãe, olhando de um lado para outro, procurando uma vaga. — Só falta encontrar um lugar para estacionar. Continue assistindo ao desenho.

— Eu já vi este — reclamou o menino com um suspiro. — Queria um novo.

— E isso é culpa de quem? Quantas vezes já lhe disse para pegar um filme quando se aprontar para a gente sair?

— Mas é que já vi este.

— É seu favorito.

Um pequeno carro importado começava a sair de uma vaga logo à frente. Ela ligou o pisca-pisca. Aquele sujeito parecia não ter a menor pressa em desocupar a vaga, pensou ela. Outro carro entrou na mesma rua do estacionamento vindo da direção oposta. Ela adiantou-se um pouco mais. O importado finalmente saiu e virou na direção dela. Antes que o motorista no sentido contrário alcançasse a vaga, ela acelerou e fez uma curva aberta para bloquear a passagem dele e entrar na vaga com a sua grande Van.

Finalmente, o primeiro desafio das compras de Natal estava vencido — encontrar um lugar para estacionar.

Mãe e filho desafivelaram os cintos de segurança e saíram do veículo. Os faróis piscaram quando ela pressionou o botão para travar as portas no controle remoto e os dois apressaram-se para atravessar o estacionamento. A crosta de gelo e neve rangia sob os seus pés enquanto passavam pelas filas de automóveis e carrinhos de compras abandonados.

Com um ruído característico, as portas automáticas da entrada se abriram e o calor bem-vindo do interior das lojas os envolveu. A recepcionista, uma senhora grisalha em uma cadeira de rodas, cumprimentou-a inclinando a cabeça como fazia a todos que entravam no Mega-Mart.

— Quero ir à seção de brinquedos primeiro — falou o menino.

— Temos uma porção de presentes para comprar para as suas avós e os seus avôs, e para a tia Susie e o tio Jack. E precisamos encontrar algo para o papai. Querido, não acho que temos tempo de ficar vendo brinquedos desta vez.

— Mas você disse que teríamos.

— Eu disse que sim, mas só depois de fazermos todas as compras.

— Posso ir ver os brinquedos enquanto você faz as compras. Prometo que não saio do departamento. Você pode ir depois me buscar quando terminar.

— Acho que não. Quero que fique comigo — declarou ela, pegando a lista de compras da bolsa. — Sem discussão. — Ela correu o olhar ao redor, procurando a seção de *ferramentas*.

— Espere. — O filho apontou para um menino e uma mulher que seguiam por outro corredor. Era um dos seus amigos do bairro com a mãe. — Posso ir dar um alô?

Ela acenou para a outra mulher.

— Tudo bem, mas não demore. — Ela observou o filho abrir caminho entre os outros compradores até chegar ao amigo. Um instante depois ele voltava para junto dela.

— Eles estão indo ver os brinquedos. Por favor, me deixe ir com eles. A mãe dele disse que tudo bem.

A mãe relanceou o olhar pelo corredor. A vizinha acenou e fez um movimento labial em que dizia que estava tudo bem.

— Prometo que não vou sair da seção — insistiu o filho.

Provavelmente faria as compras mais rápido sem tê-lo ao seu lado reclamando o tempo todo, pensou ela.

— Você promete que não vai se afastar deles?

— Eu juro! — Ele ergueu os braços em sinal de vitória e correu entre os compradores que lotavam o hipermercado.

Ela se encaminhou para a seção de ferramentas, pois o sogro tinha sugerido que queria de Natal uma nova furadeira sem fio. O marido sugerira uma ou duas marcas. Essa compra deveria ser fácil.

Os corredores estavam tão congestionados que ela precisava abrir caminho com os ombros até a seção que procurava. Encontrou uns seis modelos de furadeira para escolher, o que dificultava o processo de decisão. Estava estendendo a mão para um modelo de preço médio quando ouviu um grito. Parecia ter partido de alguns corredores adiante. Começou a ler a lista de características na caixa quando ouviu uma mulher gemer.

Algumas pessoas das extremidades do corredor começaram a se encaminhar para o local do incidente. Ela percebeu que o movimento vinha da direção da seção de brinquedos. Devolvendo a furadeira para a prateleira, saiu apressada em direção ao fim do corredor. Diversas pessoas, incluindo funcionários, se adiantavam no sentido do setor de brinquedos.

Alguém gritou para ligarem para a emergência.

Ela apressou o passo, sentindo os batimentos cardíacos se acelerarem. Provavelmente não era nada, mas as pessoas ficavam loucas nos fins de semana. Devia ter obrigado o filho a ficar ao seu lado. Correu o olhar pela multidão, procurando pelo rosto do filho, pela sua cabeça, pela jaqueta colorida.

Os clientes se aglomeravam no fim de um corredor da seção de brinquedos. Ela abriu caminho até poder ver o que acontecera. Mais ou menos no meio do corredor, três funcionários ajoelhavam-se ao redor de um homem caído de costas sobre o piso. Graças a Deus, não era o seu filho. O homem parecia asiático, talvez chinês ou japonês. Todos pareciam iguais para ela.

— Mamãe?

Ela se voltou para ver o filho parado ao seu lado.

— Graças a Deus você está bem! — exclamou ela, abraçando-o.

— É, estou.

Ela o abraçou com mais força, depois o soltou.

— Eu procurava entre os bonecos de super-heróis e esse sujeito estava parado perto de mim quando começou a tossir sem parar. Como se estivesse tendo um tipo de ataque de alergia. Você sabe, como quando o nosso gato passa perto da titia. Ele não parava de tossir, e de repente caiu no chão... parecia que estava tentando tomar um comprimido vermelho. Aquela mulher ligou para a emergência pelo celular.

Do outro lado ela avistou a vizinha, que encolhia os ombros, erguendo as duas mãos como se quisesse dizer que não tinha como explicar o que acontecera.

A mãe saiu empurrando o filho consigo, pedindo desculpas ao passar pelos outros clientes aglomerados.

— Vamos deixar o doente para os paramédicos. Venha, preciso que você me ajude a escolher uma furadeira para o seu avô.

Conexão

— Esta é a parte que me deixa mais abismado — comentou Ted. — Fiquei perplexo com tudo o que li sobre a Unidade 731, mas não conseguia ligar especificamente nada disso com a nossa investigação. Então, por acaso, deparei com uma nota de jornal. Parece que dois dos mais dedicados integrantes da Unidade 731 desertaram para a Coreia logo depois da guerra. O codinome para o projeto de guerra bacteriológica em que trabalhavam era Agulhas Negras.

— Você está brincando! — exclamou Cotten.

— Não mesmo, aqui está o artigo. — Ele empurrou o papel na direção dela. — A equipe formada por esse homem e a esposa opunha-se radicalmente a qualquer tipo de cooperação entre os japoneses e os Estados Unidos; assim, depois da guerra eles se mandaram. E sabe onde foram parar? Eles fugiram para a Coreia do Norte e mudaram o sobrenome de Nakamura para Chung. Na Coreia do Norte, continuaram o trabalho que tinham começado a fazer com o general Ishii.

Cotten correu os olhos pelo artigo depois levantou os olhos.

— Mas hoje eles provavelmente são velhos demais para ter alguma participação nisso, se é que já não morreram.

Ted sorriu.

— Certo. Mas adivinhe, eles tinham uma filha, Chung Moon Jung. Foram necessários uns dois dias para reunir algumas informações sobre ela, mas a nossa equipe de pesquisa encontrou algumas referências. Não é possível encontrar muita coisa sobre o que está acontecendo dentro da Coreia do Norte, especialmente no que se refere a pessoas, de modo que tivemos sorte de descobrir alguma coisa. Parece que a doutora Chung é uma funcionária de alto escalão que trabalha para a República Democrática Popular da Coreia. Ela obteve uns dois doutorados, incluindo um em bioquímica na Universidade de Pequim. É fluente em vários idiomas, incluindo o inglês. — Ted balançou a cabeça com as sobrancelhas arqueadas. — Também descobrimos que está mal de saúde. Sofre do mal de Parkinson, entre outras coisas. As coisas fazem mais sentido para você agora?

O queixo de Cotten caiu.

— Essa Chung Moon Jung poderia ser a nossa conexão com a Coreia.

— Exatamente. Infelizmente, não temos nada substancial para continuar, mas faz sentido. Faz mais sentido ainda quando você ouve isto: as instalações de Pingfang são uma das que são mais associadas com experimentações com seres humanos, mas a designação propriamente dita de Unidade 731 só começou a ser usada em 1941 ou 42... não me lembro direito. — Ted bateu o dedo indicador sobre a pasta com os documentos. — Está em algum lugar aqui. Mas não importa, a expressão Unidade 731 tornou-se uma espécie de termo genérico envolvendo não só a unidade baseada em Pingfang, mas também todas as instalações satélites. Alguns daqueles que estiveram envolvidos com a Unidade 731 apareceram nos últimos anos e deram depoimentos. Encontrei um depoimento de uma enfermeira que disse que trabalhou nas instalações em uma ilha na baía da Coreia sob a supervisão dos doutores Nakamura, uma equipe de marido e mulher.

A expressão de Ted tornou-se sombria e ele cruzou as mãos sobre a pasta.

— Tem mais alguma coisa além disso, não tem? — indagou Cotten.

— Infelizmente. Procuramos entre os documentos da Marinha e descobrimos que, antes do confronto com os norte-coreanos, o *Pitcairn* tinha ancorado ao largo de uma ilha vulcânica remota na baía da Coreia. Eles ficaram por lá vários dias enquanto tentavam consertar os estragos causados por um incêndio a bordo nos sistemas de navegação e de comunicação. Lembre-se, o *Pitcairn* era um navio de pesquisas. Entre os passageiros viajavam alguns jovens botânicos.

De repente, Cotten juntou as peças do quebra-cabeça.

— Ai, meu Deus! — exclamou ela. — Aqueles jovens foram até a ilha e encontraram as ruínas do laboratório da Unidade 731.

— E deram de cara com as Agulhas Negras.

Três Linhas

Cotten estava sentada à mesa da sua sala, fazendo anotações num bloco de rascunho sobre tudo o que Ted acabara de lhe contar. As peças se encaixavam e formavam um grande quadro complexo. Talvez ela devesse informar a doutora Swan sobre a última.

Procurou o cartão de Charlotte Swan na bolsa e olhou para ele durante um momento, imaginando se a diretora do CCD seria o contato certo. Talvez devesse tentar o FBI.

Vamos ver primeiro até onde o CCD chega com isso. Cotten discou um número no telefone e depois de falar com a secretária da doutora Swan, finalmente conseguiu a ligação.

— Oi, doutora Swan. Aqui é Cotten Stone. Caso se recorde eu...

— É claro que me lembro. Engraçado você ligar. Eu estava exatamente examinando o relatório da perícia logística no caixão da senhora Sutton.

— Mas que rápido!

— Pedi que me enviassem uma cópia por fax. Chegou há uma meia hora.

— Descobriu alguma coisa? — quis saber Cotten.

— Nada de definitivo, mas há uns resultados suspeitos.

— Como o quê?

— Possíveis traços de agentes patogênicos. Acho que isso justifica novas investigações. A propósito, estava prestes a montar uma equipe para ir até West Virginia.

— Fico mais aliviada agora. Temia que não descobrisse nada e não visse a necessidade de continuar.

— Ah, de maneira nenhuma.

— Doutora Swan, tenho mais coisas para lhe contar. Sei que não é da sua jurisdição, mas acho que precisa saber o que pode estar acontecendo e o que isso envolve.

— Gostaria muito.

Cotten revelou tudo o que Ted lhe contara sobre a Unidade 731, sobre o *Pitcairn*, a doutora Chung e a sua família. Swan ouviu atentamente, interrompendo com apenas algumas perguntas.

— O que acha? — quis saber Cotten quando terminou.

— Acho absolutamente assustador, e é melhor fazer a minha parte do trabalho bem rápido. Na verdade, acho que isso vai além do CCD. Vou entrar em contato com alguns amigos do Departamento de Saúde e Recursos Humanos e também do FBI. Provavelmente, também vamos precisar envolver a Segurança Nacional. Todo muito vai precisar fazer a sua parte na história.

Cotten recostou-se na cadeira, o cabelo caindo sobre a parte de trás do encosto. Fechou os olhos.

— Isso seria ótimo. Quero dizer que lhe sou muito grata, doutora Swan.

— Não, eu é que tenho de agradecer a *você*. Voltarei a procurá-la tão logo saiba onde tudo isso vai dar. Conversaremos em breve.

— Não tenha dúvida — concluiu Cotten, deixando o fone escorregar pela face e descansar sobre o queixo. *Graças a Deus, alguém está me ouvindo.*

— Soube de mais alguma coisa? — indagou Ted quando a porta do elevador se fechou e começou a subir pelos andares do prédio da SNN.

Cotten observou o reflexo de ambos nas portas de bronze impecavelmente polidas.

— Não. Três dias atrás, a doutora Swan me pareceu entusiasmada quanto ao assunto. Parecia realmente acreditar que estávamos descobrindo alguma coisa que ia além de uma nova epidemia de gripe.

— Você ligou para ela? — quis saber Ted.

— Duas vezes ontem à tarde, mas a secretária informou que ela não estava. Não quero fazer o papel de chata. Ela disse que retornaria a ligação. Acho que preciso ter paciência. Liguei para Pete Hamrick e ele falou que verificaria em que pé estão as coisas, mas não tive notícias dele desde então.

O elevador parou no quinto andar e um novato da pós-produção entrou. Cotten não se lembrava do nome dele, mas o cumprimentou, assim como Ted.

Cotten interrompeu a conversa sobre Charlotte Swan até que ela e Ted saltaram no oitavo andar e foram para a sala dele.

Ted deixou que a porta se fechasse atrás deles. Cotten tirou o casaco e deixou-o sobre uma cadeira.

— Simplesmente não estou entendendo nada — falou ela. — Swan parecia tão disposta a agir! Ela chegou a dizer que entraria em contato com diversas agências e departamentos em Washington. Fiquei aliviada, como a gente fica quando percebe que pode contar com pessoas que vão resolver a situação. Estou me referindo a Washington, pelo menos.

Ted deu uma risada e sentou-se à escrivaninha. Então ficou sério.

— Acho que conheço todos os seus segredos. Certo?

— Hum, hum... — Cotten murmurou sentando-se na frente dele.

— Desconfio que você tenha deixado de lado alguma coisa importante, como se estivesse tentando ignorar.

Cotten inclinou a cabeça e afastou uma mecha do cabelo.

— Não se esqueça de com quem e com o que você está lidando — continuou Ted. — Droga, confesso que estou meio apavorado. Vou para casa todas as noites e olho para o pôr do sol, imaginando se será o último que verei ou se quando vir o próximo estarei caído no chão embaixo da minha janela, sangrando por todos os orifícios do corpo como Jeff Calderon. Tenho tido pesadelos e isso não é muito comum em mim. Toda essa coisa está rondando a nossa vida como uma sombra. Quem acreditaria em nós se contássemos o que está acontecendo? Quem ouviria se aparecêssemos no noticiário da noite e disséssemos que demônios e diabos estão planejando a nossa extinção? Mesmo se tivéssemos informações precisas, causaríamos uma histeria em massa ou o governo cassaria a nossa concessão.

— O que está tentando me dizer, Ted?

— Tudo bem, vou dizer o que estou pensando, mas sei que já está entre as suas preocupações do momento. Aquelas agências de Washington podem não ser a solução. Ligue de novo para a diretora Swan e então tome uma decisão. Mas é você quem precisa fazer essa ligação. Só você pode fazer isso. E você sabe.

Cotten sabia que Ted estava certo.

— Vou ligar para o Pete Hamrick e ver o que ele sabe.

Ted pegou o fone do gancho e estendeu-o para ela.

— Sabe o número?

— Tenho no meu celular.

— Consulte, então, mas use este telefone. Quero uma ligação simultânea em três linhas ao mesmo tempo no viva-voz.

— O quê?

— Veja se consegue ligar para o John na primeira linha.

Cotten consultou o relógio e fez o cálculo.

— Ele deve estar disponível.

Ela abriu a lista de contatos do celular e encontrou o número de John. Então digitou o número no telefone de Ted. Depois de esperar a secretária dele completar a ligação, Cotten ouviu a voz de John.

— Oi, alguma novidade?

— Estou com você no viva-voz. Estou aqui com Ted. O caso da T-Kup está estourando. Como lhe disse antes, entrei em contato com o CCD, mas ainda não tive resposta. A diretora Swan pretendia envolver outros departamentos do governo, mas agora eu e Ted estamos imaginando se esse é o caminho certo. Sabe o que vou fazer agora? Vou ligar para Pete Hamrick de novo para ver o que ele sabe. Ted achou que você poderia ficar na linha. — Ela fez uma pausa e depois concluiu: — Estou contente por ligar. É sempre bom ouvir a sua voz.

— A sua também.

— Espere um instante. — Ela pressionou o botão do *flash*, digitou o número de Hamrick e, quando começou a chamar, colocou John de volta na linha.

— Pete Hamrick — uma voz respondeu.

— Oi, Pete. Aqui é Cotten Stone. Tenho você no viva-voz com Ted Casselman, diretor de jornalismo da SNN. — Ela não viu nenhuma razão para mencionar John e precisar fornecer uma longa explicação. — Estava pensando se você soube de alguma coisa da diretora Swan.

Houve uma longa pausa.

— Cotten, não sei muito bem como lhe dizer isso. Não telefonei antes porque estava me perguntando como faria para contar.

— Diga logo, Pete. De que se trata?

— Conversei longamente com a doutora Swan esta manhã, e ela disse que estão abandonando a investigação, que não há evidências suficientes para continuar, que tudo não passa de conjecturas até o momento.

Cotten afastou o cabelo do rosto, sentindo o suor brotar na testa.

— O que quer dizer com isso? Ela disse que havia uma possível evidência de agentes patogênicos no exame da perícia no caixão. Que enviaria uma equipe a West Virginia e que ligaria para autoridades em Washington. Ela definitivamente pensava que eram mais do que conjecturas.

— Não sei do que você está falando, Cotten. Resumindo a questão, ela disse que tudo não passava de um engodo, criado por você e a sua rede de notícias para aumentar os seus índices de audiência. — Houve um longo silêncio. E ele concluiu: — Sinto muito mesmo. Preciso desligar. — A ligação foi interrompida.

— John, você ainda está aí? — indagou Cotten.

— Estou.

— O que pensa disso?

— Parece duvidoso para mim. Muito suspeito.

— Concordo — falou Ted.

— A doutora Swan estava ansiosa para prosseguir com as investigações quando falei da última vez com ela — protestou Cotten. — Aconteceu alguma coisa. Alguém deve tê-la silenciado. Por quê?

— Será que teria algo a ver com os contatos dela em Washington? — falou Ted. — Tão logo ela começou a falar com alguém de lá, os obstáculos começaram a aparecer.

— Mas por quê? — perguntou Cotten.

— Não importa — disse John. — O CCD não vai fazer nada.

— Então, onde isso nos leva? — indagou Cotten.

— Não faço a menor ideia — falou John. — É só um palpite, mas vou recorrer a alguns conhecidos. Devo partir de Roma no final da noite de hoje ou amanhã logo cedo. Ligo para você sobre o horário do voo depois.

— Vem para Nova York?

— Não, Washington.

Camp David

Quando Cotten avistou John atravessando a alfândega no Aeroporto Dulles, um desejo irreprimível de correr para abraçá-lo foi crescendo dentro dela até tomar conta de todo o seu corpo.

Em vez disso, ela sorriu e acenou.

Cotten percebeu que parara de andar e estava grudada ao chão, observando-o se aproximar. Finalmente, à distância de tocá-la, John deixou a mala de rodinhas no chão e abraçou-a.

— Olá, Cotten Stone.

Ela sentiu a respiração dele no rosto.

— Olá, John Tyler — ela sussurrou sobre o ombro dele.

Então ele se afastou e o ar frio ocupou o calor do seu abraço.

— Como foi a viagem? — quis saber ela, afastando o cabelo e esforçando-se para controlar as emoções.

John voltou a segurar a alça da mala enquanto começavam a caminhar.

— Nada mal. Na verdade aproveitei o tempo ocioso para pensar e preparar o que vou dizer.

— Você acha que pode persuadir o presidente Brennan a se envolver?

— Acho que sim. Conhecemos o histórico dele. Ele fez campanha com base em uma plataforma moral e religiosa. É um católico evangélico que está na Casa Branca.

— Mas não se pode simplesmente afastar as legiões do mal que estão por trás daquelas três mortes misteriosas... — Ela se corrigiu. — Não, considerando o número de corpos no *Pitcairn*, seria uma verdadeira horda de mortos sem que se tivesse acesso aos corpos. De qualquer maneira, ele ainda pensaria que estamos malucos.

— É, pensaria — admitiu John. — Mas acredito que encontrei um argumento convincente. Assustador, mas convincente.

— Você não pretende falar de mim para ele, pretende?

John voltou-se para encará-la.

— Não. Ele definitivamente nos mandaria internar num hospício se eu fizesse isso.

— Às vezes não parece que é real. Até mesmo para mim parece ridículo. Há momentos em que imagino se tudo não passa de um sonho estranho e que a qualquer momento vou acordar e voltar para a minha vida normal. Sem Nephilim ou Anjos Caídos. No instante seguinte reconheço que não é um sonho e me dá um frio na barriga. Graças a Deus tenho você e Ted. Vocês me mantêm no meu juízo perfeito.

— Alguém precisaria fazer isso — brincou John.

Cotten deu-lhe uma cotovelada. Eles saíram do terminal e tomaram o transporte da locadora de automóveis. Meia hora depois, estavam em um carro alugado, seguindo para noroeste, em direção a Maryland.

A viagem de uma hora levou-os a Frederick, ao norte do Catoctin Mountain Park, que circunda o retiro presidencial de Camp David. No caminho tiveram tempo suficiente para planejar a sua estratégia. No retiro rústico de 50 hectares na montanha fazia mais frio do que no aeroporto, e o aquecedor do carro alugado parecia não dar conta de manter o interior aquecido.

Cotten mantinha uma das mãos ao volante e batia com a outra no painel de instrumentos, na esperança de incentivar o aquecedor a produzir mais ar aquecido.

— Os meus pés estão congelando — disse ela. — E o meu nariz parece que vai quebrar em pedaços se eu tocar nele.

John inclinou-se para a frente e mexeu nos controles da temperatura. Mantinha uma das mãos na frente da ventoinha central para testar se a temperatura aumentava.

— Pelo menos estamos quase chegando. Admire o cenário e tente distrair a mente do frio. Se quiser parar um pouco, posso pegar um casaco mais quente na minha bagagem no porta-malas.

— Está tudo bem. Quero chegar o mais rápido possível. Além disso, se abrir a porta vai entrar mais ar frio. — Cotten observou as árvores cobertas de neve na floresta por onde passavam. — Você está certo. O cenário é maravilhoso. Mesmo no inverno, as montanhas são lindas. Quer dizer que já veio aqui antes?

— Duas vezes, uma vez com Brennan, a outra em visita ao predecessor dele. A última vez foi para informar o presidente sobre as conversações secretas entre o Santo Padre, os israelenses e os palestinos.

— Não sabia que o Vaticano estava envolvido nas negociações de paz no Oriente Médio.

— Foi por isso que chamaram de conversações secretas.

Ela lançou-lhe um olhar e sorriu.

— *Touché*!

Mais à frente, ela avistou a placa assinalando a curva para entrada principal de Camp David. Nela estava escrito: *Camp #3*. Cotten fez a curva e um pouco adiante na estrada passou pelo primeiro de três furgões pretos. Em seguida, passaram por dois jipes Humvees fortemente armados, estacionados de cada lado da estrada da floresta, as suas metralhadoras .50 apontadas para o carro que se aproximasse. Finalmente, um portão alto e uma cerca metálicos parecidos com os de uma prisão de segurança máxima surgiram em meio à floresta. Um fuzileiro naval trajando um uniforme de combate completo ergueu a mão enquanto Cotten diminuía a marcha para parar. Outros fuzileiros portando fuzis de assalto aproximaram-se de ambos os lados.

Cotten baixou o vidro do lado do motorista e os militares se inclinaram.

— Identificação, por favor.

Ela tirou a cartão de imprensa da SNN e a cédula de identidade da bolsa e entregou ao fuzileiro. Ao mesmo tempo, John passou o seu passaporte da Cidade do Vaticano para Cotten que o entregou ao militar.

O fuzileiro examinou os documentos enquanto falava a um minúsculo microfone que se projetava de um fone de ouvido. Um instante depois, ele devolveu os documentos para Cotten.

— Por favor, ao passarem pelo portão, sigam aquele veículo. — Ele apontou para um Humvee que acabava de se posicionar na estrada à frente deles. — Bem-vindos a Camp David.

O presidente Brennan estava sentado em frente à lareira, no Aspen Lodge. O velho amigo, John Tyler, fora intencionalmente vago quando telefonara para dizer que precisavam se encontrar com urgência. Brennan e os conselheiros tinham discutido sobre a visita do cardeal e o presidente torcia para que não tivesse nada a ver com o impedimento das investigações do CCD sobre a morte em West Virginia. No entanto, estava bem ciente da ligação de John com Cotten Stone; portanto, esperava o pior. Tirar de cena Charlotte Swan já fora bem difícil. O caso em questão seria muito pior.

Um ajudante de ordens abriu a porta.

— Senhor presidente, o cardeal Tyler e a senhorita Stone estão aqui.

Brennan fechou a pasta rotulada com a etiqueta vermelha de *Ultrassecreto*, levantou-se e encaminhou-se para a escrivaninha ornamentada. Guardou a pasta em uma gaveta, depois cruzou os dedos, estalou as articulações e balançou a cabeça de um lado para o outro para relaxar o pescoço. Finalmente, encarou o funcionário.

— Faça-os entrar.

O homem saiu, reaparecendo em um instante com Cotten e John.

— John — cumprimentou Brennan, caminhando na direção dele e estendendo a mão. — Que bom ver você de novo. — Eles apertaram as mãos. — Me desculpe, tenho dificuldade para chamá-lo de qualquer coisa que não seja John, embora eu saiba que deveria ser Sua Eminência.

— Estou honrado por ainda me chamar de John, senhor presidente. E também por ter concordado em nos receber.

Sorrindo, Brennan voltou a sua atenção para Cotten.

— Senhorita Stone, a sua reputação a precede. Estou satisfeito em finalmente ter o prazer de conhecê-la pessoalmente.

— Obrigada, senhor presidente — disse Cotten, apertando a mão dele.

— Por favor, sentem-se e aqueçam-se junto ao fogo. Quando estou aqui neste retiro, acho que essa é uma das melhores coisas a fazer. Olhar para as chamas é algo hipnotizador, quase primevo.

Cotten e John escolheram duas poltronas dentre as que formavam um semicírculo diante da lareira.

Brennan sentou-se em uma terceira. Ele sentiu uma picada de ansiedade na garganta e girou o pescoço, ouvindo um estalido e um som entre as vértebras como o de areia sendo triturada.

— A tensão afeta todo o meu corpo.

— E o seu trabalho certamente é estressante — admitiu John. — Os exercícios físicos ajudam. Mas você está em boa forma.

— De fato a minha saúde vai bem. A primeira dama me mantém na linha. Alimento-me corretamente. Corro ou ando rápido todos os dias. Mas não tenho feito nenhuma corrida desde que saí de Boston. — Ele fez uma breve pausa, depois fixou os olhos nos de John. — Bem que poderíamos estar livres dessa caça aos ratos, John, não concorda? Tenho certeza de que você não se deu ao trabalho de vir aqui para bater papo. Portanto, fale logo.

— Senhor presidente, acho que os Estados Unidos e os seus aliados correm um grave perigo.

Imediatamente, Brennan soube que os seus temores se justificavam. Eles vinham tratar da investigação.

John passou a explicar o que sabiam e como tinham procurado a diretora Swan e o CCD. Cotten interferia aqui e ali, acrescentando detalhes.

Finalmente, quando terminaram de dar todas as informações, Brennan afundou na poltrona e mordeu o lábio inferior numa careta. A integridade dos Estados Unidos estaria em risco se essa investigação continuasse. Ele era o presidente e era o seu dever proteger a nação. Precisava encontrar uma resposta que parecesse legítima. Ele precisava impedir que isso continuasse ou o país seria forçado a revelar um segredo sombrio havia muito enterrado. Isso poderia prejudicar irreparavelmente a posição dos Estados Unidos, aos olhos do mundo, com relação aos direitos humanos.

Brennan recompôs os pensamentos.

— Isso é alarmante. Especialmente a sua suspeita de uma conexão coreana. Sabem o que realmente me assusta? A República Democrática Popular da Coreia é uma sociedade fechada. Por mais que tentemos, temos pouco sucesso em penetrar o seu mundo. É como se fosse outro planeta. Francamente, não sei como tratar disso ou de qualquer coisa do passado com o maluco daquele tirano.

— Senhor presidente — falou Cotten —, não sabemos por que, mas desconfiamos que alguém impediu a investigação da diretora Swan sobre o assunto. Mas nessa altura isso provavelmente não importa. Estamos pedindo que considere passar por cima da investigação da perícia e faça alguma coisa para deter a Coreia do Norte e a ameaça do projeto Agulhas Negras antes que seja tarde demais.

— A doutora Swan é excelente no que faz — admitiu Brennan. — Se ela interrompeu a investigação, estou certo de que foi por uma boa razão. — Ele correu o dedo por dentro do colarinho, afrouxando-o no pescoço.

— Mas o senhor pode fazer alguma coisa, senhor presidente — insistiu Cotten. — Esqueça a doutora Swan, a coisa é maior do que isso. Se a Coreia do Norte está planejando um ataque biológico contra este país, é o seu dever por obrigação impedir. Não vê que estão fazendo testes de campo com a arma deles? O Agulhas Negras já ceifou vidas inocentes.

Brennan deu um sorriso condescendente.

— Se você estiver certa, o pensamento é assustador. Mas onde estão as evidências? Não posso agir com base em suposições. Não posso me dirigir aos chefes do Estado-Maior e ao Congresso e dizer, "Ei, tive essa estranha sensação de que a Coreia do Norte está para praticar algo muito ruim." — Eu deu uma risada. — Não teria a menor chance.

John correu a mão pela face e se levantou.

— Senhor presidente, já nos conhecemos há muito tempo e sei como a sua fé sempre foi forte. Preciso que agora ela seja mais forte ainda. Vou lhe revelar uma coisa que talvez o faça mudar de ideia. Preciso que não apenas escute o que vou dizer, mas que *ouça*. O futuro do mundo pode depender da sua alma.

Passeio Turístico

Era uma manhã silenciosa, no Grupo Escolar Golden Ridge, em Chino Hills. Até mesmo o movimento no corredor da secretaria estava devagar.

A secretária ouvia uma mãe ao telefone que queria cancelar uma reunião com uma professora, quando uma tosse junto ao balcão da frente chamou a sua atenção. Ela levantou os olhos para um homem parado ali. A secretária fez um movimento com a cabeça para que ele soubesse que o atenderia em instantes.

— Vou dar o recado à professora do seu filho — falou ao telefone e então desligou.

— Em que posso ajudá-lo? — Ela se levantou da escrivaninha e aproximou-se do homem.

— Por favor. Comprei uma casa próxima ao Hidden Hills Park. Os meus filhos devem vir para esta escola, certo? Essa é a escola certa, não é? E tenho algumas perguntas a fazer. — Ele tossiu de novo, cobrindo a boca com a mão. — Desculpe. Esta gripe está me matando.

O homem falava com sotaque. Vietnamita, chinês, japonês, alguma coisa assim, pensou ela. Não queria ser preconceituosa, mas os sotaques orientais pareciam todos iguais para ela, assim como não sabia distinguir a diferença entre os sotaques do espanhol — de mexicanos, colombianos, cubanos, venezuelanos.

— Sim, é a nossa região. — Coitado, parecia estar muito mal. — Todo mundo acaba pegando um micróbio — comentou ela. — Dor de cabeça e tosse. Tivemos três professores e um montão de crianças faltando na semana passada.

— Pensei que eu fosse a única vítima — comentou ele rindo.

Era um sorriso estranho, pensou a secretária, como se tivesse algo por trás dele — como se ele achasse graça de uma piada particular.

— Quando vier registrar os seus filhos, precisará trazer uma prova de idade, como a certidão de nascimento, passaporte, certificado de batismo, juntamente com uma comprovação de residência, e carteira de vacinação. Eles estão com as vacinas em dia?

O homem não respondeu e pareceu distraído, observando as instalações.

Ela repetiu a pergunta:

— As crianças estão com as vacinas em dia?

O homem olhou de relance sobre o ombro para as portas de vidro.

— Estão — respondeu, virando-se.

Sujeito estranho, pensou a secretária. Esperava que os filhos não fossem tão bizarros quanto o pai. Tirou duas brochuras debaixo do balcão.

— Eis as informações sobre o percurso dos ônibus escolares, e esta aqui é sobre os cuidados depois das aulas. Tem também outras informações básicas que talvez interessem. — Ela estendeu as brochuras para o homem.

Ele pegou as publicações.

— Muito obriga... — Ele não conseguiu terminar a frase, interrompido por uma série de espirros.

A secretária recuou para evitar os perdigotos que viu projetados no ar. Ainda assim, sentiu o contato com aquela névoa esparsa.

— Peço mil desculpas — falou o homem quando o acesso passou. — Vim aqui ontem, mas a escola já estava fechada. Gostaria de dar uma volta para conhecer. Agora, por favor. Tenho pouco tempo. Queria ver as salas de aula, quem sabe a cantina? Precisa ser hoje.

— Certamente. — A secretária olhou para o relógio de parede. — O horário do lanche começou há vinte minutos. Vamos inscrevê-lo para a visita, senhor...

— Choi.

— Certo, senhor Choi, preciso da sua habilitação de motorista e, por favor, assine aqui nesta linha. — Ela estendeu a prancheta com o formulário enquanto ele pegava o documento na carteira. — *O senhor Choi é realmente o senhor Esquisito*, pensou ela.

Alguns minutos depois, Choi recebia uma etiqueta de visitante para colar no bolso da camisa.

— Sente-se por um instante enquanto peço que alguém o acompanhe. Não vai demorar mais que alguns minutos. Vamos oferecer-lhe um passeio turístico completo.

— Não posso acreditar que estou realmente aqui vendo isto — comentou o turista idoso e grisalho para a esposa. Ele acabara de se aposentar e estava conhecendo Londres, a primeira parada da viagem de férias ao redor do mundo. Ele se encontrava a alguns passos da Pedra de Roseta em exibição no Museu Britânico. — Sabe quando você compra um aparelho doméstico ou computador e recebe um manual de instruções em vários idiomas?

— Certamente — admitiu a mulher, de braço dado com ele.

— Bem, digamos que daqui a uns mil anos, os arqueólogos percam a capacidade de ler e escrever em inglês, mas sabem como falar e ler em japonês. Portanto, digamos que encontrem o manual do proprietário do seu espremedor de suco. Se compararem a versão em japonês das instruções com a versão em inglês, eles provavelmente teriam informações suficientes para aprender o inglês.

— É assim que funciona a Pedra de Roseta?

— É. Depois que os hieróglifos egípcios deixaram de ser usados, perdeu-se o conhecimento sobre como ler e escrever com eles. Agora, salte para a época de Napoleão. O exército dele descobriu a Pedra de Roseta enquanto escavava os alicerces de uma fortaleza no Egito. O que está escrito nessa superfície na verdade não é nada que abale a Terra. É alguma coisa relativa ao evento comemorativo da coroação de um faraó. A vantagem é que o relato está inscrito em três línguas diferentes como o manual do seu espremedor. Está em hieróglifos, em outra escrita egípcia e em grego.

— Quer dizer que a versão em grego foi a chave?

— É isso aí. Os pesquisadores perceberam que tinham meios de decodificar os hieróglifos egípcios comparando com a versão em grego com os glifos na pedra. Aí começou todo o resto...

Os dois se voltaram para uma comoção vinda de um grupo de turistas que saía do Salão Quatro, onde ficava uma grande coleção de esculturas egípcias. O grupo de turistas fizera uma roda em torno de um homem asiático que se dobrava ao meio enquanto vomitava sobre o piso de mármore do museu.

Mesmo a uns seis metros de distância, o aposentado pôde ver que o vômito era sanguinolento.

Aspen

John caminhava de um lado para outro na frente da enorme lareira do Aspen Lodge, enquanto o presidente Brennan o seguia com o olhar.

Onde será que ele quer chegar?, pensava Brennan. Por que tanto dramatismo?

John olhou para as chamas, de costas para Brennan.

— Prepare-se para o que está prestes a ouvir, senhor presidente. Ouça com a mente aberta. — Ele se virou. — Pode fazer isso?

— É claro.

— Fizemos alguns estudos sobre a Bíblia juntos, portanto sei que está familiarizado com as escrituras. Recue até a batalha original pelo Céu. Deus expulsou os anjos rebeldes do Paraíso, para nunca mais voltarem. E o que o Gênese nos diz sobre aqueles Caídos? — Ele tirou uma pequena bíblia do bolso do paletó e abriu em uma página marcada. No Gênesis, capítulo seis, versículo quarto, lemos: *"Naqueles dias havia Nephilim na terra, e também posteriormente, quando os filhos de Deus possuíram as filhas dos homens e elas lhes deram filhos. Estes foram os heróis do passado, homens famosos"*.

— Conheço esse versículo — comentou o presidente.

— Os Nephilim eram descendentes dos Caídos com mulheres mortais. Eles eram metade humanos, metade anjos, descritos como gigantes. Acredita-se que Golias fosse um deles. Os Nephilim não eram apenas uma lenda do Velho Testamento, senhor presidente, eles são mencionados em mitos de quase todas as culturas, incluindo os egípcios, hindus, ilhéus dos

Mares do Sul, índios americanos... em todo o planeta, acredita-se na sua existência.

— Sim, John, eu sei disso. Onde você quer chegar com a sua aula de Bíblia?

— Pense no seguinte, senhor presidente. Que motivo os Caídos tinham para colonizar a Terra com os seus filhos híbridos? Foi um plano orquestrado por Satã para interromper a linhagem de Abraão porque a Semente da Mulher, Jesus Cristo, descenderia de Abraão? Deus respondeu com o Grande Dilúvio para limpar a Terra da genética dessa raça corrupta. Só Noé e a sua família foram poupados porque não tinham se corrompido. Não havia nenhum Nephilim na sua família e assim eles foram salvos.

John continuou a leitura.

— No capítulo 6 do Gênesis, versículos 5 a 7, lê-se: *"O Senhor viu que a perversidade do homem tinha aumentado na terra e que toda a inclinação dos pensamentos do seu coração era sempre e somente o mal. Então o Senhor arrependeu-se de ter feito o homem sobre a terra, e cortou-lhe o coração. Disse o Senhor: Farei desaparecer da face da terra o homem que criei e também os grandes animais e os pequenos e as aves do céu. Arrependo-me de havê-los feito"*.

John se deteve e ergueu os olhos:

— Estamos de acordo em que os Caídos e os Nephilim existiam na época de Noé?

Brennan remexeu-se na poltrona.

— Se considerar as escrituras ao pé da letra, então podemos concordar. Mas eu lhe pergunto de novo: o que isso tem a ver com a suspeita de ameaça do novo vírus e os norte-coreanos?

— Tenha paciência — pediu John, erguendo a mão. Agora, em Mateus, capítulo 24, versículos 37 a 39, lemos: *"Como foi nos dias de Noé, assim também será na vinda do Filho do homem. Pois nos dias anteriores ao Dilúvio, o povo vivia comendo e bebendo, casando-se e dando-se em casamento, até o dia em que Noé entrou na arca; eles nada perceberam, até que veio o Dilúvio e os levou a todos. Assim será também na vinda do Filho do homem"*.

— Pode-se dizer que os Nephilim foram extintos com o Grande Dilúvio — concluiu o presidente.

— E foram, mas os Caídos estarão conosco até o Fim dos Tempos. Eles continuam a gerar descendentes, dos quais existem tantos ou mais do que na época que antecedeu ao Dilúvio. Somos advertidos para prestar atenção ao modo como eram as coisas na época de Noé. — John olhou fixamente nos olhos de Brennan. — Os Nephilim estão entre nós, assim como os Caídos. Precisa acreditar em mim. Eu sei. Eu vi com os meus próprios olhos.

— John, admito que existe mais mal neste mundo do que o necessário... — Brennan não sabia ao certo se queria continuar ouvindo. E não queria continuar parecendo contrário às teorias de John, muito embora não tivesse escolha. Ele olhou para a escrivaninha e lembrou-se da pasta com a etiqueta *Ultrassecreto*.

— Então admite que as legiões de Satã ainda existem atualmente? — indagou John.

— Você sabe que sim. Você e eu temos a mesma fé. — Ele acreditava nisso, mas ainda não percebia a relação com a ameaça biológica.

— Quais são alguns sinais das Atribulações, as experiências terríveis que sofreremos antes do Segundo Advento?

O presidente pensou por um momento.

— Guerras, fome, terremotos.

— Certo — concordou John. — E falsos profetas. Quantos desses vimos nas últimas gerações? Mas essas são apenas as dores do parto. O fim ainda está por vir. Também de Mateus, capítulo 24: "*E haverá fomes, e pestes, e terremotos, em vários lugares. E surgirão muitos falsos profetas, e enganarão a muitos. E ouvireis de guerras e de rumores de guerras, e o aumento da fome, pragas e desastres naturais*".

John caminhou de novo de um lado para outro antes de se deter na frente de Brennan.

— Pragas. Não acho que se trate apenas dos norte-coreanos por trás das Agulhas Negras. Estou certo de que é algo muito maior do que isso.

Brennan piscou, e foi tomado por uma onda de mal-estar. Precisava acabar com aquela conversa antes de ser encurralado em um canto. John estava certo, havia coisas maiores em jogo. Coisas que poderia prejudicar irreparavelmente a reputação dos Estados Unidos.

— Vê onde quero chegar, não vê, senhor presidente?

Brennan não respondeu, mas simplesmente olhou para John.

— Deixe-me montar o quadro para o senhor. Os Caídos e os Nephilim continuam em guerra contra Deus hoje em dia, e o que está acontecendo agora foi profetizado no livro do Apocalipse. — Ele passou para outra página da Bíblia. — No Apocalipse, capítulo 16, versículo 2: "*O primeiro anjo derramou a sua taça pela terra, e abriram-se fendas malignas e dolorosas naqueles que tinham a marca da besta e adoravam a sua imagem...*" Acredito que se refira à obra da Unidade 731. Agora, Apocalipse, capítulo 17, versículo 3: "*O segundo anjo derramou a sua taça no mar, e este se transformou em sangue como de um morto, e morreu toda criatura que vivia no mar*". Será que *mar* poderia ser uma referência ao *Pitcairn?*

Brennan sentia a garganta e a boca secas, e tinha dificuldade para falar.

— Pare. — A sua voz soou como uma lixa raspando a madeira.

— Apocalipse, capítulo 16, versículos 8 e 9: "*O quarto anjo derramou a sua taça no sol, e foi dado poder ao sol para queimar os homens com fogo. Estes foram queimados pelo forte calor e amaldiçoaram o nome de Deus, que tem domínio sobre estas pragas; contudo recusaram arrepender-se e glorificá-lo...*" Será que *sol* poderia ser o sol nascente da bandeira japonesa? O Japão, de onde essa doença se originou? E será que "*os homens com fogo*" é uma referência à febre alta provocada pelas Agulhas Negras? — John fechou a Bíblia e guardou-a de volta no bolso. — Se tudo isso não for o bastante para convencê-lo, senhor presidente, então ouça mais uma citação das escrituras.

O presidente Brennan sentia a garganta fechada, como se fosse apertada por um laço. *Sou o presidente dos Estados Unidos. Como poderia trair o juramento do meu cargo? Mas isso... essa teoria de John, se for verdadeira, proteger a integridade dos Estados Unidos não seria mais do que algo insignificante.* De repente, pareceu faltar oxigênio no aposento.

Dessa vez John citou de memória:

— Apocalipse, capítulo 16, versículos 10 e 11: "*O quinto anjo derramou a sua taça sobre o trono da besta, cujo reino ficou em trevas. De tanta agonia os homens mordiam a própria língua e blasfemavam contra o Deus dos céus, por causa das suas dores e feridas; contudo recusaram arrepender-se das obras que haviam praticado*".

Brennan inclinou-se para a frente na poltrona.

— O que acha que isso significa?

— Precisei da maior parte do voo a Washington para entendê-lo. Acredito que significa que os norte-coreanos estão usando a sua própria gente como arma. Ajudados pelos Caídos, eles estão de algum modo infectando o seu povo, depois enviando-o para disseminar o vírus nos seus alvos. É isso que eu acho que significa: *"O quinto anjo derramou a sua taça sobre o trono da besta, cujo reino ficou em trevas"*. Eles não se arrependem. Eles são como os pilotos camicases japoneses ou os homens-bomba suicidas radicais islâmicos. Mas ao contrário daqueles terroristas, esses homens-bomba suicidas carregam armas que são indetectáveis, invisíveis. As suas armas são os germes que carregam dentro de si.

Inclinando-se para trás, o presidente gemeu, depois murmurou:

— Preciso de tempo para pensar.

Cotten levantou-se.

— Mas não há tempo, senhor presidente. Os homens-bomba suicidas podem estar sentados agora mesmo diante de pessoas inocentes em ônibus e aeroportos, cinemas e supermercados, ou escolas...

Brennan levantou a cabeça de imediato quando divisou uma possível falha na teoria.

— Não, não pode ser. Eles não teriam como controlar isso. A infecção poderia acabar atingindo o seu próprio povo.

— Talvez tenham desenvolvido algum tipo de vacina — considerou Cotten.

— Faz ideia da tarefa imensa que seria inocular toda a população da Coreia do Norte, sem mencionar os seus aliados e todos os países que não consideram inimigos? — indagou Brennan. — E acima de tudo, como eles guardariam um segredo tão grande? Impossível.

— Então a doutora Chung encontrou um meio... — Cotten olhou subitamente para John. — Ninguém mais é infectado! É isso! É por isso que as pessoas ao redor de Calderon e Thelma Sutton e dos outros não contraíram a doença. De algum modo, a doutora Chung conseguiu trabalhar as Agulhas Negras de modo que não possa ser transmitido de pessoa a pessoa. Assim como a gripe aviária, ou pelo menos da maneira que a gripe aviária é transmitida. A pessoa pode recebê-la de uma ave, mas não pode transmiti-la... ainda. Os homens-bomba suicidas são como as aves. De algum modo, eles causam a infecção. É assim que eles podem escolher e atacar os seus alvos. — Cotten bateu com a palma da mão na testa. — Como somos estúpidos. Afinal de contas ela é uma bioquímica. É o trabalho dela. — Ela olhou para o presidente. — Por favor, senhor, o senhor precisa intervir.

O presidente olhou de relance para a escrivaninha, as mãos suadas e a pele ardendo. *Se eles fizessem uma ideia do que há naquela pasta.*

— Sinto muito, mas apesar da sua argumentação extravagante e criativa, realmente não há nada que eu possa fazer. Vocês não têm provas, nenhuma evidência irrefutável. Seria pior do que o fiasco das armas de destruição em massa do Iraque. Não podemos fazer acusações graves assim no vazio. John, você e eu sabemos que você é capaz de interpretar as escrituras um milhão de vezes de hoje a domingo e de trás para diante.

— Maldição, será que não percebe? — exclamou Cotten. — Os ataques podem já estar acontecendo. E quando as mães começarem a ver os filhos terem uma morte horrível, como acha que vão se sentir quando descobrirem que o senhor sabia e não fez nada?

Brennan levantou-se. *O cenário pintado por John era terrível. Mas a possibilidade de que fosse verdadeiro ainda era remota. Independentemente disso, era a investigação que ele mais temia. Era o que poderia abrir uma ferida inflamada e causar danos irreparáveis aos Estados Unidos aos olhos do mundo. Ele não tinha escolha.*

— Sinto muito, senhorita Stone. Obrigado aos dois por terem me trazido o problema. As suas preocupações são louváveis. E prometo que vou pesar cada fato descoberto com as suas ponderações, John. — Ele acenou para a porta. — A escolta militar os levará de volta ao seu carro.

— Steve — falou John, chamando o presidente pelo primeiro nome enquanto se encaminhava para a porta. — Se não acredita em mim, acredite no seu coração e na palavra de Deus. Não espere muito tempo para agir. Há muita coisa em jogo.

O presidente Steven Brennan desabou na poltrona, olhando para o fogo com um olhar vazio. Passados alguns instantes, foi até a escrivaninha, pegou a pasta da gaveta e voltou à poltrona. Se permitisse que toda aquela história sobre a Unidade 731 vazasse, a sujeira em torno daquele segredo horroroso mantido oculto por praticamente toda uma geração ressurgiria com toda a sua força. Tudo o que ele podia fazer seria rezar para que a premissa de John estivesse errada, que ele e Cotten Stone percebessem isso e desistissem do assunto. Essa poderia se revelar a maior jogada da sua vida.

Abriu a pasta e correu o olhar pelos dados fornecidos pelos serviços de informações. 1951. Os Estados Unidos estavam mergulhados até o pescoço na Guerra da Coreia. Uma guerra infeliz em um lugar infeliz. A campanha de MacArthur resultara na perda de mais de 60.000 soldados americanos na Coreia do Norte, e o povo americano entrara em um verdadeiro frenesi, temendo o "perigo amarelo", as hordas de mongóis em sua terra natal. Era preciso fazer alguma coisa. Brennan focalizou a vista e releu a ordem de outubro de 1951.

Codinome da Operação – Decolagem

Os chefes do Estado-Maior Conjunto dos Estados Unidos entregaram em mãos uma ordem para o general Ridgeway para dar início a uma guerra bacteriológica experimental limitada, na Coreia. A essa ordem seguiu-se outra diretriz das mesmas autoridades em fevereiro de 1952. A ordem de número 1837/29 autorizava amplos testes de campo. A ordem foi dada verbalmente para que não houvesse provas documentais nem evidências arquivadas.

Brennan sentiu o estômago contrair-se ao pensar nisso, como acontecia toda vez que revia os detalhes horrorosos.

Usando grande parte das pesquisas da Unidade 731, depois de uma série de bombardeios com bombas convencionais, os Estados Unidos trocaram as ogivas comuns por outras contendo agentes patogênicos no último ataque da série. Depois do ataque aéreo, os norte-coreanos dirigiram-se ao local para resgatar os seus feridos.

Os germes eram destinados à equipe de resgate.

Mas a ação não se limitou a bombas com agentes bacteriológicos. A coisa foi ainda muito mais escabrosa. Foram lançados alimentos infectados sobre os maiores centros populacionais, para matar a fome dos civis famintos.

Só quando as próprias tropas americanas foram infectadas acidentalmente foi que a operação finalmente cessou.

Brennan fechou a pasta, desejando ser capaz de encerrar, assim tão facilmente como quem fecha livro, um capítulo vergonhoso da história do seu país. Ele sabia que o governo tivera o cuidado de encobrir tudo. Apenas em uma outra ocasião o incidente estivera próximo de ser exposto à opinião pública. Fora em 1953, quando um especialista em guerra bacteriológica de Camp Detrick estava pronto para dar com a língua nos dentes. Ele foi encontrado morto num quarto de hotel. *Suicídio*. Os filhos nunca aceitaram que o pai tivesse tirado a própria vida. Quarenta anos depois da sua morte, o corpo foi exumado e reclassificado como homicídio.

Brennan olhou para o selo presidencial acima da lareira, depois encaminhou-se para o bar e serviu-se de três dedos de um uísque escocês de dezoito anos. Engoliu-o de uma vez só, sabendo que estava diante da maior dúvida de todas — o que fazer com Cotten Stone e John Tyler?

Jet Lag

— Essa foi a nossa última cartada — comentou Cotten para John, desviando os olhos da estrada por um minuto enquanto viajavam para Washington, vindos de Camp David.

— Mas não foi o bastante. — Ele inclinou a cabeça contra o encosto.

— Talvez o presidente Brennan só precise de tempo para pensar sobre aqueles trechos das escrituras que você citou antes de reconsiderar. Foi muita informação para ele ao mesmo tempo. Observei a expressão dele, os seus olhos, enquanto você falava, e definitivamente ele parecia captar tudo o que você dizia. Perto do fim, ele pareceu muito nervoso.

— Pode ser — admitiu John.

— Você parece cansado. Por que não aproveita para descansar um pouco? O *jet lag* está consumindo você.

Sem levantar a cabeça do encosto, John voltou-se para encará-la.

— Estou bem.

— É, eu sei. Você não se perdoaria se dormisse enquanto eu dirijo. Portanto não vou me sentir mal em convidar você para jantar comigo quando chegarmos. — Ela sorriu para ele. — Vamos. Pode caçoar.

Cotten voltou-se para o rádio e encontrou uma estação que tocava uma música suave. O piano delicado com um acompanhamento melodioso combinou com o ruído dos pneus na estrada. Alguns minutos depois ela olhou para John. Os belos olhos azuis estavam fechados.

Eles se registraram no Hotel Marriott do Aeroporto Dulles de Washington, os dois quartos situados no segundo andar.

— Que tal nos encontrarmos em 45 minutos? — indagou Cotten quando saíam do elevador. — Preciso tomar um banho. Podemos fazer uma refeição aqui no hotel mesmo se você quiser.

— Tenho uma ideia melhor — falou John. — Conheço um ótimo restaurante japonês a uns três quilômetros daqui. Que tal um bom *sushi?*

— Perfeito. Bato na sua porta quando estiver pronta para reaparecer em público. Que tal?

— Parece ótimo.

Cotten inseriu o cartão que servia de chave pela ranhura da fechadura e o trinco destrancou-se suavemente quando o retirou. Uma pequena luz verde se acendeu e ela abriu a porta.

— Prometo que não demoro — disse antes de entrar.

Ao longo dos anos de trabalho em reportagens em cada canto do mundo, ela tinha se acostumado a viver com uma maleta a tiracolo. Como sempre, levava roupas leves que não amassavam.

Cotten tirou o vestido longo de jérsei preto da maleta e pendurou-o no banheiro para que tomasse o vapor enquanto ela tomava banho.

Pobre John, pensou, abrindo as torneiras do chuveiro e regulando a temperatura até um ponto que lhe pareceu agradavelmente quente. Despiu-se e entrou na ducha, sentindo a cascata de água pelo corpo, desde o topo da cabeça até os dedos dos pés. *Ele estava acabado depois da viagem de Roma a Washington. Não tinha feito uma pausa desde o início da manhã e acrescentara mais seis horas ao seu dia normal por causa da diferença de fuso horário.*

Depois de enxaguar o xampu dos cabelos, ensaboar-se e depilar as pernas, Cotten envolveu uma toalha na cabeça, ao estilo turbante, e outra ao redor do corpo e saiu do chuveiro. Olhou-se no espelho embaçado pelo vapor. Alguém que estivera no quarto antes aparentemente esperara o espelho embaçar com o vapor e desenhara um coração na condensação sobre o vidro. Como mágica, o coração e as iniciais reapareceram. Talvez fosse um casal em lua de mel ou uma adolescente com saudade do namorado enquanto a família saía de férias. Ela era capaz de imaginar centenas de histórias.

Cotten secou os cabelos e vestiu-se. Não usava muita maquiagem, só um pouco de blush, rímel e batom. Em seguida, alisou o vestido, moldando-o sobre os quadris.

Satisfeita com a própria aparência, Cotten pegou a bolsa e saiu do quarto, encaminhando-se para a entrada do quarto de John.

Parou na frente da porta e bateu algumas vezes. Como ele não respondesse, ela bateu de novo e chamou-o pelo nome. *Provavelmente estava com a televisão ligada e não conseguia ouvir.*

A porta finalmente se abriu.

— John?

Ele saiu de trás da porta, usando o robe de banho.

— Você tirou uma soneca, seu preguiçoso?

— Foi isso mesmo. Odeio admitir, mas acho que vou ter de voltar para a cama.

— Rapaz, o *jet lag* realmente pesa. — Cotten entrou no quarto, fechou a porta e atirou a bolsa sobre a cômoda. — Quer que eu peça alguma coisa da cozinha?

— Não, obrigado. Pode pedir se quiser. Acho que vou dar o dia por encerrado. Sinto muito. Só estou cansado.

— Sem problema. Que tal se eu lhe trouxer alguma coisa quando voltar?

— Não, não. Estou bem. Vamos tomar o café da manhã juntos?

— Combinado — respondeu Cotten, pegando de volta a bolsa. — Ligue para mim quando acordar. — Ela lhe deu um abraço. — Até amanhã.

Cotten estava enrodilhada na poltrona do quarto assistindo ao noticiário noturno da SNN e bebericando uma vodca que pegara no frigobar. Usava o pijama de costume — um blusão leve sobre uma calça de moletom e meias. O vestido preto jazia amontoado sobre o chão ao pé da cama. Um pé do *scarpin* virado de lado, o outro em pé, as meias de nylon e o sutiã perto dos sapatos. Estava desapontada por não terem jantado juntos e se culpava por se sentir assim. O coitado estava exausto.

Perguntou-se se tinha entendido bem o vírus das Agulhas Negras e o método como era transmitido. Será que os ataques já tinham começado? Brennan entenderia a situação e adotaria medidas para proteger o país? Ela entendia plenamente a hesitação dele. Afinal de contas, tudo não passava de especulações e conjecturas. Mas ela sabia que, depois que os Caídos tinham entrado em ação, as conjecturas facilmente poderiam se transformar em tragédia. O que ela e John fariam em seguida? Quem mais estaria disposto a ouvi-los?

A vodca a aqueceu e ela sentiu o corpo relaxado das tensões do dia. Também estava cansada. Engolindo o resto da bebida, deixou o copo sobre o criado-mudo e aninhou-se sob as cobertas. Quando desligou a TV com o controle remoto, o quarto mergulhou na escuridão e quase imediatamente ela pegou no sono.

A campainha aguda do telefone arrancou Cotten de um sonho do qual não conseguiu se lembrar. Tateou em busca do interruptor do abajur do criado-mudo e acendeu a luz. O rádio-relógio digital marcava 3h47.

Cotten pegou o fone.

— Alô? — Sua voz soou rouca de sono.

— Cotten?

— John, o que aconteceu? — Ela se sentou. — Alguma coisa errada?

— Não estou bem certo — respondeu ele. — Acho que... talvez... eu tenha contraído alguma coisa.

— Como assim? O que quer dizer com isso?

— Estou me sentindo mal.

Cotten atirou as pernas para fora da cama.

— John, abra a porta do quarto. Estou indo aí.

Ela colocou o fone de volta ao gancho, pegou a chave do quarto e a bolsa, e correu para a porta.

A porta de John estava entreaberta e Cotten a empurrou para entrar. A luz do banheiro permanecia acesa, mas a porta fechada.

— John, você está bem?

Um instante depois a porta se abriu e ele apareceu iluminado pela luz do banheiro.

Os seus olhos estavam vermelhos e opacos, os lábios sem cor. Ela tocou-lhe a testa.

— Jesus Cristo, você está ardendo em febre. — Ela olhou para a pia do banheiro e notou sinais de sangue.

De repente, ele se inclinou para a frente, cobriu a boca com a mão, segurou o peito com a outra e tossiu — uma tosse ruidosa e profunda. Em seguida desmaiou.

Descendência

Cotten e o especialista em doenças infecciosas do Centro Médico da Universidade de Georgetown encontravam-se de pé do lado de fora do quarto de John, no hospital.

— O cardeal Tyler teve contato com algum animal exótico? — indagou o médico, olhando por cima dos óculos. — Mais especificamente, com primatas? Chimpanzés? Macacos? Gorilas?

— Não — respondeu Cotten. — Nada parecido com isso.

— Quem sabe tenha visitado alguma missão em uma região remota da África?

Cotten abanou a cabeça.

— Ele esteve há pouco na Europa Oriental, mas não havia esse tipo de animais exóticos no lugar para onde ele foi. O que está supondo que seja?

O médico bateu com a caneta na prancheta metálica com o prontuário de John.

— Algum tipo de vírus hemorrágico...

— Como o Ebola — falou ela.

— Certo. Tipicamente, essas viroses são transmitidas por contato, embora não tenhamos conhecimento do reservatório natural, ou a origem que levou primeiramente às ocorrências humanas. São consideradas zoonoses, de origem animal, e daí por diante transmitidas por contato com sangue, secreções ou objetos que foram contaminados. Mas o caso do cardeal Tyler é um tanto enigmático. Não parece que ele tenha transmitido a doença para ninguém. Para falar a verdade, não estou muito seguro sobre com o que estamos lidando.

— Qual é o prognóstico? — quis saber Cotten.

— Nada bom, sinto muito. Não temos nenhuma experiência com esse tipo de doença. Não fomos capazes de identificá-la. Só podemos supor que, por causa da semelhança com os sintomas do Ebola, essa doença terá uma evolução semelhante. Mas não podemos dizer com certeza.

— As pessoas sobrevivem ao Ebola — lembrou Cotten.

— É verdade. — Ele olhou para a prancheta.

Ela percebeu a sua expressão séria.

— Mas a taxa de mortalidade é alta, certo?

— Certo.

— O que pretende fazer por ele? — A voz dela soou áspera e aguda. — Precisa fazer alguma coisa.

— Entre tudo o que podemos fazer é manter os seus fluidos equilibrados, observar os seus eletrólitos, níveis de oxigênio e pressão sanguínea. A maioria apenas terapia de apoio.

— E quanto aos antibióticos? Não pode lhe dar...

— Os antibióticos não são eficazes contra vírus, só contra infecções bacterianas. — O especialista ajustou os óculos sobre o nariz. — Sinto muito mesmo, senhorita Stone. Mas prometo que faremos tudo o que pudermos.

Cotten sentou-se no sofá da sala de visitas. Olhava fixamente para um copo de isopor de café que alguém deixara sobre a mesinha de centro.

Os hospitais tinham todos aquele cheiro inconfundível de uma mistura de antissépticos e medicamentos, um odor que Cotten associava com a morte. Ela realmente não tomara consciência desses cheiros ou do que eles pudessem representar nos seus pensamentos até a doença da mãe e por fim a sua morte no hospital. E não ouvira em algum lugar que o olfato é o sentido mais profundamente vinculado à memória? E que as lembranças provocadas pelo cheiro são as mais emocionais? Tinha uma forte sensação de que era verdade.

Emocional e fisicamente exausta, Cotten teve a esperança de que fosse capaz de desfrutar de alguns momentos de sono. Estendeu-se no sofá, os pensamentos girando. Não demorou muito tempo para perceber que seria inútil tentar dormir, sabendo que John estava logo ali ao lado, morrendo. Por causa dela. A assinatura dos Caídos estava evidente em tudo aquilo. John fora escolhido como um alvo. Estava certa disso.

Ela lutara contra eles antes e vencera. Ou pelo menos pensara que prevalecera — que o bem prevalecera. John era o bem. Não ela. Seu coração bombeava o sangue de seu pai. Não importava que o pai tivesse se arrependido. Ele não era humano. Nem ela. Pelo menos, não completamente.

Cotten apertou os olhos quando sentiu as lágrimas brotando e sentou-se. Precisava de ar fresco. O odor do hospital e os pensamentos sobre o estado de John, o legado do pai e a morte da mãe — tudo aquilo era demais para ela.

Pegou o casaco, foi para o saguão e passou pelas portas de entrada, saindo para a noite escura.

O ar frio e renovado atingiu-a como uma bofetada e ela sentiu-se bem, não sobrecarregada com cheiros amargos e memórias tumultuadas e pensamentos sombrios. Cotten respirou fundo e encheu os pulmões, deixando sair com a respiração toda aquela poluição que a contaminava enquanto caminhava para longe da entrada do hospital. Instantes depois, parou e olhou as estrelas.

— Já não fiz o que você queria? Já não sofri o bastante pelo meu pai? Não pedi para ser concebida nem para vir a este mundo. Se a vida é um milagre, então tudo o que acontece é responsabilidade sua. Por que está me castigando? Como pode um Deus de compaixão, amoroso... O que mais você quer de mim?

A raiva e a frustração rasgavam-na por dentro como um vento cáustico.

— Talvez eu tenha me voltado para o lado errado...

Cotten soluçou com o rosto entre as mãos.

— Por quê? Por quê?

Por fim, enxugou as lágrimas e assoou o nariz em um lenço de papel que encontrou no bolso do casaco. Esticou os braços e girou em círculo.

— Eu desisto. Você venceu! — gritou, sem saber com quem falava exatamente. Fora Deus quem vencera ou os Caídos? Só queria uma resposta, que alguém ouvisse as suas preces, e não lhe importava quem fosse.

Finalmente esvaída, a energia purgada, a vontade destruída, ela se sentiu vazia, como uma espiga debulhada.

O toque repentino do celular a assustou. Cotten enfiou a mão no bolso e tirou o telefone. Sem sequer consultar o identificador de chamadas, abriu-o.

— Cotten falando.

A voz do outro lado a fez se encolher.

A Oferta

— Filha de Furmiel? — disse a voz ao telefone.

Cotten segurava o celular junto à orelha, incapaz de responder. Sentia-se fraca e distante. Finalmente, articulou uma palavra.

— Sim.

— Lembra-se de mim, não? Não faz tanto tempo.

Ela tentou engolir, mas a boca estava mais seca do que um deserto inteiro. A voz dele era fácil de identificar. Já ouvira antes. Era a voz do seu inimigo imortal, o Filho do Amanhecer.

— O que quer de mim? — As suas palavras lhe pareceram débeis e inseguras.

— O que sempre quero? Quero o que é bom para você.

— Não, não quer. Você é o que o meu pai rejeitou.

— Sou a sua família agora. Não importa o quanto tente negar, ignorar, fingir que não é verdade, você e eu temos a mesma origem. E eu me preocupo com a minha família. Você não é só deste mundo. Tem dons e privilégios especiais por causa do seu pai. — Ele suspirou. — É lamentável que Furmiel tenha sido tão fraco. Não conseguiu suportar a perda do Paraíso. Não tinha capacidade de adaptação. E quando o seu Deus fez-lhe aquele *grande favor*, ele não conseguiu suportar a mortalidade. Você, por outro lado, mostrou-se forte sob as mais opressivas condições. Estou orgulhoso de que faça parte da família.

— Não sou da sua família — retrucou ela, convicta. — O meu pai se arrependeu e foi perdoado.

— Ah, ele se arrependeu completamente. Mas você acha que foi realmente perdoado? Deus pregou uma peça cruel no seu pai. Não consegue perceber? Furmiel abriu mão da imortalidade. Entregou a sua irmã gêmea ao nascer e prometeu você para Ele. Seu pai nem sequer lhe deu uma escolha. Deus preocupou-se com você? Deus interrompeu a estiagem e salvou a fazenda da sua família?

Seguiu-se uma pausa, então o Velho baixou a voz.

— Não entendo os humanos. Eles acreditam que Deus é todo-poderoso e tantos O veneram sem questionar. Se pela lógica Deus é todo-poderoso, então quem você acha que causou a seca que atirou Furmiel em uma espiral descendente? Se Ele ama tanto a Humanidade, por que permite tanta dor e tanto sofrimento? Isso simplesmente não faz sentido para mim.

Cotten sentiu que estava perdendo o equilíbrio, que os joelhos estavam começando a ceder.

— Me deixe em paz. Não faça isso comigo.

— Eu a deixaria em paz, mas sei que está sofrendo, que está aflita e atormentada. Dói em mim saber disso. Preocupo-me com você. E ainda acredito que o seu pai, do fundo do coração, gostaria que eu a procurasse agora. Ele iria querer que a ajudasse como pudesse. Ele gostaria que a livrasse dessa angústia. Os familiares fazem isso uns pelos outros. Sem perguntas. Sem hesitações. As desavenças passadas não contam. Filha de Furmiel, eu posso ajudá-la. Não vai nem sequer ouvir o que tenho a dizer?

Cotten não queria ouvir. Não estava no seu juízo perfeito para discutir nem concordar com nada, não importava o que ele oferecesse. Sua mente estava fragilizada demais.

— Preciso desligar. Não me ligue outra vez.

— Calma. Respire fundo. Faça isso por mim.

— Por favor, me deixe. Simplesmente me deixe em paz.

— Você precisa ouvir o que tenho para lhe dizer.

A voz parecia um eco, como se viesse do celular e de trás dela. Ela se voltou e viu uma figura surgir da escuridão e parar a apenas alguns passos de distância, a silhueta recortada contra as luzes do hospital. Cotten baixou o telefone e fechou-o.

— Por que você veio? O que você quer? — indagou ela.

O Velho sorriu.

— Você está confusa. Deu tudo errado.

— Do que acha que está falando?

— Vim aqui porque você pediu.

Cotten fuzilou-o com o olhar e abanou a cabeça.

— Eu não *quero* nada — ele afirmou. — Foi você quem pediu ajuda.

Ele fez uma pausa enquanto Cotten se debatia tentando fazer a ligação.

— Um minuto atrás você implorou pelas respostas. E quem ouviu? — Ele se aproximou mais uns passos. — Deus? — Sua expressão era a de um avô preocupado e consolador. — Olhe para mim. Sou aquele que veio em seu auxílio. Não Deus. Você já sofreu o bastante, não é? Tudo passou das medidas.

Cotten tentou desviar o olhar, mas sentia-se hipnotizada.

— Nunca dou as costas para um dos meus.

— O meu pai pertenceu ao que você chama de família — lembrou ela. — Mas não eu. E ele desistiu dela.

— Aquilo o destruiu. Deus não veio resgatá-lo, veio? A seca... a perda da fazenda... foi demais para o seu pai. Furmiel finalmente sentiu que a única saída para terminar com o sofrimento era tirar a própria vida. Primeiro, ele desertou de mim e do restante dos seus irmãos e irmãs, e depois ele fez o mesmo com você e a sua mãe. Deixou-as para se virarem sozinhas. Você não pode se comparar com ele. A única parte dele que reside em você é o sangue. E isso a liga a mim para todo o sempre. Você é um Nephilim, e o seu Deus não pode mudar isso.

— Não sei o que eu sou. Metade disso, metade daquilo.

— Se ao menos admitisse a verdade, uma grande paz a envolveria. Não estaria nesse turbilhão. Tentando viver uma mentira.

O Velho perscrutou dentro dos olhos dela.

— Você é uma jornalista renomada por escolha e Nephilim por nascimento. Posso fazer um bom uso dessas características. Mas, primeiro, para a sua própria proteção, deve viajar para um lugar seguro. Quero que vá à Coreia do Norte. Quando chegar lá, vou levá-la por um caminho que lhe trará uma grande fama e elevar a sua estatura à de uma voz global de um novo mundo que está prestes a se tornar realidade.

— Não quero fama — retrucou Cotten, imaginando por que ele não pensava que ela sabia da ligação dos coreanos com as Agulhas Negras. E o que ele queria dizer ao referir-se à sua própria proteção? — Então por que iria querer fazer isso?

— Nos dias que virão, poucos lugares na Terra serão seguros. Apesar dos seus laços comigo, não está imune aos perigos da doença que está prestes a se abater sobre muitos. Sempre protejo a minha família e quero que esteja em um lugar seguro. A segunda razão é que a Coreia do Norte está para se tornar uma potência mundial cujo domínio será inquestionável. Você está destinada a desempenhar um papel nos meus planos para o futuro. Quero você em segurança ao meu lado para contar ao mundo a história do grande líder da Coreia do Norte. Será a sua primeira missão em uma longa lista de oportunidades que vou lhe oferecer.

— Missão? Não concordei com nada. Nem sequer sei com o que estaria concordando. E mesmo que o fizesse, não acho que esteja interessada.

O Velho sorriu.

— Tenho uma proposta de paz.

Cotten pareceu confusa.

— O que quer dizer com isso?

— Se você *voltar para casa*, ser quem realmente é, ficará satisfeita com a compensação.

— Você não me ouviu. Dinheiro e fama não importam para mim. Você já deveria saber disso.

— Dinheiro e fama não são o que estou oferecendo, embora verá que é o que a espera também. Não, estou oferecendo algo mais, muito mais precioso.

Cotten deu um sorriso sem graça.

— Não posso imaginar como pode me oferecer alguma coisa que me faria feliz.

O Velho arqueou uma sobrancelha.

— Eu lhe ofereço a vida do padre.

À Beira da Morte

Cotten parou ao lado do agente do Venatori postado do lado de fora do quarto de John, na ala de isolamento no quarto andar do hospital.

— Alguma mudança? — indagou, vestindo o jaleco de proteção sobre as roupas que usava.

Ele abanou a cabeça.

Cotten olhou para todos os avisos de precaução colocados na porta, depois pôs a máscara cobrindo o nariz e a boca, então calçou as luvas. Quando entrou no quarto, encostou delicadamente a porta de modo a sobrar apenas uma fresta para que entrasse um delgado feixe de luz vindo do corredor. Sentia-se devastada pela realidade.

Ele estava à beira da morte.

Sentou-se em uma cadeira ao lado da cama e olhou para o monitor que registrava a respiração e os batimentos cardíacos de John, depois para o alimentador intravenoso de onde pendiam várias bolsas das quais partiam gotas de soro e medicamentos que eram injetados no braço dele. Sabia que era uma futilidade tentar salvar a sua vida.

Cotten tirou a máscara, confiando que as Agulhas Negras não podiam ser transmitidas de uma vítima para outra. John devia ter sido um alvo escolhido especificamente por um dos homens-bomba — uma trama para colocá-la de joelhos. E se estivesse errada e pudesse contrair a doença, ela já devia estar no seu corpo.

Os vírus hemorrágicos enviavam tantos alertas vermelhos que às vezes ela achava que a profissão médica não conseguia ver a floresta além das árvores. Esse não era um vírus típico, nem Ebola nem Marburg. Esse não evoluía naturalmente. Era orquestrado. Por que eles não se concentravam no óbvio? Nenhum dos casos documentados indicava que esse vírus misterioso fosse contagioso. A única exceção fora a bordo do *Pitcairn*. Nenhuma das pessoas expostas a Calderon, na SNN, e nem mesmo Jimmy Franks, que morava com Jeff Calderon, adoecera. Não, esse vírus era como um projétil feito à mão, que trazia o nome da vítima gravado nele. E um dos projéteis trazia o nome de John.

A raiva se acumulou enquanto ela massageava as têmporas. O ódio e a raiva passavam dos limites no seu íntimo. Nenhuma pessoa *do bem* teria tais sentimentos, pensou ela. E isso confirmava que a sua decisão fora acertada. Ela era quem era.

— John — sussurrou.

O rosto pálido mal se distinguia do branco do travesseiro sob a sua cabeça. Ela desejou que ele abrisse os seus incríveis olhos azuis como o oceano para que pudesse vê-los uma vez mais. A essa altura, ela se contentaria com um mero sinal de que ele reconhecia a sua presença e de que fosse capaz de ouvi-la. Mas ele não esboçou nenhum movimento, nada.

— Isso é tudo por minha causa — afirmou ela. — Todas as coisas más que aconteceram na sua vida foram por minha culpa. — A voz sumiu enrouquecida enquanto ela lutava inutilmente contra as lágrimas. Limpando-as da face, Cotten olhou para o teto e mordeu o lábio inferior, num esforço para se recompor. Finalmente, seus olhos percorreram o rosto de John mais uma vez, um rosto que ficara gravado a fogo na sua memória. Cada marca, cada ângulo, cada contorno. Se algum dia viesse a perder a visão, ainda seria capaz de pousar a mão sobre aquela face e saber que era ele.

Cotten afastou o cabelo do rosto e tocou de leve os lábios dele com a ponta dos dedos.

— Sinto muito.

As lágrimas voltaram.

— Você significa para mim mais do que tudo na vida. Não posso deixá-lo morrer. Você não vai, não importa o que eu tenha de fazer. Acho que até prefiro que não ouça, porque sei que tentaria me impedir. Só espero que seja capaz de me perdoar.

Ela fez uma pausa, passando a mão no cabelo e olhando para John, como se o absorvesse todo em si. Embora soubesse que ele nunca poderia ser seu, ela amava aquele homem com todas as fibras do seu coração e faria qualquer coisa para salvá-lo.

Qualquer coisa.

— John, você sabe quem eu sou. Conhece a minha origem, e sabe que o meu pai me prometeu para Deus em troca da redenção. Sou o único inimigo de sangue do epítome do mal sobre a Terra, e embora eles não possam me matar porque sou a filha de Furmiel — uma igual a eles — ainda assim podem me destruir eliminando você. Causei-lhes muitos problemas nos últimos anos. Eles querem se livrar da minha interferência permanentemente. Estou cansada, e não posso suportar o que está acontecendo com você.

Cotten descansou o rosto entre as mãos por um momento, antes de tornar a olhar para ele.

— Posso dar um fim a isso. Assim como o meu pai recebeu o perdão e a mortalidade pelo seu arrependimento, serei recompensada pelo meu arrependimento com a sua vida. Tudo o que tenho a fazer é me render à minha origem, às Trevas. Não importa quanto eu lute para fazer o que é bom e é certo, no final sou um Nephilim e nada pode mudar isso. Me deram uma escolha. Se eu voltar a ser um Nephilim, então a sua vida será poupada. É um pequeno preço a pagar. E quando você estiver curado, talvez então terá paz, e talvez eu também. Não posso ver você morrer quando sei que sou capaz de impedir. Tentei fazer a minha parte na barganha do meu pai, mas fracassei. Não trouxe mais do que dor e sofrimento às pessoas que mais amei. Não posso mais fazer isso. A sua vida é preciosa demais. Você representa a bondade neste mundo como eu nunca poderei representar.

Cotten inclinou-se sobre a grade da cama e beijou-lhe a face.

— Acho que você poderia dizer que estou voltando para onde é o meu lugar.

A porta se abriu e a luz fraca do corredor invadiu o quarto. Uma enfermeira entrou usando o traje branco de freira, máscara e luvas. Ela tocou o ombro de Cotten e depois verificou os sinais vitais de John.

Cotten ergueu os olhos para ela com uma expressão de quem implorava por alguma mudança.

A enfermeira abanou a cabeça.

— Reze — disse ela.

— Irmã, não acho que Deus vá ouvir a *mim*.

— Ele ouve a todos.

Cotten tornou a fitar John e tocou-lhe a face com a ponta dos dedos.

— Talvez você também devesse pedir ao santo protetor dele para interceder por ele junto a Deus.

— Não sei qual é o santo protetor dele. Nem mesmo sei se tem algum.

— O santo protetor do cardeal Tyler é São João da Cruz — sussurrou a enfermeira, enquanto fechava a porta atrás de si.

Voltando-se novamente para John, Cotten imaginou se ainda estaria ao alcance de uma prece àquela altura dos acontecimentos. Por que Deus daria ouvidos às suas preces? Ela estava a ponto de Lhe dar as costas para sempre.

Ela permaneceu sentada ao lado da cama dele por mais de uma hora, procurando se convencer do que estava prestes a fazer. Só tinha uma única esperança, e precisava conversar com Ted naquela noite. No dia seguinte seria tarde demais.

Quando se levantou para sair, um lampejo de luz refletida chamou a atenção de Cotten. Olhando mais de perto, ela viu os elos de uma corrente de ouro que se ocultava sob o avental que ele usava. Cotten ergueu a corrente. O pessoal do hospital permitira que John continuasse a usar a sua cruz de ouro. Tomando cuidado para não deslocar nenhum tubo nem os fios dos aparelhos de monitoramento, ela soltou a corrente, tirou-a juntamente com a cruz e guardou-as no bolso.

Cotten dirigiu a John um último olhar antes de sair. Enquanto descia pelo elevador, manteve a mão no bolso com o crucifixo bem seguro contra a palma. Só depois de sair foi que o soltou porque precisava fazer uma ligação pelo celular.

— Cotten, como está John? — indagou Ted ao atender.

— Nenhuma alteração — informou ela, esforçando-se para conter as lágrimas.

— Sinto muito mesmo.

— Ted, por favor, não me pergunte por quê. Agora sei o que preciso fazer para salvar John, e preciso da sua ajuda. Não sei como isso me ocorreu, e realmente não vem ao caso. Por favor, compreenda. Vou lhe dizer o que estou planejando e você precisa me prometer que vai ajudar. Não importa o que eu diga ou faça depois, você deve fazer o que eu lhe disser agora.

Ela fazia o possível para manter o controle. O que seria dela depois de se render às Trevas? Acabaria tornando-se um demônio? Precisava se preparar agora antes que acontecesse, e precisava ter certeza de que poderia contar com Ted. Não tinha mais ninguém. Respirando fundo, continuou:

— Providencie para que eu consiga um visto através do Departamento de Estado para viajar à Coreia do Norte. Diga apenas que o líder comunista concordou em conceder uma entrevista exclusiva à SNN.

— Vou dar entrada na papelada imediatamente. — Ele parecia cético mas não hesitante. — Mais alguma coisa?

— Sim, só mais uma.

Terra de Mentiras

O voo da Air Koryo proveniente de Pequim fez a aproximação do Aeroporto Internacional de Sunan vindo do norte. Cotten observou as terras cultivadas e os morros castanhos deslizarem lá embaixo à luz do final da tarde que escurecia com a chegada da noite na República Democrática Popular da Coreia. Apenas um terço dos 198 assentos do Ilyushin IL-62 de fabricação russa estavam ocupados e ela era a única passageira da fileira onde viajava. Se o número de passageiros costumava ser baixo mesmo ou aquilo tinha sido pré-arranjado para que ela não tivesse contato com outras pessoas, ela não sabia.

Cotten sentia-se morta de cansaço. Só dormira em alguns trechos da viagem de catorze horas de Nova York a Pequim, atormentada pelo estado gravíssimo de John e pela decisão que tomara para salvá-lo. A estada de uma noite no hotel sino-suíço do aeroporto fora igualmente insone, pelas mesmas razões. Mesmo com o visto de visitante de alto nível aprovado, ainda precisou passar a maior parte do dia em uma sala de isolamento no Aeroporto Internacional da Capital, em Pequim, antes que o voo coreano decolasse para a viagem de 800 quilômetros até Pyongyang, mais uma experiência fatigante. Temia ver a própria imagem ao espelho, com receio de que poderia estar parecendo um personagem de filme de terror.

Cotten observou o prédio modesto do terminal aproximar-se, uma construção de três andares com a frente recoberta de vidros e ostentando um grande retrato do secretário-geral do Partido Comunista pregado no alto. Duas placas exibindo o nome da cidade tanto em coreano quanto em inglês serviam de rodapé para cada lado do retrato. Depois que o jato taxiou e parou, ela se preparou para o desembarque. Pela janela, avistou uma dezena de soldados coreanos armados formando um corredor entre o avião e o terminal, para impedir que os passageiros se dispersassem. Cotten notou um par de veículos militares estacionados próximo dali. Montadas sobre a traseira de cada um deles, viam-se metralhadoras de grosso calibre.

Ela foi a última a desembarcar, e quando saiu da escada para o piso de concreto, um homem trajando um uniforme militar verde-oliva aproximou-se dela e falou numa voz carregada de um forte sotaque:

— Venha por aqui, por favor.

Ele fez um gesto na direção de uma luxuosa limusine preta estacionada a uns cinco metros de distância. Cotten lera na papelada de informações fornecida à SNN pelo Departamento de Estado que a Coreia do Norte tinha a maior frota do mundo de limusines oficiais daquela categoria. Bandeiras nacionais rígidas eram ostentadas em ambos os lados do para-choque do veículo. Dois carros de polícia municipal, com as luzes de emergência ligadas, aguardavam estacionados à frente e um pouco atrás da limusine.

O oficial abriu a porta para Cotten e ela se sentou no banco traseiro. Ele a acompanhou, sentando-se no banco oposto, de frente para a parte de trás do veículo. O homem era baixo e magro, talvez com pouco mais de 1,60 metro de altura. Tinha o cabelo escuro cortado rente e usava óculos sem aro sobre a face redonda. Ele sentou-se ereto, com os joelhos unidos e os braços cruzados, olhando intensamente para Cotten. Devia estar imaginando por que ela recebia um tratamento de estrela em um país que só possuía uma única estrela. Não houve sequer uma tentativa de apresentação ou de conversa.

Um minuto depois, Cotten ouviu um impacto surdo enquanto alguém colocava a sua mala no porta-malas e fechava a tampa. Então as sirenes soaram e a caravana de três veículos acelerou sobre o concreto em direção ao portão da segurança e depois ganhou a estrada de 24 quilômetros em direção ao sul até Pyongyang.

Quase não havia trânsito. Um ocasional veículo comercial ou militar passava na direção contrária pela rodovia de quatro pistas. Quando a limusine entrou na cidade, o trânsito aumentou, mas apenas ligeiramente. Em qualquer outra cidade importante, Cotten pensou, seria considerado extremamente fraco. Ela fora informada antecipadamente sobre o que esperar, ainda assim aquilo a impressionou. Em contraposição ao que os documentos do Departamento de Estado chamavam de Terra de Mentiras, Pyongyang poderia ser considerada uma Cidade de Fantasmas.

Com poucos carros, ônibus e táxis, Cotten considerou a cidade quase bela num sentido lúgubre. A limusine passou por três bulevares com árvores de ambos os lados e praças públicas de um quarteirão que se espalhavam ao redor de fontes e estátuas. Parques, passeios públicos e praças encantadores mas desertos alinhavam-se à margem do rio Taedong, que atravessava o centro da cidade. Os prédios eram escuros e todas as lojas pareciam fechadas. Ela chegou a ver de relance o USS *Pueblo* e o *Pitcairn* atracados lateralmente próximo ao centro da cidade. A limusine também passou perto do estádio de 150.000 lugares construído em uma tentativa fracassada de abrigar uma parte dos Jogos Olímpicos de 1988. Cotten observou a imensa construção em forma de tigela ao passar, um monumento melancólico e vazio como a alma dessa triste nação.

Eles estacionaram em frente ao prédio em forma piramidal do Hotel Sungyong, uma torre impressionante de 106 andares, um andar mais alto do que o prédio mais alto da Coreia do Sul.

Conduzida pela sua escolta militar, Cotten desceu do carro e entrou no grande átrio do hotel. Em vez de se aproximar do balcão de recepção, seu acompanhante a deteve no meio do saguão do tamanho de um campo de futebol.

— A senhorita não tem permissão para deixar o hotel sem aprovação oficial e um acompanhante do governo — informou ele. — Não pode tirar fotografias. Não deve conversar com ninguém a não ser com uma autoridade oficial. Lembre-se de que pertence a uma nação agressora e não tem os mesmos privilégios dos nossos visitantes de nações amigas da ex-União Soviética. Está entendido?

— Sim.

— Não desafie a nossa hospitalidade.

Cotten observou enquanto o motorista da limusine carregava a sua bagagem para perto do conjunto de elevadores.

O oficial fez um gesto e os três entraram no elevador.

— Quantos quartos há no hotel? — indagou Cotten.

— Três mil e um — respondeu o oficial depois de muita hesitação, como se estivesse revelando um segredo de Estado.

— Mas não é verdade que vocês só permitem a entrada de mil visitantes no seu país por ano? Para que servem os quartos a mais?

O rosto do homem ficou vermelho. Bufando, ele disse:

— Esse é um assunto de segurança nacional.

— É claro. — Cotten desviou o olhar para o indicador na porta. Eles pararam no quinquagésimo andar e saíram.

O oficial a conduziu por um corredor até o quarto. Ele introduziu uma chave — ali não eram usados cartões magnéticos. Ela entrou no quarto modestamente mobiliado, com uma cama de solteiro, armário de roupas e escrivaninha. Um pequeno aparelho de TV achava-se sobre uma prateleira de canto. Uma cortina grossa vedava completamente a janela. Um grande quadro com a figura do secretário-geral suspensa sobre o pico nevado de uma montanha e carregando a bandeira nacional pendia sobre a cama. Ele parecia estar liderando um grande exército em batalha.

Cotten voltou-se para agradecer ao acompanhante no momento exato em que a porta se fechou com um estalido surdo. O oficial e o motorista haviam partido.

Ela se aproximou da janela e abriu as cortinas. O trilho da cortina empenou-se desajeitadamente para uma extremidade, ameaçando cair. O que ela viu foi um conjunto disperso de ruas e luzes do trânsito, um punhado de veículos e um pontilhado de luzes das janelas de prédios distantes. A noite envolvera Pyongyang como um manto.

Se era para iniciar a sua jornada em direção às Trevas, viera ao lugar certo.

Supernova

Depois de uma ducha, Cotten deitou-se na cama e dormiu imediatamente — a longa viagem finalmente a abatera. Os seus sonhos estavam repletos de imagens do pai apertando o gatilho da arma que mantinha contra a cabeça, o rosto da mãe vincado com as rugas da depressão, e o espírito da sua irmã gêmea.

De repente, Cotten sentou-se acordada na cama. Não entrava luz nenhuma pela janela, a cidade dormia na escuridão. Sentindo uma presença no quarto, ela começou a afastar as cobertas e procurar o interruptor de luz.

— Espere! — falou uma voz.

— Quem está aí? — indagou ela.

A voz vinha da direção da janela. As abas da cortina estavam abertas mas ela não via nada entre ela e o fraco brilho das estrelas além do vidro.

— Filha de Furmiel, estou contente por ter voltado para se reunir com a sua família.

— Estou aqui para salvar a vida do meu amigo — respondeu com voz trêmula. — A minha presença aqui não tem nada a ver com você.

— Logo você vai entender que este é o lugar a que você realmente pertence.

— Diga-me o seu nome para que possa chamá-lo.

— Tenho muitos nomes.

Cotten puxou as cobertas para cima dos ombros.

— Então me dê um.

— Portador da luz.

— Não veja muita luz aqui esta noite.

De repente, o quarto foi inundado por uma luz branca radiante — um clarão de supernova que a cegou momentaneamente. Ela teve a certeza de que o calor chamuscara os seus cabelos. A luz diminuiu e ela viu de relance uma forma em pé ao lado da janela.

A imagem desapareceu aos poucos na escuridão. Mas ela vira o bastante para saber que se tratava do seu inimigo imortal, o Filho do Amanhecer. A Besta. Lúcifer. Satã.

Um tremor gelado percorreu sua espinha.

— Precisa de mais luz? — indagou a voz.

Não recuperada ainda, sentiu os olhos lacrimejando, e a boca e a garganta ressequidas.

— Não — conseguiu dizer num sussurro. — Isso já foi o bastante.

— Bom, então vamos tratar de negócios.

Tentação

— Por que você veio para cá? — indagou o Velho.

— Você já sabe a resposta.

Cotten estava em pé no quarto de hotel às escuras, ainda abalada pela explosão de luz que a cegara. Depois que a claridade se dissipara, a forma dele apareceu como uma sombra contra a luz das estrelas flutuando da janela.

— *Você* deve pronunciar as palavras.

— Estou aqui para consumar um acordo entre nós para salvar a vida de John Tyler.

— Seja mais específica — pediu ele. — O que o nosso acordo implica?

A voz dele era surpreendentemente benevolente e aveludada. Talvez soubesse que dificultaria para ela se fosse mais exigente. A serenidade fazia as palavras fluírem suavemente.

— Em troca da vida de John, eu me rendo à minha herança e aceito a minha verdadeira identidade, que me foi transmitida pelo meu pai.

— Qual é a sua herança... o seu legado e identidade? E enquanto me diz, fique em paz com ela. Renda-se a ela enquanto fala a verdade.

Cotten hesitou, sabendo que não haveria como voltar atrás. Ela se sentiu sufocar quando o medo produziu um nó na sua garganta.

— Nas minhas veias corre o sangue dos Nephilim. Eu sou, e sempre fui, a filha de um Anjo Caído. A minha alma pertence às Trevas, a você.

— Muito bom. Veja, não é tão difícil. E você concorda com esses termos?

Cotten fixou os olhos nos dele.

— Não — ela sussurrou e engoliu com dificuldade. — Ainda não.

O Velho inclinou a cabeça de lado e brasas alaranjadas brilharam por trás dos seus olhos.

— Por que não? Eu lhe dei a minha palavra, a minha promessa. Qual o motivo da sua hesitação?

— Não acredito que tenha o poder sobre a vida e a morte. Como vou saber com certeza que vai salvar a vida de John?

— Talvez tenha razão ao pensar no sentido tradicional. Mas assim está sendo muito simplista, muito preto no branco. O poder sobre a vida e a morte pode assumir muitas formas. Eu não preciso do tipo de autoridade absoluta de que você fala. O meu ego não se banqueteia na supremacia. Mas eu tenho os poderes da sugestão, persuasão e da tentação. Com esses poderes posso deter, até mesmo inverter o ataque devastador das Agulhas Negras sobre o corpo humano e livrá-lo da doença. Afinal de contas, ajudei na sua criação. Como foi que conseguirei isso não é da sua conta. O resultado final será o que você deseja.

— Como vou saber que não irá me trair?

O Velho moveu-se contra o pano de fundo estelar e Cotten teve a impressão de que ele se tornara transparente.

— Você, Filha de Furmiel, é a peça fundamental do meu grande plano. Será que não percebeu isso? Você é a última peça que está faltando na minha coleção, a filha pródiga finalmente retorna ao lar. A família ficará completa com a sua presença.

Ele mudou de novo, e ela teve certeza de que era mais uma miragem do que uma forma concreta, como a irradiação de calor em uma estrada no deserto. Uma tontura irresistível abateu-se sobre Cotten e ela precisou fazer um esforço para não perder o equilíbrio, concentrando-se na tarefa, olhando através do Velho e imaginando os profundos olhos azuis de John.

— Vou precisar de uma prova de vida antes de concordar — disse afinal. — Preciso saber se John está vivo, que está se recuperando.

— E como posso saber que você cumprirá a sua parte no acordo?

Cotten sentiu o corpo enrijecer. Ali estava a sua chance, o risco que precisaria correr.

— Não vai saber.

— Então talvez seja a hora de você enxergar com novos olhos para não hesitar em consumar o nosso contrato.

De repente, o quarto encheu-se com um zumbido estrondoso, seguido de uma rajada de vento quente e uma violenta trovoada.

Cotten encontrava-se nua no alto de uma montanha. A ventania que fustigava a sua pele reduzira-se a uma brisa morna e suave, como se ela estivesse envolvida em peles e cetim, acariciada por um milhão de dedos. Ela olhava para os campos infinitos cobertos de flores douradas e amarelas que se espalhavam desde a base da montanha até o horizonte. Flocos de nuvens muito brancas deslocavam-se languidamente por um céu tão azul que lembrava as águas de uma ilha tropical. Pássaros pairavam entre as nuvens e borboletas voejavam de flor em flor. A sensação era de prazer total, alegria infinita, saciedade e a necessidade exclusiva de desfrutar a beleza e a serenidade do cenário.

— Esse lugar será todo seu, em toda a sua perfeição, prazer e contentamento — informou o Velho, parado ao lado dela. — Todas as suas vontades serão realizadas, todos os desejos realizados, todas as necessidades satisfeitas, será um êxtase além da imaginação. Não será isso o mesmo que o paraíso?

Ela não disse nada e no mesmo instante viu-se submersa na água. Sem nenhum desconforto ou pânico, respirava o líquido cristalino que recobria cada centímetro, cada poro e cada cavidade do seu corpo. Sem a sensação de peso, flutuando em um rio claro de enlevo, ondas de prazer a arrebatavam.

Uma voz dentro da cabeça lhe disse:

— Filha de Furmiel, isso pode ser seu quando quiser.

A água cascateava sobre ela, escorrendo pelo seu corpo. Cotten abriu os olhos e se viu sentada em um espaço imenso, coberto de montes de ouro e joias, mais do que seriam necessários para encher todas as caixas fortes e tesouros do mundo. Ela estendeu o braço e correu a mão sobre um monte de diamantes. Eles escorriam por entre os seus dedos como cristais de gelo, o brilho das suas facetas reluzindo mais do que as estrelas no firmamento.

— Você nunca mais terá necessidade de nada. Tudo o que já viu será seu por aceitar quem você é. Apenas diga que concorda, Filha de Furmiel, e terá tudo o que lhe mostrei.

— Não é o bastante — retrucou Cotten. — Você sabe o que eu quero.

— E com certeza terá. Dei-lhe a minha palavra. O padre viverá.

De repente, Cotten foi arrancada da visão e trazida de volta ao quarto do hotel. A luz do amanhecer contornava a silhueta do Velho contra a janela.

Com uma voz fraca, ela sussurrou:

— Concordo.

Em Meu Nome

Cotten sentiu uma parte de si derreter enquanto permanecia em pé no quarto do hotel. Não era capaz de determinar com exatidão o que estava acontecendo, mas sentia-se oca por dentro, um espaço vazio e frio no seu íntimo que não existia momentos antes. No instante em que concordara com o contrato do Velho, parte de si evaporara na escuridão. Não que fosse uma sensação desagradável ou até mesmo censurável; era apenas diferente. A única palavra em que era capaz de pensar para explicar o que sentia era que estava *oca*.

— Então o que acontece agora? — Cotten indagou.

— Nada. — A voz do Velho parecia vir de muito longe.

Ela imaginou se ele ainda se encontrava no quarto com ela ou se estava falando através dos seus pensamentos como fizera durante as estranhas visões.

Cotten lentamente girou em círculo ao redor de si, procurando por ele. Queria uma imagem clara desse... desse ser a que acabara de dar a sua alma. Mas ele não assumia nenhuma forma de que ela pudesse se lembrar.

— Ainda preciso de uma prova de vida — falou ela. — Fiz o que pediu. Quero ter certeza de que vai cumprir o que prometeu.

Quase imperceptivelmente, a voz sussurrou de trás dela.

— Compreensível.

Cotten girou na direção da voz.

— O que vai acontecer agora? — indagou ela.

Não houve resposta.

Por um instante, o ar no quarto tornou-se gelado como se uma janela se abrisse e permitisse a entrada de uma rajada de inverno. Ela olhou para a vidraça e percebeu que continuava fechada. Tão rapidamente como veio, o frio se dissipou.

Cotten olhou através da janela, pousando as palmas das mãos no vidro. O vermelho dourado do amanhecer lançava os seus primeiros raios sobre a cidade lá embaixo.

Depois de alguns instantes, ela voltou para a cama e enfiou-se embaixo das cobertas, olhando para as sombras no teto, imaginando como seria a vida agora que...

Agora que o quê? Nada de mágico lhe acontecera quando dissera sim ao Velho. Nada parecia diferente a não ser por aquela sensação de vazio interior, mas talvez fosse a sensação de alívio de saber que a sua missão estava completa. Será que o Velho não tinha percebido antes que não seria a promessa de riqueza que influenciara a sua decisão? A razão pela qual fizera a viagem à Coreia era salvar a vida de John, e isso estava além de qualquer outra promessa que ele pudesse fazer.

Então o que significava tudo aquilo, essa ida até as Trevas? Não era o que previra, o que temia que pudesse ser. A propósito, sentia-se bem ao saber que tinha o poder de salvar o único homem a quem realmente amava... depois do pai. Ela entregou-se ao sono sentindo um grande contentamento.

Mas o contentamento foi rapidamente interrompido. Os seus sonhos espiralavam ao seu redor em imagens breves e terrificantes.

Caindo.

Caindo.

Caindo através de um túnel escuro.

Faces demoníacas surgiam do nada e desapareciam. Ecos medonhos de risadas, gritos de terror. Lampejos de indizíveis atos de assassinato e de tortura que satisfaziam uma ânsia incomunicável dentro dela — projeções fugidias de atos sexuais aberrantes e de uma bestialidade que surpreendentemente a excitavam.

Caindo.

Caindo.

Caindo.

De repente, uma luz ofuscante atingiu-a do alto do túnel até que ela voltou ao estado de vigília. Fitou com os olhos semicerrados a luz vibrante do sol que se filtrava pela janela.

— Sonhos ruins? — A voz vinha de perto da janela.

Cotten sentou-se, agarrando-se aos lençóis da cama.

— Assustei você? — indagou o Velho, sentado em uma poltrona ao lado da janela.

O brilho intenso do sol impedia que Cotten olhasse na direção dele. Ela cobriu os olhos com uma das mãos e fitou-o com os olhos quase fechados.

— Não esperava acordar e encontrar alguém no meu quarto. Será que abri mão da privacidade assim como de minha alma?

Ele riu.

— Não. Estava preocupado com você. Então fiquei aqui enquanto você dormia, para ter certeza de que estava tudo bem. O seu sono não pareceu reparador. Você se revirou na cama e até mesmo gritou uma vez. Mas, veja, nada terrível lhe aconteceu. Você está segura.

Os sonhos passaram numa visão rápida em uma sucessão de lampejos, explosões mentais de imagens congeladas. Cotten pressionou dois dedos no espaço entre as sobrancelhas.

— Os meus sonhos foram pesadelos. Demônios e...

— Mas, como pode ver, foram apenas sonhos. Simplesmente um produto da sua imaginação. Infelizmente, esse é o resultado da desinformação transmitida ao longo de milênios. Você foi programada para esperar o que estava nos seus sonhos. É nisso que toda a humanidade tem sido levada a acreditar. Deus e as Suas igrejas basicamente fizeram uma lavagem cerebral em geração após geração. E por quê? Porque eles temiam que vocês vissem a luz, a verdade.

Cotten recostou-se na cabeceira da cama, ainda tentando ver com clareza a face do Velho. Como na noite anterior, ele parecia ligeiramente luminescente e transparente.

Ele finalmente alterou sua forma de modo que metade da sua face ficasse visível, a outra metade ainda escondida pelo brilho. Ela era marcada pela idade, a pele clara, e o cabelo grisalho repartia-se perfeitamente para o lado. Como sempre se disse sobre os homens idosos que tinham uma aparência agradável, ele era de um tipo bem bonitão.

— Você esperava chifres vermelhos? Um rabo com ponta e um forcado? — Ele deu uma risada.

— Não sei o que esperava. Pode ser.

— E um ritual com o sangue de um carneiro e um pentagrama. — Ele se inclinou no clarão ofuscante. — Deixo as minhas legiões fazerem esse jogo por diversão. Para ser honesto, acho tudo isso muito lugar-comum.

— Imagino. — Cotten pegou-se sorrindo, sentindo-se mais à vontade.

— Você percebe que sou aquele que, sozinho, mantém as igrejas, templos e mesquitas de Deus em funcionamento? Sou o melhor amigo das religiões que o mundo tem. Sem o medo de mim, elas entrariam em colapso. Muito embora a sua noção a meu respeito seja falsa. Veja, venho a este mundo apenas quando convidado... a proverbial história de Eva e da maçã. Tudo o que Eva e os filhos dela queriam era o conhecimento, naquele tempo e agora. Isso faz de alguém maligno? Acho que não.

— Que tipo de conhecimento?

— Simples verdades. Deus quer que vocês se sacrifiquem, acreditem que é melhor dar do que receber, amar aos seus inimigos, dar a outra face, sempre implorar a Ele que os salvem do desespero. Agrada a Ele tê-los sempre de joelhos. Dessa maneira vocês permanecem subservientes. Eu falo a verdade. Não há nada de mal em ser produtivo, encontrar a felicidade, conquistar o sucesso. Por que vocês não gostam de si mesmos e buscam as coisas que lhes trazem a felicidade? Não há necessidade de se prostrar ou acreditar que são indignos de comer as migalhas que caem da minha mesa. É assim que Deus quer que vocês sejam... desamparados sem Ele. Eu digo para serem fortes. Eficientes. Para explorar todos os prazeres da vida. Por que viver a vida num isolamento autoimposto do puro prazer, dependendo de Deus até para ter a menor partícula de felicidade? Isso não faz sentido. — De novo ele revelou uma parte da sua face. — Mesmo depois de todo esse tempo continuo a me impressionar ao ver como a humanidade aceita esse lixo e continua a preferir o sofrimento infligido a si mesma.

Então era disso que se tratava tudo aquilo?, pensou Cotten. A sua herança era simplesmente a permissão para ser feliz? Aquilo não parecia assustador nem maligno.

— Não espero que aceite isso tudo instantaneamente. Você passou a vida inteira sendo programada pelas religiões de Deus. Não precisa nem mesmo frequentar uma igreja para que isso aconteça. Isso permeia e impregna a sua vida todos os dias. Percebo que é uma tremenda mudança de paradigma no seu pensamento.

— Sim, é mesmo.

— Ouça o que é certo e o que é verdadeiro. Foi o *seu* amoroso e magnânimo Jeová que enviou o seu Anjo da Morte para assassinar todos os primogênitos inocentes do Egito na noite conhecida como a do Cordeiro Pascal, ou a Páscoa dos judeus. A ira de um Deus vingativo, rancoroso, colérico. Aquilo foi feito pela mão do *seu* Deus. Não pela minha. E permita-me deixá-la com algo mais sobre o que refletir. Pense em como muitos milhares têm sofrido e morrido em guerras, todos lutando em nome de Deus. Nunca houve uma guerra travada em meu nome.

Irrupção

— E na área médica — continuava a âncora do noticiário da SNN — as autoridades de saúde do condado de Denver relataram mais de uma dezena de casos de sintomas semelhantes ao de uma gripe extrema registrados nos prontos-socorros dos três principais hospitais da região. As pessoas afetadas por essa doença ainda não identificada queixam-se de febre alta, vômito, diarreia e sangramento. Os médicos têm ministrado os medicamentos antivirais usuais, incluindo inibidores da neuraminidase, mas relatam não ter conseguido sucesso no tratamento até o momento. A misteriosa irrupção já causou a morte de uma menina de 5 anos de idade em Aurora, no Colorado, e os departamentos de saúde locais estão investigando.

A chamada de voz na apresentação do programa dizia: "Da Satellite News Network em Nova York, este é o Noticiário da Noite, com Charles Ross".

— Boa noite — cumprimentava Ross, olhando para a câmera um, sentado à mesa do âncora do programa. — Começamos a transmissão desta noite com relatos da estranha irrupção de uma espécie de gripe diagnosticada em clínicas e prontos-socorros de todo o país. O surto que informamos ontem como um número limitado de casos na região de Denver espalhou-se por outras cidades e comunidades. Sobre esse assunto, vamos ouvir o nosso correspondente especial para a área médica, Robert Terrance, que nos fala da sede do CCD em Atlanta, na Geórgia.

— Boa noite, Charles — dizia Terrance segurando o microfone e com o conjunto de prédios do CCD ao fundo. — Em uma entrevista coletiva à imprensa que terminou há poucos minutos, a doutora Charlotte Swan, diretora do Centro de Controle de Doenças, afirmou que o CCD está investigando diversos casos relatados com sintomas avançados de uma doença semelhante à gripe nas cidades de Baltimore, Los Angeles, Chicago, Birmingham, Denver e Houston.

A imagem mudava para a sala de conferências dentro do CCD. Swan aparecia em pé no pódio.

— Estamos trabalhando em conjunto com as autoridades médicas do Estado para isolar e identificar essa nova modalidade de gripe. O mais importante é identificar quantas pessoas foram afetadas e determinar a origem do vírus. Como estamos nos estágios iniciais da pesquisa, ainda não há nada de concreto a relatar.

Em um videoclipe, Terrance perguntava:

— Doutora Swan, há rumores de que os sintomas dessa gripe sejam na verdade muito parecidos aos do vírus Ebola ou de algum outro tipo de vírus hemorrágico. O CCD está ocultando essa informação para impedir o pânico? O público tem o direito de saber.

Swan recolheu os seus documentos do pódio, sem olhar mais para eles.

— Até o momento, não temos confirmação de que essa irrupção seja de um vírus hemorrágico. O CCD atua de acordo com fatos, não rumores, e até encontrarmos evidências suficientes de que se trata de algo diferente do que informamos, continuaremos a agir de acordo com o protocolo. São essas as perguntas a que responderei por hoje. — Swan desceu do pódio e saiu de cena.

A imagem no vídeo voltava para uma tomada ao vivo de Terrance.

— Apesar de o CCD negar a ameaça, descobrimos que mais de seiscentos casos foram relatados até o momento, com pelo menos trinta mortes ocorridas ao longo das últimas 24 horas. Todas atribuídas a essa nova doença. A idade das vítimas varia de 4 a 62 anos. Por ora, os tratamentos convencionais não foram capazes de impedir ou mesmo de atenuar os efeitos da epidemia mortal.

Entrava em cena um gráfico mostrando os nomes dos Estados e o respectivo número de vítimas fatais. Terrance continuava:

— Ainda hoje, conversei com o doutor Richard Minor, diretor de Doenças Infecciosas do Centro Médico Broward Memorial, em Fort Lauderdale, na Flórida. — A imagem mudava para um homem usando jaleco branco de médico, com um estetoscópio pendurado no pescoço. — Doutor Minor, a sua instituição foi uma das primeiras a relatar um caso desse novo vírus que já se espalha por todo o país. Sabendo agora da existência de mais pessoas infectadas, quais as suas preocupações a respeito?

O médico demorou um pouco para responder.

— Sem dúvida nenhuma, estamos preocupados com a velocidade desse evento. Dois dias atrás, ele praticamente não existia. Agora, admitimos uma média de um paciente infectado a cada hora. Estamos trabalhando 24 horas por dia, sem interrupção, para isolar e tratar o que acreditamos tratar-se de uma nova variedade mortal de infecção viral. Esperamos chegar a resultados positivos o mais rápido possível.

Terrance perguntava:

— Quanto a esses rumores de que se trata de um vírus hemorrágico... o senhor vê alguma verdade nisso? Pode nos dizer mais sobre o que está presenciando no pronto-socorro?

— Os pacientes apresentam queixas das mais variadas, desde um mal-estar geral e febre até sintomas mais específicos, semelhantes aos de uma gripe, e sim, constatamos sinais de vírus hemorrágico, incluindo sangramento e limitação no funcionamento dos rins e do fígado. Ainda é cedo para falar se os sintomas hemorrágicos são uma fase final da doença ou algo inteiramente diferente.

— Todos sabemos o que é uma gripe normal, como as que contraímos em algum momento da vida. Poderia especificar melhor os sintomas de um vírus hemorrágico?

— Sem dúvida. O termo "hemorrágico" deriva, é claro, de hemorragia, que significa sangramento. Em geral, o sangramento acontece tanto internamente, vazando através dos vasos sanguíneos, quanto externamente, pelos orifícios do corpo. No entanto, é raro as vítimas morrerem por perda de sangue.

A tela se abria em duas, com o doutor Minor e Robert Terrance exibidos ao mesmo tempo.

— Obrigado, doutor, pela sua atenção e pelo tempo que nos concedeu.

Minor fez um gesto com a cabeça e a tela voltou a exibir apenas Terrance.

— À medida que aumenta o número de casos relatados, especialistas como o doutor Minor e a diretora Swan mostram-se cada vez mais perplexos. Até o momento, só podemos esperar que encontrem uma solução rápida para esse mistério médico fatal. De Atlanta, aqui fala Robert Terrance, em um depoimento exclusivo para a SNN.

— Rob? — A imagem de Charles Ross reapareceu na tela. — Antes de ir, ocorreu-me que os sintomas de algumas dessas vítimas da sua reportagem têm uma semelhança incrível com os daquele pobre homem que morreu depois de desmaiar aqui no saguão dos nossos estúdios em Manhattan semanas atrás. Se você se recorda, ele entrou no nosso prédio muito doente e pedindo para falar com Cotten Stone.

— Pensei a mesma coisa, Charles — disse Terrance, de volta à tela. — Talvez haja uma relação entre os fatos. Vamos acompanhar de perto.

— Obrigado novamente, Rob. — Ross voltou-se para a câmera dois. — E por falar em Cotten Stone... uma nota sobre a programação. Enquanto aumenta a tensão sobre a ameaça do desenvolvimento de armas nucleares pela Coreia do Norte, a nossa correspondente especial, Cotten Stone, conduzirá uma entrevista exclusiva com o chefe do governo comunista da Coreia do Norte, em um programa especial, Por Dentro das Trevas, que irá ao ar na próxima terça-feira às oito, e às sete na região central, aqui na SNN. Vocês não podem perder.

Prova de Vida

Todas as manhãs, às 7 horas em ponto, uma música patriótica grandiloquente berrava pelos alto-falantes por toda Pyongyang. Cotten acordou com o som metálico de uma banda militar e levantou-se depressa, tomou uma ducha e vestiu-se. Aquele era o grande dia — ela teria a possibilidade de confirmar se John estava não só vivo mas se recuperando das Agulhas Negras. Era o dia em que receberia a prova de vida.

Às 7h30, já se encontrava esperando no cavernoso saguão do Hotel Sungyong.

Desde a chegada à Coreia do Norte, quatro dias antes, Cotten só observara um punhado de outros hóspedes no hotel. Quando recebia permissão para deixar o quarto e descer para fazer as refeições, o restaurante estava praticamente vazio, com apenas um ou outro visitante ou turista do Leste europeu. Vira poucos sorrisos entre o pessoal do hotel. Os funcionários pareciam obcecados em parecer ocupados.

No segundo dia depois da chegada, uma guia a acompanhara a diversos museus e monumentos estatais ao redor da cidade. A mulher, uma oficial baixinha e magra do exército coreano, nunca perdia a oportunidade de observar como era maravilhoso viver na Coreia do Norte e como o país superara os sofrimentos causados pelos crimes de guerra cometidos pelos agressores imperialistas.

Além da guia do exército, Cotten sempre era seguida de perto por vários policiais de segurança. Eles tinham dificuldade para disfarçar a sua presença. Havia pouco movimento de pessoas a pé e ela e a guia caminhavam pelas ruas imaculadas e pelos parques meticulosamente tratados. Elas passavam por policiais femininas que controlavam o escasso trânsito e lojas cujas vitrines eram decoradas com muitas fotografias do secretário-geral como uma propaganda adicional.

Cotten descobriu que era contra a lei os cidadãos olharem os estrangeiros nos olhos ou conversar com eles, portanto ela não se incomodou em reconhecer ou olhar para quem quer que fosse na rua ou nos museus que visitou. O único contato visual era com aqueles chamados *os escolhidos*, pessoas de confiança que falavam vários idiomas e geralmente serviam de guias ou acompanhantes.

Nesse dia, Cotten encontrou-se no saguão do hotel com a sua guia e um destacamento de segurança composto de quatro homens.

— Por aqui, por favor — orientou a guia, apontando para a entrada da frente. Do lado de fora, fazia um frio intenso sob o céu azul sem nuvens. Os olhos de Cotten encheram-se de lágrimas e arderam ao contato picante com o ar gelado.

Eles caminharam rapidamente pela rua An Sang Thaek por uns quatrocentos metros até chegar a um parque em cujo centro havia uma estátua de bronze do grande líder da Coreia e pai do secretário-geral. A guia apontou para um banco ao lado da base da estátua.

— Espere aqui.

Cotten obedeceu e puxou a gola do casaco até o queixo enquanto permanecia sentada, esperando. Assoprou entre as mãos enluvadas, transmitindo um pouco do calor e da umidade dos pulmões pela respiração.

Depois de dez minutos de frio e de uma impaciência crescente, ela viu uma figura se aproximando. À medida que a pessoa se aproximava, ela foi reconhecendo o Velho.

Ele se sentou perto dela, apertando o cachecol ao redor do pescoço. Ela reparou no vapor que a sua respiração produzia no ar.

— Eu não me importo particularmente com o frio — disse ele.

— Não estou surpresa.

Ele emitiu um som que poderia ser interpretado como uma risada.

— Sabe o que admiro especialmente em você, Filha de Furmiel? Você tem a capacidade de fazer pouco de tudo o que a incomoda. Além disso, tem um senso de humor contagiante. Um talento especial!

— Um instrumento de sobrevivência. — Até então, ela mal olhara de relance para ele. Então voltou-se para fitá-lo nos olhos. — Está pronto para cumprir a sua promessa? Eu já disse que farei tudo o que pedir. Mas devo ter uma prova de vida. Preciso saber que John está vivo, que está passando bem. Você disse que pouparia a vida dele. Prove, então. Até o momento, não faço ideia do que está acontecendo no resto do mundo. Não me permitiram nenhum contato com o exterior neste lugar abandonado por Deus.

De novo o Velho deu uma risada.

— Gosto da sua descrição. É de fato um país abandonado por Deus. — Ele assoou o nariz num lenço. — O ar frio constrange as passagens nasais.

— Você está fugindo da minha pergunta.

— Não, de maneira alguma. — Ele tirou o que pareceu ser um telefone por satélite de um bolso interno do casaco, abriu-o e digitou um número. — Estou ligando para o seu colega. Ele vai confirmar a condição do seu amigo com quem você se preocupa tanto. — Ele estendeu-lhe o telefone. — Seja breve. O custo dessas ligações é exorbitante.

Enquanto ouvia o processamento digital da chamada, Cotten pensou como era absurdo o Velho reclamar do custo de um telefonema. Ela podia ver a sua guia e o destacamento de segurança esperando a uma distância discreta, andando de um lado para o outro, batendo as mãos em reação ao frio. Deu-lhe um pequeno sentimento de satisfação saber que se sentiam desconfortáveis.

Depois de algumas chamadas, Ted atendeu.

— Não tenho muito tempo — avisou Cotten. — Em primeiro lugar, estou bem. Segundo, espero que tenha sido capaz de controlar as coisas do seu lado. Você sabe o quanto estou contando com você.

O Velho dirigiu-lhe um olhar desconfiado e ela tentou justificar o comentário e encaixá-lo melhor dentro do que ele esperava ouvir.

— Estou dependendo de você para me dizer tudo o que sabe sobre a condição de John. Não esconda nada. É da maior importância que eu saiba tudo... de bom ou ruim.

— Tenho boas notícias — informou Ted. — Talvez até mesmo seja um milagre. Os médicos tentaram uma nova combinação experimental de medicamentos e parece que John reagiu favoravelmente. A febre caiu, ele está consciente e alerta, e os exames de sangue confirmam que ele deu a volta por cima, está se recuperando. Apesar de estar fraco e cansado, os sintomas parecem ter-se revertido e estão desaparecendo. A situação é muito diferente de alguns dias atrás.

Os olhos de Cotten encheram-se de lágrimas, dessa vez lágrimas de alegria, não pelas agruras do inverno.

— São ótimas notícias. Tem certeza de que não se esqueceu de nada... nenhum detalhe que possa me incomodar?

— Não. São só boas notícias. Em todas as frentes.

Cotten relanceou o olhar para o Velho.

— Obrigada então, Ted. Você fez eu me sentir muito melhor. Preciso desligar agora e me preparar para a entrevista. Está tudo correndo bem do meu lado. — Ela fechou o telefone de um golpe.

— Então, está satisfeita? — indagou o Velho.

Cotten devolveu-lhe o telefone.

— Muito.

Desvio

Enquanto a noite se aproximava, Moon estava sentada sozinha no seu escritório e via os e-mails da sua caixa de entrada. Cada um dos laboratórios satélites do Canadá, Reino Unido, Alemanha, França, Espanha, Japão e os dois recém-transferidos nos Estados Unidos relatava os resultados da primeira onda de homens-bomba das Agulhas Negras. Dos quinhentos homens e mulheres que transportavam o vírus mortal para o público, 482 tinham relatado que atingiram os alvos — muitos a alvos múltiplos. Os restantes eram considerados mortos ou incapacitados. O plano exigia que os homens-bomba liberassem o vírus causador da doença no interior de locais de grande acúmulo de pessoas, tais como shopping centers, escolas, supermercados, eventos esportivos, bibliotecas, aeroportos, estações do metrô — lugares onde as pessoas se reuniam normalmente. Os primeiros ataques tinham ocorrido três dias antes. De acordo com o noticiário, os sintomas já haviam começado a se manifestar em cidades do mundo inteiro.

No dia seguinte, ela liberaria o código de ataque para a onda seguinte de ataques — esses seriam em instituições de prestação de serviços básicos, tais como instalações do governo e repartições públicas, hospitais, delegacias de polícia, serviços de socorro, busca, salvamento, bombeiros e outras instituições de segurança e emergência. Os homens-bomba deviam simplesmente entrar em uma delegacia ou posto de bombeiros ou prefeitura, fazer uma pergunta simples, depois tossir e espirrar, então sair, tocando maçanetas, corrimões e quaisquer outros objetos fáceis de produzir contaminação.

Os ataques finais viriam no último dia. Seriam contra os líderes do governo no Congresso dos Estados Unidos, no Parlamento Britânico e nos centros governamentais dos seus aliados. No momento em que os políticos e outros líderes começassem a mostrar os primeiros sintomas das Agulhas Negras, a população em geral já teria entrado em pânico total, enquanto milhões eram infectados com a doença mortal. A mídia já começara a dar cobertura ao assunto. Logo esse se tornaria o maior desastre já visto, superior ao 11 de Setembro. O mundo inteiro se imobilizaria de medo, terror e paranoia. A ameaça de ser exposto ao vírus paralisaria todas as nações, deixando os não infectados com medo de sair de casa. Ninguém se arriscaria a ir trabalhar ou mandar os filhos à escola. O comércio fecharia as portas. As entregas cessariam. Os serviços públicos entrariam em colapso. As chamadas de emergência não seriam atendidas. A onda de choque e terror varreria os agressores imperialistas quando as notícias da doença mortal se espalhassem.

Moon sorriu, sabendo que a sua hora finalmente chegara, o seu trabalho estava praticamente concluído.

Ela fechou o laptop e levantou-se, pegou o casaco e encaminhou-se para fora do escritório. Esperava dormir bem essa noite. Logo, não restaria mais nada a fazer a não ser assistir enquanto as pessoas que mais odiava cairiam de joelhos em meio à dor e ao sofrimento. A morte delas era inevitável.

Atravessou os corredores varridos pelo vento gelado, passou pelos diversos laboratórios químicos, sistemas de armazenamento a frio e salas de operações cirúrgicas até chegar ao saguão do prédio. Moon comprimentou com a cabeça os guardas da segurança e caminhou para as grandes portas de vidro que se abriam para a fria noite coreana. Um dos guardas abriu a porta para ela e adiantou-se alguns passos à sua frente. No lusco-fusco ao longe ela avistou a sua limusine à espera, como sempre com as janelas de vidro escuro e nuvens de condensação projetando-se do escapamento. O guarda chegou primeiro ao veículo e abriu a porta lateral para ela.

— Tenha uma boa noite, doutora Chung — disse ele.

Sem agradecer, ela acomodou-se no banco de trás. A imponente limusine manobrou para fora do estacionamento do prédio e encaminhou-se para a avenida que passava por vários outros prédios do governo. Foi saudada ao passar pelo portão fortemente guardado e prosseguiu para a autopista em direção à cidade. À medida que os campos já mergulhados na escuridão iam ficando para trás, Moon acendeu uma pequena lâmpada no teto e fez algumas anotações no seu diário.

Ia pensando nos pais e nos inúmeros sacrifícios que fizeram por ela e pelo seu país de adoção. Como de costume, tirou a velha fotografia do bolso. *Em breve, a sua morte será vingada.*

Moon continuou fazendo anotações com a ideia de algum dia escrever um livro sobre como pusera o mundo de joelhos. Estava convencida de que os historiadores iam querer documentar até que ponto uma mulher tão frágil e idosa pudera causar tamanho impacto no futuro da humanidade. Ela bateu com a caneta no diário e visualizou a imagem de inúmeros cientistas lendo as suas palavras e admirando as suas conquistas. Foi quando percebeu que o carro diminuíra a velocidade.

Embora o vidro divisório escuro estivesse levantado, Moon era capaz de ver o que acontecia na rodovia à frente. Um caminhão com um grande baú estava parado na estrada, ocupando as duas pistas. O trânsito era inexistente àquela hora da noite e ela sentiu-se irritada por estar sendo impedida por um problema tão trivial. Como estava atravessado na pista, ela presumiu que o caminhão estivesse quebrado. Ao clarão das luzes da limusine, Moon viu um homem parado no meio da estrada acenando com os braços.

Ela apertou o botão do intercomunicador no descanso de braço.

— Dê a volta! Não há necessidade de parar.

O motorista levantou a mão indicando que escutara. Ele parou o carro e acenou para o homem sair do caminho.

Ela observou o estranho caminhar na direção do carro. Notou alguma coisa nele que a perturbou. O seu tamanho. O sobretudo longo que usava. Algo estava errado.

O estranho parou ao lado da porta do motorista e fez um gesto para ele abaixar o vidro.

— Isso está me atrasando — falou Moon pelo intercomunicador. — Dirija. — Ela ouviu a janela baixar.

O estranho enfiou a mão por baixo do sobretudo. Algum objeto metálico surgiu. Um clarão e um estampido seco. A cabeça do motorista projetou-se para o lado. Seu corpo desabou sobre o assento fora da vista dela. Um jato vermelho tingiu o vidro divisório.

— O que significa isso? — gritou Moon.

O homem puxou o corpo do motorista para fora da limusine e largou-o sobre o pavimento. Então se colocou atrás da direção e pôs o carro em movimento. Os pneus da limusine guincharam e o veículo partiu em velocidade.

Moon apertou o botão do intercomunicador como se quisesse arrancá-lo do descanso. Estava a ponto de gritar de novo quando ouviu o zumbido suave do motor e a divisória de vidro baixar. O motorista voltou-se e olhou para ela de relance. Ele tinha olhos miúdos e escuros, pele branca leitosa, um nariz bulboso e um bigode espesso. Obviamente não era coreano.

Em inglês, ela perguntou ao homem:

— Você sabe quem sou eu?

— Você é a maldita chefona médica — disse o homem, expondo uma dentadura escurecida pelo fumo barato.

— Afinal, quem é você? — Moon empertigou-se no assento, tentando parecer o mais ameaçadora possível.

— O coronel Vladimir Ivanov, ex-agente da KGB, reformado.

O Passadiço

Cotten chegara apenas dez minutos antes da equipe da televisão coreana. Observou enquanto o pessoal instalava as luzes de estúdio e as câmeras de vídeo que aglomeravam o já abarrotado passadiço do *Pitcairn* com equipamentos, refletores e tripés. Depois de terminado o serviço, a equipe instalou-se nos seus postos, à espera da chegada do líder coreano. Soldados do exército posicionavam-se a boreste, junto à entrada para o passadiço do navio, juntamente com um punhado de outros nos conveses de popa e proa.

Sentada em uma poltrona de frente para uma outra muito maior, que seria ocupada pelo secretário-geral, ela examinava os apontamentos que o Departamento de Informações lhe fornecera. Cada pergunta levava a uma nova glorificação das conquistas do secretário-geral e da sua vitoriosa liderança da quarta maior força militar do mundo, um exército com um contingente de 1,2 milhão de soldados da República Democrática Popular da Coreia.

Ao longo das próximas horas, o passadiço de comando do navio seria o pano de fundo para a entrevista roteirizada que abrangia todos os principais acontecimentos da vida do líder coreano. Cotten concordara em retratá-lo como um visionário do mundo asiático e o seu país como uma crescente potência do planeta a ser reconhecida como tal. Naturalmente, ele próprio redigira as perguntas pessoalmente. O trabalho dela envolveria apenas e tão-somente ler cada uma das perguntas e esperar enquanto ele respondia.

Cotten levantou-se e foi até o posto ao lado do leme do navio de 50 metros. Ela olhou sobre a proa em direção ao enferrujado USS *Pueblo*, atracado a curta distância rio acima — uma vítima da Guerra Fria havia muito esquecida e em processo de deterioração. Por outro lado, o *Pitcairn* ainda estava pronto para funcionar e com a manutenção em ordem. O secretário-geral decidira mantê-lo em condições de serviço para ser usado como parte dos exercícios militares periódicos ao longo do rio Taedong como uma exibição da força e poderio da Marinha do país. Também se especulava que ele queria mantê-lo em perfeitas condições para o caso de decidir devolvê-lo à Oceanautics como uma prova de sua bondade e generosidade.

À medida que se aproximava o horário da entrevista, Cotten sentia um aperto no peito. Ela imaginou até que ponto a sua mente e o seu corpo suportariam toda aquela tensão. O que estava para acontecer nessa noite seria a sua única oportunidade para deter a ameaça mundial das Agulhas Negras. O fracasso significaria a perda de milhares, senão milhões, de vidas. Seu plano era frágil e arriscado ao máximo. A essa altura, ela não fazia ideia se ainda teria alguma chance. Esperava que Ted fosse capaz de seguir todas as etapas do que haviam discutido, muito embora tudo o que lhe informaram fora que a entrevista aconteceria a bordo do *Pitcairn* em homenagem ao aniversário da sua captura. Não havia como saber se o plano se mostraria viável.

A aproximação do clamor de sirenes fez com que ela olhasse para a margem do rio. Um pequeno comboio de veículos policiais aproximou-se pela rua Pyongchan Kangan e parou à entrada do Parque Monumental *Pueblo*. No meio do cortejo via-se uma limusine preta. Depois de estacionar junto ao meio-fio, as portas se abriram e o secretário-geral surgiu de dentro da limusine. Acompanhado por um grupo de assistentes que caminhavam atrás dele, ele prosseguiu sob o clarão das luzes do parque. Alguns militares saíram dos outros carros e acompanharam o grupo.

Por causa do espaço exíguo e cheio de equipamentos no passadiço do *Pitcairn*, os assistentes e militares ficaram para trás no parque. O secretário-geral, juntamente com uma mulher trajando o uniforme verde-oliva do exército, passou pela prancha de desembarque e entrou no navio. Cotten voltou a se posicionar ao lado da cadeira assim que ouviu os passos se aproximando no convés metálico do lado de fora.

Hora do espetáculo.

Em um gesto dramático, um soldado abriu a porta de aço que dava para o passadiço. Fez uma profunda reverência e esperou que o seu comandante-chefe entrasse. Cotten precisou admitir que o secretário-geral exibia um ar de autoconfiança impressionante ao entrar no passadiço. Ele era mais baixo do que ela esperava e usava um uniforme amassado comum, surpreendentemente despido de qualquer insígnia, medalha ou condecoração. Seus óculos de aro grosso pareciam antiquados e as lentes grossas faziam os seus olhos parecerem esbugalhados.

Depois de examinar o ambiente, ele se encaminhou para a poltrona de braços e espaldar alto estofada de couro, no meio do círculo de luzes. Dois fotógrafos que acompanhavam a equipe de TV original o cercaram, produzindo intermináveis disparos e lampejos de luz das câmeras.

A intérprete do secretário-geral posicionou-se atrás dele. Ela era mais baixa do que Cotten — o seu uniforme consistia em calças verde-oliva e uma camisa verde-clara com gravata, embaixo do blazer verde com dragonas vermelhas. Ela segurava um bloco de anotações e um pequeno dicionário de inglês apertados contra o peito. Depois que os fotógrafos terminaram de documentar o evento de todos os ângulos, um silêncio abateu-se sobre o passadiço.

Com uma voz que a Cotten pareceu surpreendentemente fina, o secretário-geral falou por trinta segundos. Quando terminou, a intérprete disse:

— O Estimado Líder deseja dar as boas-vindas à ilustre e notável jornalista da televisão, Cotten Stone, para esta entrevista exclusiva da máxima importância.

Ele ergueu a mão ligeiramente em um cumprimento para Cotten.

A intérprete continuou:

— Esta noite, no primeiro aniversário da captura do navio espião dos agressores imperialistas, o *Pitcairn*, iremos discutir as questões importantes relativas à nossa gloriosa nação e aos planos futuros para revelar a todo o mundo como a grande República Democrática Popular da Coreia irá desempenhar um papel primordial no amanhã e além.

O secretário-geral inclinou a cabeça antes de se sentar na grande poltrona. Cotten considerou o gesto como um sinal de que também poderia ocupar a sua cadeira.

Ela ouviu a equipe de televisão confirmar que tinham a câmera e o áudio prontos. Quando a intérprete indicou que ela começasse, Cotten leu a primeira pergunta.

— Estimado Líder, por favor fale-nos sobre o seu nascimento na montanha Baekdu e como ele foi anunciado pelo aparecimento de um duplo arco-íris sobre a montanha e uma nova estrela no firmamento.

A intérprete não se deu o trabalho de traduzir. Sem hesitação, o secretário-geral deu início a uma resposta que demorou quinze minutos para terminar, interrompida com frequência pelos aplausos da equipe de televisão e soldados no passadiço, que pareciam à beira de um completo êxtase.

A pergunta seguinte tratava do envolvimento dele na União Infantil Coreana e na Liga Democrática Jovem. Como antes, a resposta foi longa. A terceira pergunta abrangia os seus estudos marxistas na faculdade e a sua entrada para o Partido dos Trabalhadores da Coreia depois da formatura. Quando ele estava terminando de responder, a porta do passadiço se abriu. Ele interrompeu o que estava dizendo e olhou na direção do ruído, com um olhar obviamente irritado.

Cotten acompanhou o seu olhar e viu uma mulher grisalha entrar, seguida por um personagem vestido com um longo sobretudo, que fechou a porta atrás de si. Cotten arregalou os olhos ao ver ali o coronel Vladimir Ivanov.

O convés vibrou repentinamente com um rumor profundo e cavernoso quando os motores do *Pitcairn* foram acionados.

Surpreso, o secretário-geral olhou para os seus soldados, que pareceram confusos, como se esperassem um comando.

Mas antes que os soldados pudessem compreender o que estava acontecendo, o coronel Ivanov empurrou Moon para um lado e bateu com uma pistola automática no rosto da intérprete com força suficiente para arrojá-la de encontro à porta, onde caiu espalhando um grupo de tripés de refletores. Em um movimento rápido, o cano da arma pousou sobre a têmpora do líder norte-coreano.

Praticamente no mesmo instante, a porta que levava aos compartimentos de trás do navio escancarou-se. Victor, Krystof e Alexei ingressaram no passadiço, a abertura do silenciador das suas armas automáticas iluminando-se, de maneira que não parecia muito diferente, aos que se encontravam na margem e no convés, dos flashes das câmeras momentos antes.

O passadiço do *Pitcairn* iluminou-se com os disparos das armas e o convés tingiu-se de listras escarlates de sangue à medida que, um por um, os soldados eram derrubados antes de ter a menor oportunidade de reagir e responder ao fogo. Numa rápida sucessão, os disparos surdos das armas dos ex-agentes da KGB impediram que a equipe de TV coreana conseguisse escapar. Cotten ouvia os corpos caírem sobre o piso de aço, produzindo o ruído de anteparas e equipamentos. Demorou apenas alguns segundos para que a carnificina terminasse e o passadiço do navio mergulhasse no silêncio.

A Caminho

— Vocês estão loucos? — gritou a intérprete, tentando se levantar enquanto o sangue escorria do seu lábio. Ela olhou para os corpos ao redor com o medo estampado nos olhos. — Vocês têm ideia do que fizeram?

O coronel Ivanov continuava com o cano da pistola pressionado contra a cabeça do secretário-geral, enquanto olhava para ela.

— Fale de novo e ele irá precisar de uma nova intérprete. — Ele voltou-se para os amigos. — Muito bem, seus molengas, vamos pôr este navio a caminho. — Ele agarrou o secretário-geral pelo braço e suspendeu-o da cadeira. — A porcaria da entrevista acabou. — Ele atirou o líder coreano contra a parede do fundo do passadiço e forçou-o a sentar-se no chão.

Alexei e Krystof chutaram os corpos para fora do caminho enquanto arrancavam os cabos de iluminação e esmagavam as câmeras, deixando o passadiço iluminado apenas por um refletor de TV e o brilho dos instrumentos de navegação.

Ivanov empurrou a intérprete à força pela porta, na direção do convés que dava para o parque.

— Diga aos soldados que o chefe coreano quer sair para um passeio de barco. Diga-lhes para que soltem os cabos de amarração. — Ele enfatizou as palavras espremendo o braço dela.

— Não vou fazer isso! — gritou a intérprete, desafiadora, até que ele puxou-lhe o punho para trás e torceu o braço dela nas costas. Ela gemeu.

— Última chance para traduzir para Vladimir. — Ele torceu-lhe o braço mais para cima, fazendo com que a mulher se curvasse ofegante.

— Tudo bem — concordou ela sem fôlego, e gritou as ordens em coreano.

Cotten observou os soldados ao longo do convés hesitarem, sem muita certeza sobre o que fazer. Isso também chamou a atenção dos homens no parque. Eles se voltaram e olharam para o navio, obviamente confusos com o fato de uma fumaça preta sair das chaminés enquanto os motores rugiam.

— Diga-lhes para soltar o navio — falou Ivanov, torcendo ainda mais o braço dela para cima.

Cotten esperou ouviu os ossos da mulher estalarem a qualquer instante.

A coreana gritou as ordens novamente, e os soldados começaram a descer pela prancha de desembarque em direção à praia. Outros correram para soltar os pesados cabos presos aos postes de amarração no cais e soltaram-nos na água.

Ivanov empurrou a mulher de volta pela porta do passadiço.

— Estamos soltos — gritou para Victor.

Cotten observou o antigo comandante de destroier russo empurrar os manetes para a frente e girar a roda do leme para bombordo. Ela ouviu o som de metal rangendo e raspando quando a prancha de desembarque se soltava do convés e caía com um imenso ruído sobre o rio. A proa do *Pitcairn* afastou-se da margem e passou pela popa do *Pueblo*, deixando de encostar no velho navio por questão de centímetros.

Pela janela que dava para o parque, Cotten viu os militares correndo de um lado para outro em pânico como se finalmente tivessem compreendido o que estava acontecendo — o seu Estimado Líder fora tomado como refém. Foi então que ela percebeu que alguma coisa estava muito errada — estava faltando alguém.

Cotten virou-se e correu os olhos pelo passadiço, contando as cabeças e procurando os rostos.

— Onde está a doutora Chung?

Ivanov virou-se e olhou para os cantos sombreados do passadiço do navio.

Cotten voltou-se para a janela. Sob o brilho da iluminação dos postes de rua além do parque, ela viu uma limusine preta sair em disparada do meio-fio. Em um instante ela percebeu que a mente criadora das Agulhas Negras conseguira escapar.

Moon ardia de raiva enquanto a aceleração crescente do motor a pressionava de encontro ao banco de couro da limusine.

— Mais rápido! — gritou para o jovem soldado que ela tomara sob seu comando no parque. A tal Stone estava prestes a arruinar tudo. Todos os planos de Moon, os seus anos de trabalho, oscilavam à beira do colapso. Ela esmurrava sem parar o descanso de braço do assento. Como aquilo podia ter acontecido? Como o Estimado Líder podia ter depositado tanta confiança no misterioso Velho e permitido que ele trouxesse aquela mulher ordinária para o seu meio?

Tudo o que Moon precisava era voltar para o laboratório e dar os comandos para o ataque final. E era exatamente isso que pretendia fazer. Dois dias de antecedência não deveriam fazer diferença a essa altura. O resultado seria o mesmo — medo, pânico, morte. Ele não precisava do Estimado Líder. Ela era o anjo vingador pronto para desferir o golpe. Com os seus dedos, enviaria a mensagem por computador e lançaria a praga terrível. Fazia isso pelo seu país. Pelos seus pais. Os agressores imperialistas pagariam pelos seus crimes. Ela era o juiz e o júri. E chegara ao veredicto.

— Mais rápido! — ordenou.

A Decisão

A reação das autoridades coreanas foi rápida. O *Pitcairn* não navegara mais do que um quarto de milha quando as luzes de emergência dos veículos da polícia apareceram em ambos os lados das margens do rio Taedong. Logo depois disso, numerosas embarcações leves da polícia surgiram da escuridão e começaram a circulá-lo. Quando o navio deslizou por baixo da ponte Chungsong e passou pela ilha Tutu, grandes canhoneiras navais aproximaram-se deles de ambas as direções, seguidas por helicópteros de combate armados circulando acima. Luzes de busca corriam sobre o convés da embarcação de pesquisa, enquanto comandos amplificados pelos sistemas de alto-falantes das canhoneiras atingiam o *Pitcairn*, transmitindo o que Cotten sabia serem ordens para parar e desligar as máquinas.

— Estão exigindo que parem imediatamente — avisou a intérprete. — Ou irão atirar em nós.

— E arriscar-se a matar o chefão importante? — retrucou Ivanov, encostando o cano da pistola no alto da cabeça do secretário-geral. — Sem chance. — Ele olhou para Cotten. — Continuamos em frente, certo?

— Não temos escolha — ela respondeu, desconsolada com a fuga da doutora Chung.

O secretário-geral falou, e a intérprete traduziu:

— O Estimado Líder informa que vocês fracassaram. A doutora Chung está indo para o laboratório para dar a ordem de lançamento final das Agulhas Negras. Não há nada que possam fazer para impedi-la. Ele diz que se desistirem agora ele providenciará para que a vida de vocês seja poupada.

Victor empurrara os manetes até o fim, fazendo com que o navio acelerasse ao máximo ao longo do rio. Ele se voltou para os outros.

— Se pararmos, morremos. Os malditos coreanos são uns mentirosos.

A mulher disse alguma coisa para o secretário-geral e ele respondeu. Então ela falou:

— O Estimado Líder assegura que vocês não serão executados. A sua missão fracassou. Depois que a doutora Chung enviar os comandos de lançamento finais, não haverá nada que vocês ou quem quer que seja possam fazer para impedir o que irá acontecer. Desistam agora e verão...

O coronel Ivanov ergueu a mão em uma ameaça de golpeá-la. Ela fez uma careta, mas ele não desferiu o golpe. Em vez disso, falou:

— Feche a boca ou eu fecho por você.

Sentindo o peso da derrota iminente deprimi-la, Cotten deixou-se cair na cadeira e os seus pensamentos voaram. Ela observou os holofotes de busca varrerem os conveses do *Pitcairn* e inundar o passadiço com uma luz ofuscante. Os rasantes dos helicópteros acima abalavam o resto da sua coragem e as explosões de ordens pelos alto-falantes a impediam de se concentrar. Parecera um plano simples sequestrar o líder coreano e a doutora Chung, para depois fugir no navio. Agora que Chung escapara, o secretário-geral estava certo. A doutora Chung enviaria as ordens e não haveria como impedir que o vírus matasse milhões, e o mundo como ela conhecia deixaria de existir. Cotten sentiu que estava resistindo ao inevitável. A qualquer momento, os militares atacariam o navio e resgatariam o secretário-geral. Ela e os seus amigos acabariam mortos ou passariam o resto da vida em uma prisão coreana. De qualquer maneira, era hora de tomar uma decisão — render-se e contar o prejuízo.

Ela se levantou, compondo mentalmente a ordem que daria a Victor para parar os motores do navio. Pelo menos conseguira salvar John. Enfiou a mão no bolso e tocou o crucifixo dele, e então de repente percebeu que tinha uma solução.

A resposta estava ali o tempo todo, mas de algum modo ela não tinha percebido. Fechou a mão em volta da cruz. Cotten abanou a cabeça abismada com a sua falta de fé e sorriu ante a simples clareza do que tinha de fazer.

— Vou deixá-los por alguns instantes — informou.

Todas as cabeças voltaram-se na direção dela. A intérprete sussurrou para o secretário-geral e ele exibiu uma expressão de dúvida.

— O quê? — surpreendeu-se o coronel Ivanov. — Não há para onde ir.

— É uma coisa que preciso fazer — afirmou Cotten. — Confie em mim. Não tenho escolha. Já devia ter feito isso, antes de colocar a vida de vocês em risco.

— Você perdeu o juízo — falou Krystof, parando ao lado da porta do passadiço para o convés. — Saia e vão enchê-la de balas.

Cotten parou ao lado de Krystof e colocou a palma da mão no rosto dele.

— Confie em mim como confiei em vocês. — Então ela abriu a pesada porta de aço e saiu para o clarão dos holofotes.

Recordem-se que imploraram
A ajuda do seu Senhor,
E Ele lhes respondeu:
"Vou ajudá-los
Com mil anjos,
Fileiras sobre fileiras".
— Alcorão, vs. viii. 9

Poeira de Estrelas

Cotten parou no convés aberto do *Pitcairn*, ciente de que era um alvo fácil para os atiradores de elite coreanos. No entanto, precisava confiar, precisava acreditar. Devia enfrentar as Trevas ou elas venceriam.

Trêmula, ela tirou a cruz e a corrente de John do bolso e ergueu-as, com o punho cerrado, em direção ao céu.

— Eu invoco o Criador Todo-Poderoso do Universo para nos enviar a Sua Hoste Celestial. Invoco as Suas legiões de anjos e arcanjos para trazer a Sua rápida e justa ira a este lugar. Invoco os exércitos do Céu para permanecer ao meu lado e derrotar as Trevas.

O navio ganhava velocidade ao longo do rio Taedong, e ela precisou proteger os olhos com o braço diante das luzes de centenas de veículos militares e aeronaves circundantes que iluminavam a embarcação. Cotten fechou os olhos, sabendo que aquela era a sua última cartada. Não havia mais nada a ser feito. Ou o jogo funcionava, ou estava dando o seu último suspiro.

— Tenho pena de você, Filha de Furmiel — falou o Velho, vindo postar-se ao lado dela no convés do navio. — Por que simplesmente não aceita o fato de que perdeu? Não há razão para permanecer aqui arriscando a sua vida. Não compreende que finalmente voltou para a sua casa? A sua verdadeira família a acolhe de braços abertos. Reconheça o seu destino, a sua herança, o seu verdadeiro chamado. Não lhe dei o que você queria? Não tenha medo. Isso é o que você é, o que tinha de ser.

A raiva dela aumentou enquanto as Trevas dentro dela se agitaram. O ódio se inflamava no seu íntimo. Ela queria estender a mão e abrir a carne dele, derramar o seu sangue perverso sobre as placas de aço aos seus pés.

Cotten pressionou os dedos nas têmporas. Precisava reagir. Ele inoculava o ódio na sua mente. Era o mal que ele produzia que se agitava dentro dela. O verdadeiro significado das Trevas revelava-se ali.

— Aceite a sua família, Filha de Furmiel — disse o Velho, a sua voz lhe parecendo o silvo de uma serpente.

Cotten precisava calar aquela voz, livrar-se dele. O que aprendera ao longo da jornada da vida? *Pense, Cotten, pense. Concentre-se.* Os pensamentos vieram devagar a princípio, deliberadamente articulados, depois ganharam impulso até que saltaram como água nas cachoeiras. O sangue que corria nela *não* era só dos Caídos.

Ela carregava a linhagem dos anjos.

Aqueles que escolheram desistir da graça o fizeram pelo seu livre-arbítrio — por escolha própria. Mas o sangue deles ainda era o mesmo que o dos anjos. E dentro dela corria a herança daqueles anjos do Céu assim como o que Deus considerava como a sua mais preciosa criação — a humanidade. A percepção de que ela era a mistura perfeita do natural com o sobrenatural a fez estremecer. Agora, pela primeira vez na sua longa e estranha jornada, ela compreendia.

Talvez a passagem pelas Trevas fosse a única maneira de fazê-la perceber a verdade e quem realmente era — de fazê-la tomar consciência da bondade no seu íntimo. O fato de estar parada ali, resistindo, lutando, rejeitando as Trevas, era a prova verdadeira de vida — da sua vida.

Dando as costas para o Velho, ela ergueu o braço, deixando a cruz pender da sua mão. As lágrimas escorriam pela sua face enquanto os holofotes varriam a superfície de metal.

Mas dessa vez a luz passou por uma transformação estranha, etérea. Em vez de se refletir no metal, parecia estar sendo emitida *da* superfície. Como ondas douradas sobre um oceano cintilante, o seu brilho cresceu até assumir um branco ofuscante que se espalhou pela superfície do rio e até as margens. Esse brilho transpassou o ar em uma centelha imensa com a intensidade de uma fornalha.

Então ele se transformou de novo, partindo-se em fragmentos menores. Cada fragmento adotou a forma de uma estrela, que girava como um vértice. O som produzido pelo movimento giratório encheu o ar com um clamor rodopiante enquanto milhares, depois milhões de estrelas cobriram o rio todo ao redor e envolveram o navio. Enquanto as estrelas giravam, elas soltavam uma chuva de poeira cintilante que caía sobre o navio, dando-lhe a aparência de estar recoberto de diamantes incrustados.

— O que é isso? — indagou o Velho, olhando ao redor. Ele parecia ter sido colhido de surpresa pela transformação da luz. — É algum tipo de truque? Você francamente acredita que é capaz de me enganar? Não existe um único tipo de engodo que eu não tenha inventado.

— Talvez tenha deixado passar um — comentou Cotten.

Porque aos seus anjos ele dará ordem a seu respeito,
para que o protejam em todos os seus caminhos.
Com as mãos eles o segurarão,
para que você não tropece em alguma pedra.
— Salmos 91: 11-12

Trovoada

Mesmo sob o brilho ofuscante da poeira das estrelas, Cotten viu o ódio feroz que enchia os olhos do Velho enquanto a sua face se contorcia de raiva.

— Pensou que podia ser mais esperta do que eu? — disse ele. — Eu lhe dei todas as chances ao meu alcance para torná-la uma de nós. Mas você renegou a verdade... no fundo da sua alma você é igual a mim.

Cotten sustentou o olhar dele com a mesma determinação.

— Não sou nem um pouco igual a você.

— Isso não importa mais, Filha de Furmiel. Está acabado... você perdeu. Pois estou prestes a consumir este lugar nos fogos do inferno.

No instante seguinte, Cotten os viu se aproximarem do rio. Uns poucos a princípio, depois cada vez em maior número. Minúsculos pontinhos de uma luz vermelho-clara reuniam-se e se multiplicavam.

Vaga-lumes. Ela imediatamente os reconheceu como demônios assumindo a forma de insetos de aparência inocente — a legião de Satã convocada sob suas ordens. Seu brilho enganoso refletia-se sobre o rio Taedong como minúsculos rubis.

Cotten voltou-se para a popa do navio e viu um número igual de vaga-lumes vindo da direção da cidade de Pyongyang. Milhares, talvez milhões de pontos minúsculos de luz avançando como um enxame na direção dela.

Quando a primeira onda de vaga-lumes atingiu as estrelas girantes, uma trovoada ensurdecedora ressoou por toda a água do rio e desequilibrou o navio, jogando Cotten sobre o convés. O clarão ofuscante da poeira de estrelas obrigou-a novamente a proteger os olhos.

Outro estrondo semelhante, como o de um jato supersônico rompendo a barreira do som, chocou-se violentamente contra o revestimento de aço do *Pitcairn*. Por um segundo, Cotten acreditou que os rebites do casco fossem estourar, fazendo a embarcação se romper.

Em pé ao lado dela achava-se o Velho. Ele parecia congelado no lugar, olhando fixamente à frente, hipnotizado pela batalha feroz que era travada ao redor. Às vezes, ele saía de foco como a distorção de uma imagem causada por uma emissão de calor.

Cotten sentia o navio ganhar velocidade e esforçou-se para ver a margem em meio à luz intensa das estrelas giratórias. O *Pitcairn* estava bem distante da cidade, passando por florestas e plantações, os seus detalhes se esvaindo como gotas de chuva sobre a janela de um carro em alta velocidade. Grandes ondas de espuma, causadas pela impulsão do casco sobre a água, avolumavam-se a partir da proa e corriam na direção das margens.

Ela tentou se levantar, mas a cada tentativa era lançada de volta ao convés com a concussão de outra explosão que atingia o navio.

E a cada impacto, as estrelas giravam mais rápido, fazendo com que o brilho e o número de vaga-lumes diminuísse.

Cotten fez um esforço para avistar o Velho, imaginando o que ele estaria vendo no momento. Será que conseguia ver os próprios anjos? Ou os seus demônios? A forma dele ondulava, tornando-se uma miragem enquanto observava a Hoste do Céu e as Forças do Inferno colidirem em uma batalha feroz.

Um vento causticante soprou sobre o convés como uma rajada sobre a crista de uma duna no deserto. Alfinetadas agudas fustigaram a pele de Cotten, atingida pelas minúsculas partículas que, como grãos de areia, jorraram do corpo do Velho em todas as direções, enquanto o vento o fazia se desintegrar. Os seus contornos desapareceram até que sobraram apenas as suas roupas debatendo-se. Depois, elas também foram tragadas para o redemoinho do ciclone e desapareceram em meio à poeira das estrelas.

O navio vibrava e se debatia, estremecendo sobre a quilha. O secretário-geral gritou quando foi atirado contra uma antepara do passadiço.

— Estimado Líder! — chamou a intérprete.

Ele ficou estendido no chão.

— Onde estão os meus soldados? O meu exército? Por que não vieram me resgatar?

Um instante depois, partes do interior do navio — os instrumentos, o leme e os controles — iluminaram-se antes de tornar a ser envolvidos pela escuridão que envolvera o passadiço desde que Cotten saíra.

— Estou morrendo? — gritou ele.

As luzes piscaram e se acenderam novamente, iluminando os corpos espalhados pelo convés. O ciclo de trovões ensurdecedores e clarões de luz seguidos pela escuridão continuou pelo que pareceram horas até que o navio subitamente parou de balançar e chocalhar. Uma calma mortal abateu-se sobre a embarcação.

O secretário-geral sentou-se, tentando mover os membros.

Ao lado dele encontrava-se o coronel Ivanov, desfigurado e enfraquecido.

Pouco a pouco, todos foram se levantando. Como sonâmbulos despertos depois de um longo sono, eles se encaminharam para as janelas. A água estava plana como uma lápide e o céu límpido e sem nuvens. O sol acabara de surgir no horizonte, o seu contorno dourado lançava os seus fulgores na superfície do mar.

Todos voltaram-se ao ouvir o ruído metálico da fechadura quando a porta foi aberta.

Bloqueio

Cotten entrou no passadiço do *Pitcairn*, acompanhada por numerosos homens em uniformes militares. Ela correu os olhos pelo centro de controle da embarcação de pesquisas, depois olhou para cada um entre vivos e mortos. Os seus amigos exibiam uma expressão de espanto e confusão. Victor, o grandalhão grisalho com aparência de avô, com os óculos de lentes grossas e dentes tortos, permanecia no leme, mas o branco nos nós dos dedos revelavam que se agarrara à roda do leme com todas as forças. Krystof, o homenzinho franzino de olhos tristes e o cabelo curto perpetuamente espetado, estava sentado em um canto com a cabeça entre as mãos. O pesadão Alexei reclinava-se contra a parede de trás, olhando para o teto. E o coronel Ivanov ainda segurava a pistola apontada para o líder coreano, que estava sentado ao lado da intérprete, com o tronco curvado em direção ao chão.

Quando eles todos finalmente certificaram-se da presença dela, Cotten disse:

— Este é o capitão de fragata da Marinha dos Estados Unidos, Walter J. Phillips, comandante da fragata de mísseis USS *Robert G. Bradley*.

Como se aquelas palavras tivessem o dom de trazê-los de volta à realidade, todos olharam de Cotten para o oficial e para os outros homens que entravam no passadiço. O pessoal da Marinha era acompanhado por um grupo de fuzileiros navais americanos. Atrás deles, vinham os médicos, que foram de uma pessoa a outra, verificando os ferimentos. Todos os sobreviventes tinham sofrido escoriações durante o ataque misterioso sobre o navio e exibiam cortes e hematomas.

O comandante Phillips aproximou-se da intérprete e disse:

— Informe ao secretário-geral que ele não corre perigo. Ele se encontra temporariamente sob a minha custódia e sob a minha proteção.

Ela traduziu as palavras de Phillips. O líder coreano levantou-se e empertigou-se adequadamente, obviamente tentando manter a sua dignidade.

— Meu Deus — exclamou o coronel Ivanov. Ele tinha se aproximado das janelas e olhava para o lado de bombordo da embarcação.

— Minha nossa! — exclamou Krystof, juntando-se a ele.

A intérprete, que agora se encontrava de pé, também foi até a janela e resfolegou, levantando a mão para cobrir a boca.

Ao longo do horizonte brilhante, espalhavam-se mais de trinta navios de guerra, muitos ostentando a bandeira dos Estados Unidos, mais outros exibindo as cores do Reino Unido, da Austrália e do Japão. O *Bradley* estava bem próximo, talvez a umas poucas centenas de metros de distância. Os outros, variando de destroieres, fragatas, navios de suprimentos e cruzadores de mísseis, espalhavam-se em todas as direções, com helicópteros circulando acima. Diversas lanchas a motor faziam o transporte entre o *Pitcairn* e as outras embarcações.

— Onde estamos? — quis saber Ivanov.

— A aproximadamente cem quilômetros ao largo da costa oeste da Coreia do Norte — informou Phillips.

— Como é que conseguimos chegar tão longe? — surpreendeu-se Alexei. — E como vocês nos encontraram?

A intérprete traduzia as perguntas e respostas ao secretário-geral.

— Nós nos aproximamos do *Pitcairn* pouco antes do amanhecer — continuou Phillips. — A sua embarcação estava com os motores desligados e à deriva. Como chegaram até aqui, não faço a menor ideia.

O líder coreano falou e a mulher traduziu.

— Por que todos esses navios de guerra estão aqui?

Phillips dirigiu ao secretário-geral um olhar severo.

— Há mais de 150 embarcações de guerra dos Estados Unidos e dos seus aliados ao largo da costa leste e oeste do seu país, prontas para deflagrar um bloqueio naval total. Essa é uma reação ao ataque biológico que lançaram contra os nossos países. Ontem, o presidente Brennan, o Congresso dos Estados Unidos e os governos dos nossos aliados autorizaram o bloqueio. Espero agora que o Congresso emita uma declaração de guerra contra a Coreia do Norte dentro das próximas 48 horas. E antes do meio-dia de hoje, o secretário de Defesa e o ministro das Relações Exteriores do Reino Unido chegarão aqui para informar-lhe dos termos da rendição.

A mulher traduziu a mensagem. Cotten observou o rosto do secretário-geral tornar-se rubro. Era óbvio que não gostara do que ouvira.

Entredentes, ele falou rapidamente à intérprete. Ela traduziu:

— Isso é um disparate. Não vou me render a vocês nem a ninguém. As acusações que fazem são infundadas e sem valor. Exijo ser libertado imediatamente.

Cotten deu um passo à frente para lhe dar notícias ainda piores, detalhes que o comandante Phillips lhe contara momentos antes, logo depois que pousara no heliporto do *Pitcairn*.

— Diga ao seu Estimado Líder que a tentativa da doutora Chung de enviar os comandos para o lançamento final foi interceptada e bloqueada. Não haverá mais ataques de Agulhas Negras. E a combinação de medicamentos que foi usada para deter o avanço da infecção viral do cardeal Tyler está sendo adaptada e usada em hospitais do mundo inteiro para impedir e reverter os efeitos da doença. O seu grande plano de nos atacar e aos nossos amigos acabou. Sugiro que comece a considerar como aceitar rapidamente os termos da rendição incondicional. O comandante Phillips me assegurou de que a alternativa não será agradável nem para o senhor nem para o seu país.

À medida que a intérprete traduzia as palavras de Cotten, o moral do líder coreano decaía visivelmente. Lentamente, ele se encaminhou para a grande poltrona que até recentemente ocupara com pompa e ostentação, e deixou-se afundar com o peso do desalento e da melancolia.

— Não gostou das notícias — comentou o coronel Ivanov. — O chefão se transformou num derrotado.

— Isso resume tudo — falou Cotten, voltando-se e saindo do passadiço do *Pitcairn* pela última vez.

Caídos

Enquanto dirigia do hotel para o Centro Médico da Universidade de Georgetown, Cotten ensaiara o que deveria dizer a John. Sabia que teria de lhe contar *tudo*. Mas, por mais que desejasse vê-lo, temia revelar o que fizera para salvar a sua vida.

Já estava esperando ao lado da sala das enfermeiras havia vários minutos e ainda não criara coragem para descer ao saguão e dirigir-se ao quarto de John. Finalmente, segurando firmemente o maço de cravos vermelhos, encaminhou-se para a porta dele. Depois de cumprimentar o jovem agente do Venatori ao lado, Cotten bateu na porta.

— Pode entrar — falou John. Estava de pé à janela, vestido com um robe sobre o pijama e chinelos. Quando se voltou, um sorriso abriu-se de um lado a outro da sua face ao vê-la parada na soleira da porta.

A princípio, ela ficou chocada, pois esperava que ainda estivesse de cama, ligado por tubos e fios de monitoramento. Então, finalmente, retribuiu o sorriso, compreendendo que a rápida recuperação fora ainda mais impressionante do que Ted comentara.

Ele assumiu uma expressão curiosa ao notar que ela não se movia.

— Qual é o problema?

— Nada. — Ela se aproximou dele, passou os braços ao redor da sua cintura e apertou-o com força.

Ele abraçou-a também.

— É um verdadeiro milagre ver você dessa maneira. A última vez que estive aqui... bem, você parece muito melhor agora. — Ela o soltou e colocou as flores sobre a mesinha ao lado da cama, que ainda continha a bandeja do café da manhã.

— Eles são lindos — comentou John. — Vou pedir para a enfermeira conseguir um vaso.

— Pensei que o vermelho cairia bem. Ainda está muito frio para o amarelo. E o vermelho é adequado para um cardeal, não acha?

— Com certeza.

Cotten relanceou o olhar para um exemplar de jornal no pé da cama. As manchete principal era: *Líder norte-coreano concorda com os termos da paz, entregando a idealizadora das Agulhas Negras para uma Corte Penal Internacional.* Uma outra reportagem comentava a morte do papa.

— Sinto muito pelo pontífice.

— Ele finalmente descansou. Passou por uma longa e corajosa luta, mas o câncer venceu no final.

— Estou certa de que o Vaticano está ansioso pelo seu regresso.

— Pediram que eu volte assim que receber alta.

— Soube de mais alguma coisa sobre o que vai acontecer com a doutora Chung?

— O arcebispo Montiagro esteve aqui com as notícias sobre o Santo Padre. Ele mencionou que a doutora Chung será acusada de crimes contra a humanidade. Não há dúvida de que passará o resto da vida na prisão. Considerando o seu precário estado de saúde, pode não ser muito tempo. — John apontou para duas poltronas, e eles se sentaram. — Muito bem, Cotten, o que passa pela sua mente? Sou capaz de jurar que tem algo para dizer, mas não está muito disposta.

Ela arrastou a poltrona o bastante para segurar a mão dele entre as suas.

— Você me conhece bem.

— E você sabe que pode me contar tudo.

Ela poderia contar tudo a ele, mas aquilo seria o mais difícil de tudo. Cada palavra que ensaiara fugia do pensamento. Recostando-se na cadeira, ela respirou fundo.

— A última vez que estive aqui, você estava inconsciente. Os médicos acreditavam que você estivesse morrendo e eu me culpei por isso.

— Cotten...

— Não, é verdade. Apenas ouça. Isso já é bem difícil. Deixe-me continuar.

— Tudo bem.

— Eu estava com raiva... com raiva de mim mesma, do mundo, de Deus. Assim que saí do hospital, eu praguejei contra Ele e contra tudo ao meu redor. Clamei por ajuda. Instantes depois, os meus clamores foram atendidos, mas não por Deus. Recebi a visita de alguém que você conhece bem, o Filho do Amanhecer. Ele me fez lembrar o meu legado e quem eu sou.

John suspirou e abanou a cabeça.

— Ele me disse que se eu desistisse de tudo pela minha herança e aceitasse ser a pessoa que realmente sou, a sua vida seria poupada. John, isso era tudo o que eu queria... apenas que você vivesse. Eu lhe causei tantos problemas e sofrimentos ao longo dos anos. Entendi que já era o bastante. Ele estava certo sobre quem eu realmente sou. E por causa disso, eu tinha o poder de salvar a sua vida. Então concordei.

Ela procurou uma reação nos olhos de John, algum desgosto ou rejeição. Mas não viu nada disso, e seu coração se aliviou.

— Foi providenciado para que eu fosse à Coreia do Norte... para me proteger do risco de ser infectada pelos ataques com as Agulhas Negras. Ele também queria explorar a minha reputação como jornalista. Eu deveria conduzir uma entrevista com o líder comunista. A entrevista tinha como finalidade glorificar o secretário-geral e ajudar a colocá-lo numa posição de poder depois que os inimigos começassem a cair por causa da praga.

Depois que Cotten começou, o resto da história fluiu, até que finalmente terminou com a fuga milagrosa do *Pitcairn* e como o presidente Brennan levara as palavras de John a sério, admitira a possível ameaça e convocara uma coalizão de nações para formar um bloqueio naval em preparação para uma possível invasão. Um exercício internacional na região ajudou a manter os navios de guerra em posição alguns dias depois da chegada de Cotten à Coreia do Norte.

— Você foi...

Cotten levantou a mão.

— Tem mais. Olhe para mim. Olhe bem. Você tem diante de si uma pessoa que essencialmente vendeu a própria alma. E, John, eis a parte mais assustadora de tudo. Foi fácil. Fácil demais. Os argumentos dele faziam sentido... tudo o que pedia era que eu amasse a mim mesma. Ele me disse que não é errado ser forte, feliz, próspero. Ele disse que Deus nos quer sempre dando a outra face, dando sem receber, dependendo dele até para o mais breve instante de felicidade.

— Mas...

— Eu sei, eu sei. Você já me disse. Ele é um mentiroso. Sei disso agora. Mas quero que você entenda por que pode ser tão fácil desistir. Ele disse que o caminho dele não pede que eu seja uma pessoa má. Simplesmente amar a mim mesma e desfrutar os prazeres do mundo. Essas coisas não existem para que eu negue a mim mesma. Você vê como uma pessoa pode se sentir diante disso? — Ela não esperou pela resposta de John. — Isso me fez pensar sobre uma porção de coisas em que eu não tinha pensado antes. Como o fato de não existir uma hierarquia nos Dez Mandamentos. Deus não separar *Não prestar falso testemunho* de *Não matarás*. Uma coisa não é mais aceitável do que a outra. Então quantas vezes num dia todos cruzamos essa linha, digamos uma linha muito fina, cobiçamos algo ou simplesmente nos colocamos em primeiro lugar? Nesses momentos, dentro dessas decisões que tomamos a cada minuto todos os dias, estamos nos rendendo às Trevas como eu me rendi? Será que cruzamos a linha o tempo todo sem pensar a respeito? E quando cruzamos essa linha invisível, nos tornamos como ele?

— Caídos?

Outro Tempo, Outro Lugar

— Nenhum de nós vive sem pecado. — John fez uma pausa enquanto uma enfermeira entrou para observar os seus sinais vitais. Depois que ela saiu, ele continuou: — Somos seres imperfeitos, Cotten. Deus não espera que sejamos perfeitos.

Ela fechou os olhos.

— Pecados do pai... — ela sussurrou, depois ergueu os olhos. — E quanto a mim? Fiz uma barganha sabendo muito bem o que significava. Não estava apenas pregando uma mentira benigna ou furtando uma maçã no mercado.

John abanou a cabeça.

— Como você disse, não existe hierarquia. E você realmente cumpriu o acordo? Não, você lutou contra, rejeitou as Trevas. Você não seria capaz disso.

— Mas faria se precisasse. Estava disposta a fazer qualquer coisa para salvar a sua vida. Qualquer coisa.

— E isso e tudo mais que você fez por mim, jamais serei capaz de retribuir à altura. — Dessa vez, foi John que estendeu o braço para segurar a mão dela. — O que você acabou de viver já passou. Acabou. Não há necessidade de falarmos sobre esse assunto nunca mais. — Ele esfregou o dorso da mão dela com o polegar. — Isso faz parte do passado. Tudo bem?

Cotten prendeu a mão dele entre as suas.

— Tudo bem.

— Então me conte mais sobre como conseguiu envolver os seus velhos amigos da KGB.

— Eu realmente não sabia como seria ou o que aconteceria comigo depois que eu...

— Depois de fazer o acordo e concordar com os termos dele?

— Isso. Então concluí que precisava tomar todas as providências possíveis antes de partir para a Coreia do Norte. Discuti muitas ideias com Ted, mas nenhuma delas parecia possível depois que eu estivesse lá. Eu sabia que, se houvesse uma chance de sucesso, e você se curasse, eu tentaria um plano para virar a mesa de algum modo. Mas para fazer isso, precisaria de um jeito para fugir. Também sabia que precisaria de ajuda, e uma vez dentro do país, teria poucas chances de conseguir. O primeiro erro dos Caídos foi me dizer, antes da minha partida, que eu deveria entrevistar o líder comunista, e que isso aconteceria a bordo do *Pitcairn.* E a única razão que alguém podia imaginar era que seria o primeiro aniversário da captura do *Pitcairn*, e ele queria se gabar. Ele foi o único que insistiu em que a entrevista fosse a bordo do navio. Mas quem poderia ir me ajudar? Certamente, não alguém dos Estados Unidos. Já sabíamos que, por alguma razão, o presidente menosprezava o assunto... algo que ainda não entendi. Então me ocorreu que pessoas de outros países, especialmente não ocidentais e que ainda tivessem laços com a Coreia do Norte, tinham permissão de ir lá como turistas. Pedi ao Ted para entrar em contato com o coronel e preparar os detalhes do plano. Afinal de contas, eles tinham se oferecido para me ajudar sempre que precisasse. Eu precisava. Sabia que, depois que estivesse lá, estaria isolada do resto do mundo. Como soube depois, o coronel Ivanov e os seus amigos entraram facilmente no país como turistas. Mas até o momento em que o coronel subiu a bordo do navio com a doutora Chung, nunca tive cem por cento de certeza de que eles apareceriam.

— Você é incrível...— comentou John.

Cotten sorriu.

— Obrigada. — Ela olhou para a janela, imersa em pensamentos. A parte mais difícil estava por vir, e ela precisava de toda a coragem que fosse capaz de reunir.

Finalmente, ela disse:

— Eu tinha tomado algumas decisões caso conseguisse voltar. Toda aquela experiência exerceu um impacto profundo sobre mim. Eu tinha muitas perguntas e muito poucas respostas. John, eu precisava de tempo para repensar a minha vida. — Ela deu um longo suspiro. — Não é segredo o que eu sinto por você. Eu tentei ignorar a realidade do que o nosso relacionamento foi, é e poderia ser. Mas me conformei com o fato de que nunca poderemos ser mais do que bons amigos.

Cotten sentiu a mão de John se esgueirar de dentro das suas. A princípio, pensou que ele estivesse ofendido de algum modo, mas então sentiu a mão dele se fechar ao redor das suas.

— Há muitas coisas — falou John — que seriam piores do que ser bons amigos. E você sabe como me sinto. Tudo o que você está dizendo é perfeitamente compreensível, incluindo o desejo de se afastar e pensar no seu futuro. Passamos por muita coisa juntos. Apesar dos nossos sentimentos pessoais, escolhemos caminhos na vida que não estão destinados a se encontrar.

A realidade se abateu sobre o coração de Cotten e ela se sentiu profundamente triste.

— Quantas vezes dissemos que talvez em outro tempo, em outro lugar, as coisas poderiam ter sido diferentes? Mas não nesta vida. Não há nada que eu possa fazer para mudar isso, nem você pode. Você está destinado para coisas grandiosas, John. E o que eu tenho pela frente é e sempre será um grande mistério. Muito embora eu tenha sido a causa de tantos problemas para você, não fui capaz de deixá-lo ir. Isso não é justo com você. — Ela contraiu o rosto enquanto lutava para conter as lágrimas. — Falo de cruzar aquela linha diariamente e se colocar em primeiro lugar. Eu sou o exemplo mais notório disso.

Ela perdeu a fala e precisou esperar um minuto antes de conseguir recuperar a voz.

— Preciso parar com isso. Agora chega. E o único modo de conseguir pôr a cabeça no lugar é dar um tempo... um longo tempo. Não quero dizer só quanto a você, mas quanto ao meu trabalho, à minha vida, ao resto do mundo.

— Se é isso que você acha que será preciso, Cotten — falou John. — Você passou por mais coisas do que qualquer outra pessoa que conheço. Talvez isso lhe dê a chance de se encontrar, mas mais importante ainda, encontrar a sua relação com Deus. Lembre-se, Ele está sempre lá esperando por você.

— Sei que tão logo seja possível você vai voltar para Roma. Gostaria que tivéssemos alguns dias só para conversar, passar algum tempo juntos sem crises nem conflitos. Sem batalhas para travar. — Cotten rolou os olhos molhados de lágrimas. — Aí, está vendo, lá vou eu de novo. Sei o quanto é importante você voltar depressa para Roma, e estou querendo que você fique.

— Eu ficaria um pouco mais não fosse pelo funeral do Santo Padre. Você vai a Roma para fazer a reportagem?

— Não posso imaginar Ted mandando outra pessoa. Mas talvez seja a minha última missão. Eu realmente quero me afastar por um bom tempo e colocar a minha vida em ordem.

Houve um momento de um silêncio nervoso e então Cotten limpou a garganta para impedir que o que fosse dizer saísse embargado pelas lágrimas. Ela se levantou.

— John, antes de ir, tenho uma coisa para você. — Ela pegou a bolsa. Tirando de dentro uma caixinha branca, esvaziou o seu conteúdo na palma da mão. Depois pegou a mão dele e virou a palma, deixando cair a cruz de ouro com a corrente na mão dele. Então dobrou os dedos dele ao redor dela.

John levantou-se da poltrona e puxou-a para os seus braços.

— Queria tanto que pudesse ser diferente entre nós. Quero mais do que tudo que você encontre a felicidade, Cotten.

Eles se abraçaram por um longo tempo antes de se separar. Ela deu um passo atrás e olhou nos olhos dele. Um tênue sorriso esboçou-se nos seus lábios.

— Talvez em outro tempo, em outro lugar.

Fumaça Branca

Cotten estava sentada no estande do âncora da rede dentro da praça de São Pedro e repassava os seus apontamentos obtidos com um especialista do Vaticano em direito canônico e consultor da SNN. No início da manhã, o Colégio de Cardeais reunira-se para eleger o novo papa. Segundo a tradição, depois de cada votação, as cédulas eram contadas e depois queimadas em um pequeno forno. A sua famosa chaminé era claramente visível da praça de São Pedro. O costume dizia que, se a votação não se consumasse, gravetos molhados eram acrescentados às cédulas para tornar a fumaça preta. Em caso de votação positiva, subiria uma fumaça branca para o céu.

Duas horas antes, ocorrera um evento dramático e incomum. Enquanto milhões de pessoas acompanhavam pela televisão, ouviam pelo rádio ou permaneciam na praça São Pedro, subira uma fumaça branca em direção ao céu após a primeira votação. Agora, aqueles mesmos milhões de pessoas esperavam pacientemente para conhecer a identidade do seu novo pontífice.

A SNN seguia com a sua programação normal, mas permanecia pronta para interrompê-la a qualquer momento com notícias extraordinárias de Roma.

— Vou sair para respirar um pouco — avisou Cotten, tirando o fone de ouvido e o microfone da lapela.

Instantes depois, ela caminhava pela área reservada à imprensa, isolada por um cordão, voltando-se de tempos em tempos para olhar para a Basílica de São Pedro e para a cúpula da Capela Sistina, que ficava logo à direita.

John devia estar em algum lugar ali, cercado pelos seus colegas cardeais, provavelmente cumprimentando o papa recém-eleito. Ela podia imaginá-lo assegurando a sua lealdade e a sua devoção ao novo pontífice. Como diretor do Venatori, ele poderia até mesmo estar passando ao novo papa um resumo dos últimos acontecimentos no mundo com que ele se defrontaria nos próximos dias do seu papado.

Devia ser maravilhoso para ele, pensou ela. Ele estava totalmente envolvido no seu elemento, tudo o que sempre amara e acalentara na vida. Mas assim que lhe ocorreu esse pensamento, ela sentiu uma porta como que se fechar no seu coração. Uma tristeza profunda abateu-se aos poucos sobre ela. John sabia que ela estava lá cobrindo a eleição e provavelmente tentaria entrar em contato com ela antes da sua partida. Mas ela pensava que seria melhor não vê-lo. Seria difícil demais dizer adeus novamente.

Os seus pensamentos foram interrompidos por um tapinha firme no ombro.

— Cotten, volte depressa ao estande. — Era um dos assistentes de produção. — Estão prontos para fazer o anúncio.

Os dois correram de volta para o estande da SNN e Cotten reassumiu o seu lugar ao lado do monsenhor consultor. Ela fez um rápido teste de som e confirmou que ouvia bem o diretor que a instruía pelo fone de ouvido. Estava prestes a entrar ao vivo.

Um imenso clamor se ouviu da multidão de pessoas ante o aparecimento do cardeal diácono. Ele surgira no balcão do lado de fora da janela central da Basílica de São Pedro. Desde o século XVII, essa era a janela na qual o papa recém-eleito aparecia e dava a sua primeira bênção papal. A voz do cardeal diácono soou através do sistema de som da Basílica. Ele abriu os braços e disse em latim:

— *Annuntio vobis gaudium magnum.*

A multidão explodiu em aplausos ainda mais fortes.

— É agora — avisou o monsenhor a Cotten. — Estamos prestes a receber o anúncio formal.

— É certamente um momento eletrizante, padre. — Ela observava o seu monitor, enquanto a câmera focalizava e aproximava o balcão.

Pelos alto-falantes soaram as palavras:

— *Habemus Papam!*

— Nós temos um papa! — repetiu o monsenhor, traduzindo do latim.

Em seguida, ouviu-se:

— *Eminentissimum ac reverendissimum dominum. Dominum* John.

Cotten voltou-se para o monsenhor, sentindo um tremor incontrolável por todo o corpo. Ouvira claramente o diácono dizer *John*.

— O primeiro nome do candidato vencedor é John — disse o monsenhor. — Em seguida virá o sobrenome.

Os olhos de Cotten correram pela lista de nomes dos cardeais sobre a mesa. Havia três com o nome de John. Havia John Tyler, é claro... Enquanto ela olhava para o nome dele, os alto-falantes tornaram a soar com as palavras seguintes do diácono.

Céu sobre a Terra

Ted Casselman apoiou o copo de suco de frutas sobre a coxa e recostou-se na poltrona da sala de estar. A imagem de um pergaminho antigo desenrolado girava sobre a tela plana de plasma do televisor enquanto uma música lembrando a de *Carruagens de Fogo* trovejava através das suas potentes caixas de som. Com o pano de fundo preto e os refletores focados no pergaminho, a pele de gazela gravada com inscrições parecia inacreditavelmente intacta, considerando que tinha pelo menos 5.000 anos de idade. O título do segmento de *Relíquias* apareceu: *Céu sobre a Terra*.

Ted tomou mais um gole de suco.

A câmera percorreu um terreno montanhoso e acidentado, até se fixar na imagem distante de uma pessoa. Aproximando a imagem, a tela mostrou Cotten em pé ao lado da entrada de uma caverna aberta na base de um penhasco. Ela parecia melhor do que Ted via há muito tempo, irradiando uma felicidade que, mesmo na tela, parecia tomar conta de cada célula do seu corpo.

— Apenas um ano atrás — dizia Cotten — aqui, neste terreno rochoso e inóspito, não muito longe de onde foram descobertos os Pergaminhos do Mar Morto mais de um século atrás, o famoso arqueólogo John Tyler desenterrou um antigo repositório essênio de documentos históricos e religiosos, um dos quais é o fascinante pergaminho que vocês acabaram de ver na tela. Os essênios constituíam uma seita religiosa judaica que floresceu do século II a.C. até o século I d.C. Esse documento, contudo, ao contrário de outros encontrados na região, não foi escrito pelos essênios, mas foi protegido e guardado por eles através de gerações. E por que isso aconteceu? Por que os essênios acreditavam que esse pergaminho era tão valioso que merecia ser guardado e preservado juntamente com os seus documentos mais preciosos? É a isso que tentaremos responder enquanto acompanhamos a jornada do Pergaminho Essênio e revelamos o seu segredo, logo mais adiante.

Durante o intervalo comercial, Ted sorriu ao pensar no modo como Cotten apresentara John — *famoso arqueólogo John Tyler* — não ex-padre John Tyler. Ele estava certo de que muitos espectadores reconheceriam John das últimas notícias sobre o ex-cardeal católico romano que desistira do sacerdócio para dedicar-se a uma nova vida no mundo secular. Mas o que nunca viera a público era que, como cardeal, John chegara à beira do papado. Apenas um ano e meio antes, ele se encontrava perante o Colégio de Cardeais dentro do conclave sigiloso da Capela Sistina e declinara de ser considerado candidato. Ele afirmara que finalmente compreendera o plano de Deus para ele e as restrições do papado não faziam parte disso.

Quando o comercial terminou e *Relíquias* retornou, a atenção de Ted foi atraída para o pergaminho que girava na tela.

Panorâmica de Cotten com paisagem de deserto montanhoso por trás.

— A inscrição no pergaminho de couro parecia ser em pró-elamita — continuava Cotten —, o mais antigo sistema de escrita conhecido do Irã. Ele foi usado por pouco tempo, cerca de três mil anos atrás, e amostras anteriores nunca foram decifradas. O doutor Tyler tem sido discreto com relação à sua descoberta, não a publicando nem fazendo especulações sobre as informações no texto. Isso até o momento. Com a ajuda e a cooperação da Agência de Segurança Nacional e seus equipamentos de decodificação altamente sofisticados, a inscrição desse incrível artefato foi finalmente traduzida. E o que ela diz pode mudar todos nós para sempre.

— O doutor Tyler conta que mesmo à primeira vista ele pensou que se tratava de algo fantástico. E depois de uma análise mais aprofundada, teve certeza disso. Assim, o que tem esse pergaminho em particular, além da sua idade, que o torna um tesouro tão grandioso?

Aproximação sobre John vindo a postar-se ao lado de Cotten.

— Vamos começar com o profeta Enoque — falava John —, que viveu por volta de 3.000 a.C. Enoque é mencionado várias vezes no Gênesis e a sua genealogia pode também ser encontrada no Velho Testamento. Enoque foi filho de Jared, e também o pai de Matusalém, além de tataravô de Noé. Em Qumran, Enoque é chamado de Idris, para os gregos ele é o mesmo que Mercúrio, ou Hermes Trismegisto, que escreveu as Tábuas Esmeralda de Toth. O Talmude conta que, quando as pessoas na Terra viviam de dissipação, Enoque levava uma vida piedosa, e pelos seus sermões e palestras fez as pessoas desistirem da idolatria e obedecer aos desígnios de Deus.

"Incrivelmente, acredita-se que Enoque tenha vivido 365 anos, um tempo relativamente curto em comparação a outros patriarcas do período anterior ao Grande Dilúvio. Mas mesmo isso não é o que torna Enoque tão extraordinário. Vejam, Deus estava tão satisfeito com Enoque que ele foi levado ao Céu, não uma vez, mas duas. A primeira vez que Enoque ascendeu ao Céu, ele passou sessenta dias lá e lhe mostraram todos os segredos do Paraíso. Antes de regressar à Terra, diz-se que ele escreveu 366 livros que transmitiu aos filhos. Ele também foi feito o guardião dos tesouros do Céu. Um ano depois, Deus levou-o de novo. Enoque nunca morreu. Segundo o capítulo 5 do Gênese, versículo 24: '*E andou Enoque com Deus; e não apareceu mais, porquanto Deus para si o tomou*'."

Aproximação do pergaminho com a voz de Cotten ao fundo.

— Portanto, novamente, perguntamos: o que há de tão excepcional nesse pergaminho e o que ele tem a ver com o profeta Enoque? Percebendo a possível importância desse antigo documento, o doutor Tyler trabalhou junto à NASA para conseguir decifrá-lo. Embora os textos anteriores em pró-elamita não tivessem sido decodificados, milagrosamente, dessa vez houve mais sucesso e o texto foi interpretado. Todos ficaram perplexos com o seu conteúdo impressionante. Vocês estão olhando agora para um documento escrito por Enoque no seu retorno à Terra depois da primeira ascensão ao Paraíso.

Tomada dupla em John e Cotten.

John dizia:

— O profeta Enoque escreve que Deus lhe permitiu levar consigo três tesouros excepcionais do Céu de volta para a Terra. Uma vez lá, ele escondeu esses tesouros, e este pergaminho, escrito pela mão de Enoque, conta o segredo da localização desses tesouros.

Aproximação em John.

— Será que em um futuro muito próximo estaremos olhando para uma prova inegável do Céu?

Aproximação em Cotten.

— Numa reportagem para a Satellite News Network, das margens longínquas do mar Morto, aqui fala Cotten Stone Tyler.

FIM